我思
·COGITO·

Жуко́вский

茹科夫斯基传

扎伊采夫
俄罗斯文学名家传记系列

(俄)鲍里斯·扎伊采夫—著
刘溪—译

·桂林·

茹科夫斯基传
RUKEFUSIJI ZHUAN

策　　划：我思 Cogito
特约策划：赵黎君
责任编辑：韩亚平
封面设计：关　于
内文制作：王璐怡

图书在版编目（CIP）数据

茹科夫斯基传 /（俄罗斯）鲍里斯·扎伊采夫著；刘溪译. -- 桂林：广西师范大学出版社，2023.8
（扎伊采夫俄罗斯文学名家传记系列）
ISBN 978-7-5598-5968-6

Ⅰ. ①茹… Ⅱ. ①鲍… ②刘… Ⅲ. ①茹科夫斯基－传记 Ⅳ. ①K851.261.1

中国国家版本馆 CIP 数据核字（2023）第 061296 号

广西师范大学出版社出版发行

（广西桂林市五里店路 9 号　邮政编码：541004）
网址：http://www.bbtpress.com

出版人：黄轩庄
全国新华书店经销
山东韵杰文化科技有限公司印刷
（山东省淄博市桓台县　邮政编码：256401）
开本：850 mm × 1168 mm　1/32
印张：9.375　　　字数：195 千
2023 年 8 月第 1 版　　2023 年 8 月第 1 次印刷
定价：65.00 元

如发现印装质量问题，影响阅读，请与出版社发行部门联系调换。

CONTENTS

目 录

001　译序 / 王立业

003　米申斯科耶和图拉

019　贵族寄宿学校

031　诗　人

047　在普罗塔索夫家

060　活动家

067　又是普罗塔索夫家

087　沃耶科夫与茹科夫斯基

106　多尔帕特—彼得堡

126　在宫廷里

142　倾心的人

162　悲　伤

169　新的命运

183　斯维特兰娜

191　教导者

210　与俄罗斯告别

221　伊丽莎白·赖腾

237　家庭，果戈理，《奥德赛》

253　"他的心灵开始上升了……"

258　译后记
262　译名简释

译　序

王立业

鲍里斯·康斯坦丁诺维奇·扎伊采夫（1881—1972）是一位才华横溢的俄罗斯散文大师，富有印象主义特征的小说家，俄罗斯白银时代文学的杰出代表，同时也是俄罗斯第一次侨民文学浪潮中最重要的作家之一。他虽没有像梅列日科夫斯基、布宁或列米佐夫，以自己的创作开辟一条新的路径，也没有像勃洛克、别雷或维亚·伊万诺夫那样发现新的世界，但却比上述任何一位文学家都倾尽心力去展现20世纪俄罗斯文学对传统文学的继承。50年的侨民生涯（1922—1972）中，俄罗斯传统文学成为他侨居创作最重要的书写对象之一，一生写下50多篇专论，涉及19世纪作家的文章和他们写给同时代人的大量相关书信与回忆。其中最集中体现扎伊采夫文学观念和对经典作家独特见解的是三本文学传记，即呈现在读者眼前的《屠格涅夫传》（1932）、《茹科夫斯基传》（1951）、《契诃夫传》（1954）。此乃侨民作家扎伊采夫对19世纪俄罗斯经典文学的深情回望，因其思想主题的一致、艺术手法的统一，被俄罗斯学界称为扎伊采夫精心绘制的俄罗斯经典作家三联画。在这一传记系列中，作家立足于史实与丰富的传记材料，按照生平事件发生顺序去完成对传主内心世界的揭示和个性刻画，寄托了作家本人对三位与其"精神亲近"的经典作家的深厚感情。

扎伊采夫认为，茹科夫斯基是一位艺术价值未被充分认识，成就亦被后世诗人遮盖的作家，他作为普希金老师的地位不可动摇，是19世纪俄罗斯文学腾飞的坚实起点。此外，扎伊采夫在他的论文《屠格涅夫与〈父与子〉》中指出，俄罗斯文学中存在两种对立趋势，即普希金（日神，光明之神）和果戈理（酒神，黑暗之神）。扎伊采夫把屠格涅夫和契诃夫归为第一类，并将二位视为自己的老师，而把陀思妥耶夫斯基和一定程度上的托尔斯泰列为第二类。扎伊采夫自认为接近"普希金"一脉，它的"展示清晰可见的东西……什么也不证明，什么也不教化"的阿波罗精神，是扎伊采夫眼中的"纯粹的艺术"，并为他所偏爱。而"果戈理"一脉则与宗教和道德世界有着深刻的联系，与他的旨趣相去甚远。扎伊采夫自认为是一位印象主义者，加上他本人的抒情气质，因此他在这一派作家，尤其是屠格涅夫洋溢着浪漫主义气息的现实主义作品中找到了自己的钟情之处。扎伊采夫的文学传记作品中始终充盈着色彩描绘与抒情调子，以此搭建传主活动的时空，从而构成他经典人物文学传记的最鲜明特色。同时，作者着力于对三位作家精神世界的本真描述，不一味为传主唱赞歌，而是客观写出三位作家柔弱、迷糊、忧郁等性格弱点，以及由此而来的情感人生的坎坷与传奇。

浪漫主义开辟了19世纪俄罗斯文学的一个崭新时代，而诗人茹科夫斯基被公认为俄罗斯浪漫主义的奠基人。他的创作意义如此重大，被誉为对欧洲浪漫主义运动的真正回应。别林斯基称他为"罗斯文学的哥伦布"，并说是茹科夫斯基"为罗斯诗歌发现了浪漫主义新大陆"。但就是这样一位文学哥伦布，在中国却很少有人予以关注，除了零星翻译和个别赏析文章，以及文学史教材中关于生平与创作的简短介绍，再无人予以专论。基于此，扎伊采夫的《茹科夫斯基传》的翻译出版对国内俄罗斯文学研究具有一定的补白意义，也是对我国茹科夫斯基研究的重要启动。

茹科夫斯基不止一次申明"生活与诗同一"的创作主张，意在强调诗歌形象与现实形象的相互融合，这也是他生平与创作关系的坦陈。我们不禁想起屠格涅夫的创作自白："我的全部传记都在我的作品中。"别林斯基就曾断言，茹科夫斯基的诗作是和诗人本人的人生道路结合在一起的，并称："在茹科夫斯基之前的俄国，谁也没有料到一个人的生活会这样紧密地和诗歌联系在一起，诗人的作品能够同时又是他最好的自传。"[1]可以说，茹科夫斯基固有的性格，特殊的身世与成长环境，独有的天分和对欧洲与本民族诗歌的独特接受，以及伤感愁怨的情感生活，为俄罗斯铸就了第一位浪漫主义大诗人，他的生平本身就是诗人一首绝妙的，同时也是感伤浪漫的诗作。

扎伊采夫的传记以他独特的撰写印证了茹科夫斯基的

---

[1]《别林斯基全集》，俄文版，第7卷，第190页。

创作主张。《茹科夫斯基传》立足于史实,按时间顺序描述传主作为抒情诗人和教导者的生平历程,侧重揭示其个性和心理,同时,身为小说家的扎伊采夫力求将传主客观生平事件写成生动的文学故事。"传记"开篇向我们展现了一幅祥和安宁的传主童年生活画面。在阿凡纳西·布宁与妻子连续多个孩子夭折,没有男孩存活、只剩下为数不多的女儿的情况下,土耳其女仆萨莉哈生下的私生子,即未来的诗人,"成为家庭安宁的象征",自此地主老爷布宁的两个女人也和睦相处,视对方孩子如己出。更重要的是,这个孩子聪颖早慧,十分招人喜爱,不仅两位母亲和姐姐们很喜爱他,家里的其他女孩子也都非常喜欢这位"舅舅"。扎伊采夫称这位诗人的"幼年时期完全是在温柔的女性气息中度过的"(单就这一点我们便不难理解20世纪大诗人勃洛克创作起步时对茹科夫斯基的情有独钟)。连上门的教父安德烈·茹科夫斯基也对他钟爱有加,一再恳请收他为教子,随其姓茹科夫斯基,后认他为义子。

扎伊采夫如是描述:

> 在俄罗斯贵族老爷宅第的静谧和敞阔中,在奥卡河的祝福下,男孩茹科夫斯基在一群女孩子的陪伴下开始了他的人生。他的性格活泼开朗,表情温和,有一双乌黑的眼睛以及深色的、天生卷曲的头发,早年很容易陷入幻想(还有些心不在焉)——这是一个性格开朗、讨人喜欢的孩子。

这种描写与现存文学史的茹科夫斯基生平书写大相径

庭。我们最常见到的描述是，因茹科夫斯基是不光彩的私生子，地主父亲布宁嫌丢人不让他随自己姓而随了教父的姓，由此母亲与儿子一同遭受布宁家人的歧视，从而形成了茹科夫斯基敏感、感伤、孤独与愁怨的性格特征。按理说教材的撰写是符合茹科夫斯基文学命运的发展逻辑的，也正是这种"屈辱"地位在一定程度上促成了日后他对感伤主义的天然接受和消极浪漫主义的自然生成。但话说回来，扎伊采夫如此撰写也是文学传记史上司空见惯的，这种现象经常发生在身为小说家的作者身上："作者常常带着感情写作，对传主的态度和倾向都比较明显，因此对历史材料有很多主观的取舍和选择，也有相当多的细节的虚构，在叙事中使用各种手法和技巧，这样，同一位传主在不同的文学传记中会以很不相同的形象出现，究竟哪个更符合历史的真实，常常难以判断。"[1]我们尚难说扎伊采夫的撰写有多少虚构，但通篇阅读这部"传记"，看得出作家的选材与文学史家的传记素材的不同在于，前者着力刻画传主的本源性格，以"心灵的亲近"写出为作者由衷喜爱的传主——爱他的聪颖早慧，仰慕他的诗歌天才，爱他的宽厚待人、珍视感情的高贵品质，同时也让我们领略到了使茹科夫斯基潜在文学天赋得以激活的成长环境，也正是这种环境培育、丰富了他的内在情感，使他的绘画、戏剧才能，主要是诗歌天才，得以相继展现。基于此等环境去写茹科夫斯基坎坷的人生命运和情感历程应该是更具悲剧冲击力的，也更利于人物性格与心理的刻画。

---

[1] 杨正润：《现代传记学》，南京大学出版社，2009年，第276页。

毫无疑问，茹科夫斯基的屈辱感在他儿时就已经存在，但这并不是外界给他的，而是由他的自律和自谦产生的，低调谦卑是他与生俱来的本性。当他长成少年的时候，他发现自己家的成员关系与别人家的不一样，这种感觉触发了他的自卑与遐想、孤独与愁闷，诗人那颗易感的心灵、多愁善感的个性特征乃至心理情状，让他总也无法相信家人对他和善友爱的目光，甚至外甥女们对他才华的仰慕，都被视为对他的怜悯、居高临下的宽待，这让他的自尊心难以接受，终日里耽于幻想，越发地郁郁寡欢，悲哀而又夸张地认为自己尽管没有被丢弃，但也"不被任何人所爱"。但一个传记作家，首要的是尊重传主的真实生平，其中包括内在精神的生平。扎伊采夫如实写出了茹科夫斯基"天生有着温柔的心灵和敏感的灵魂……"，同时证明茹科夫斯基的易感心灵并没有欺骗他，在这个家族还是有人十分在意他的出身，那就是他的同父异母姐姐叶卡捷琳娜，后来正是她以此为缘由残忍掐断诗人的爱情，影响了茹科夫斯基的整个人生及创作。

1805年，22岁的茹科夫斯基为他的两个外甥女授课，久而久之，他对大外甥女玛利亚产生了爱慕，而玛利亚当时只有12岁，因其年龄太小诗人羁勒住了这份情愫，但是五年后倒是虚龄17岁的玛利亚疯狂爱上了茹科夫斯基，并向母亲叶卡捷琳娜请求嫁给茹科夫斯基，却遭到严厉拒绝。外在原因是血缘太近，真实原因就是茹科夫斯基预料到的，这位同父异母的姐姐嫌他是私生子。玛利亚忍受不了精神上的折磨患上重病，诗人为此也深感痛苦，但他没有因此放弃这份感情，而是固守着一种柏拉图式的爱情，同时不断恳求姐姐让他和玛利亚结婚。为了更换环境、排解心情，1812年诗人加入俄罗斯预备军，驻扎在博罗季诺附近的塔鲁蒂诺村（库图佐夫的司令部），并写下了充满爱国主义激情的颂诗《俄罗斯军营的歌手》。诗作以浪漫主义诗歌主人公形象的塑造以及对战士们英勇作战的激励，获得了巨大文学声誉，诗人本人在宫廷被委以要职。

创作的成功，尤其是皇室的器重，使诗人重又鼓起勇气，再次恳求姐姐同意他和玛利亚结婚，结果仍旧是残酷的拒绝。1817年玛利亚嫁给了茹科夫斯基的一位朋友，即塔尔图大学医学教授莫耶，后定居多尔帕特。1823年玛利亚死于难产，自此茹科夫斯基陷入无边的痛苦之中，将玛利亚的墓地作为他的祈祷之地，频频凭吊。用巴耶夫斯基的话说，玛利亚的"这座墓地成了俄罗斯浪漫主义的摇篮"，诗人饱蘸深情为自己心爱的女人写下了一首又一首不朽的诗篇，汇聚成了茹科夫斯基诗歌世界的重要题材：爱情诗。

最著名的除了心上人在世时写下的《致她》（1810）、《歌谣》（1811）、《小花》（1811）、《誓言》（1822），还有《1823年3月19日》（玛利亚离世之日）、《夜》（1823）等，其中包含一系列歌谣。扎伊采夫的《茹科夫斯基传》向读者展示了茹科夫斯基与玛利亚无果的爱情加重了他的忧郁和感伤，也因此他的诗歌以悲伤的内容和基调而闻名。同时，玛利亚成了他一生的挚爱，与玛利亚的永别不仅成了他创作的灵感源泉，也强化了他爱情诗的悲剧走向，即爱情宿命和对命运的消极接受，这种爱情观在他日后的谣曲《风琴》（1814）中得以忠实展现。作品写了一对门户悬殊的年轻人生时难结连理，死后双双飞舞，成为俄罗斯的"梁祝化蝶",作品被认为"集中体现了茹科夫斯基浪漫主义的全部思想和全部美妙的馨香"[1]。正是这位浪漫主义大师开启了俄罗斯后世文学"爱情大于死亡"的范式,构成屠格涅夫、布宁及当代诗人库什涅尔等人爱情作品的情节因素。诗人甚至认为恋人的天堂聚首是命运对他们的奖赏,是在后世享有的荣耀,这种荣耀和自由是贫穷所赋予的。

同样代表着诗人爱情理念并被称为茹科夫斯基诗歌纲领性作品的还有《杰翁和艾思兴》(1814)。杰翁在妻子死后将她的坟墓安放在自己家的正对面,天天对着坟墓里的妻子诉说未了的爱情,哀叹"幸福之神给了我们生命,但却甩不开别离的忧伤"。诗中表明,尘世的幸福并不是杰翁所寻求的,凡间的钱财、尘世的欢乐都会逝去或腐烂,它们总会将人欺骗,唯有死去的妻子、崇高爱情的甜蜜永远珍藏心间,"爱得越深离别的痛苦就越深,爱着的人是不会计较现世得失的"。因此,对于杰翁来说,"忠贞不渝的希望的兑现在于在那熟悉却又隐秘的王国,他的死去的心上人能够还魂归来"。它告示读者,相爱的人是永远不死的,无论是在今世,还是在来生;同时不要诅咒上苍,幸福在人的自身。这既是茹科夫斯基的爱情观,同时也借此反映了他的宗教观。

诗人的早期作品不仅仅局限于爱情诗,还有各种题材与体裁的抒情诗,艺术上依旧保有卡拉姆津贵族感伤主义的神韵,如他发表的第一首诗歌《五月的早晨》(1797),

---

[1] 参见 Белинский В. Полное собрание сочинений. Т. VII. Изд. АН СССР. М., 1955. С. 192。

诗歌主人公哀叹人生是"不尽的眼泪和痛苦",只有在坟墓里才能得到幸福。一般认为,感伤主义乃浪漫主义的温床,茹科夫斯基翻译并发表的英国诗人格雷的著名哀诗《乡村公墓》标志其浪漫主义创作的开始。另外,茹科夫斯基1808年将德国诗人比格尔的《丽诺尔》改编为故事诗《柳德米拉》,一年后又依此情节改编出具俄国情味和女性心理特征的《斯维特兰娜》,两部作品让他的文学声名如日中天,标志着他真正成为浪漫主义诗人,同时其宗教观念得以确立,即对上帝的顺从,表现为个体的隐忍和受难。

茹科夫斯基真正踏上俄国诗坛是凭借其译作,《乡村公墓》使他一举成名。正如朱宪生所指出的:"诗作以其沉思冥想的艺术方式和忧伤哀怨的基调描绘了阴暗的乡村生活,抒写了诗人丰富的内心感受,表达了诗人对人世间不平的不满态度和无可奈何的顺从。"[1]这是一部体裁归类为哀诗的作品,哀诗最早被称为怨诉歌或哭诉歌,逐渐发展成爱情哀诗、哲理哀诗、公民哀诗,而茹科夫斯基翻译的这部作品因含有丰富的田园诗特色,诗歌史上称之为田园哀诗,其风韵和特质与哀诗体裁的本源含义有着紧密联系。这首诗被茹科夫斯基翻译了三遍(1801、1802、1839),可见诗人所投入的精力与感情,其中1802年版文坛评价最高,公认为远远胜过此前安德烈·屠格涅夫的翻译,它以其高超的翻译技巧和诗人本人的思想表达被视为经典译本。索洛维约夫称这版译作为"俄罗斯诗歌的故

---

[1] 朱宪生:《俄罗斯抒情诗史》,陕西人民教育出版社,1993年,第48页。

乡"[1]，当代研究家格利文克称这部作品具有里程碑意义："1802年译本具有很高的历史文化价值，俄国诗歌的黄金时代也正是以此译文为开端。"[2] 此诗原题为《墓园哀歌》（又译《墓园挽歌》），茹科夫斯基翻译时将其更名为《乡村公墓》，目的在于对古典主义的程式化作出反拨，赋予这首诗注重乡村自然景色描写的特征。

继《乡村公墓》之后，茹科夫斯基写下了大量哀诗，如《黄昏》（1805）、《斯拉夫女人》（1816）、《大海》（1822）。值得一提的是《难以表述的》（1819）这首诗，倒不是因为哀诗体裁而出名，而是诗中的句子一直为人所津津乐道："我们凡间的语言 / 在奇妙的大自然面前算得了什么？/ 它怀着某种漫不经心与轻松的自由 / 将美丽洒向四面八方……"这首诗用哲理性诗句探究了诗的语言功能问题，对后世影响巨大，它道出了语言在描写大自然奇妙面目时的有力与无力。茹科夫斯基力求赋予在人的意识中转瞬即逝的"无法表达之物"以可视的、有声的和形象的体现，这种"难以表述的"在潜意识隐秘处以晶亮的拍溅声瞬间浮起，却又什么时候都不能以逻辑概念对其作出明确的定义。在《难以表述的》中他善于用有限的词语唤起读者无限的想象，并借此积蓄蔚蓝天空火焰和蓝色水面上白云浮动留给人们的感觉，与读者一同感受大自然的美妙无穷。正如古柯夫斯基所言，在这首诗里，"没有一个表

---

[1] Соловьев В. С. Родина русской поэзии: По поводу элегии «Сельское кладбище». // Вестник Европы. 1897. №11.
[2] Цит. из «Истории русского художественного перевода первой половины XIX века». М., флинта и наука. 2002. С. 46.

物词是评价词。他的笔下,所有的词都作为激情音响的调子被精选出来——这就是无法表达之物的表达"[1]。这句话的意思是说,茹科夫斯基借助语言的音乐传递心灵的音乐。这一点被屠格涅夫所忠实继承,后者也曾惊呼过再没有比语言更有力和更无力的了！不同的是,茹科夫斯基在这里是慨叹语言无法表达得尽大自然的美丽,而屠格涅夫则是慨叹语言无法表达人当时当地的复杂心理或曰心情。有一点两位文学大师达成了共识,即屠格涅夫在《春潮》中所顿悟的："没有比音乐更能表达人的内心的了！"但在人的内心情感无法精确传达,在"言语道断"之处,"思维路绝"之时,高明的语言艺术家屠格涅夫大量运用俄语特征,即大量启动带"-то"的"不定代词"和"不定副词",启动读者的想象力,去再创造,再完善,或者索性不写,把极复杂的内心活动与过程交付人的外在表现,通过人物的一颦一笑和盘托出人物的万千心理。茹科夫斯基的《难以表述的》对丘特切夫和费特都产生过重大影响,受到19世纪末至20世纪初象征主义的热捧。正如当代研究者日尔蒙斯基所说："俄国象征派与普希金的诗歌遗产没有关系,象征派的根在俄罗斯抒情诗的浪漫主义流派之中,应归属于茹科夫斯基。从茹科夫斯基开始,经过丘特切夫、费特与费特流派（阿·康·托尔斯泰、波隆斯基,尤其是弗拉基米尔·索洛维约夫）,传递到象征派手中。"[2]

诗人茹科夫斯基与后继者普希金的文学关系是文学批

---

[1] Цит. из кн.: Лебедев Ю. Русская литература. М., 2000. С.37.
[2] Жирмунский В. Избранные труды. Теории литературы. Поэтика. Стилистика. Л., «Наука». 1997. С.202.

1820年普希金的《鲁斯兰与柳德米拉》出版后,茹科夫斯基将自己的这张肖像赠给了普希金

评界绕不过去的议题。在《茹科夫斯基传》中扎伊采夫政论性地表明自己的立场:在诗歌的节奏与短句上,普希金"是在茹科夫斯基的影响下成长的。直到最后,他都对茹科夫斯基保持着崇敬之情"。在诗歌创作上,茹科夫斯基是普希金的老师,这是毋庸置疑的,我们不能因普希金叙事诗《鲁斯兰与柳德米拉》的成功,茹科夫斯基以自己的肖像赠送,附以自谦赠语"被打败了的老师赠送给胜利了的学生",就把俄罗斯诗歌艺术的创新全归功于普希金,而全然忽略茹科夫斯基。事实上,没有茹科夫斯基的素材提供,普希

金未必就能写下这部传世之作。诗歌史上有大量的诗歌实例来证明茹科夫斯基作为普希金老师的地位不可动摇。正是读了茹科夫斯基的诗《致费拉莱特》,别林斯基感叹道:"这些诗句里可以听到心灵的呻吟,这些诗句实际上证明了,不是普希金,而是茹科夫斯基第一个在俄国用哀诗的语言倾诉了人对生活的怨诉。"[1]

茹科夫斯基有一首诗叫作《我常常与青春的缪斯相遇……》被认为对俄罗斯古典诗歌的确立起到至关重要的作用。这首诗里缪斯的形象和恋人的形象融合成一体,展现的先是诗神与恋人在诗人心灵中一起出现,而后是诗神与恋人对他的抛弃,再后是他等待着她们的回归。不止一本诗歌史认为,两年后普希金写下的《我记得那美妙的一瞬……》,对于茹科夫斯基的《我常常与青春的缪斯相遇……》这首诗来说好像是一种后补的编辑。不同的是,普希金用浪漫主义激情替换了茹科夫斯基感伤主义的理想,正如别林斯基认为"没有茹科夫斯基我们就不会有普希金",俄罗斯学者巴耶夫斯基认为,若没有茹科夫斯基的《我常常……》,就没有普希金的《我记得……》;斯米尔诺夫甚至认为,普希金的塔吉亚娜也是茹科夫斯基故事诗《斯维特兰娜》同名主人公的延续。

可以说,茹科夫斯基不仅仅是普希金诗歌上的老师,同时也是他思想品德的导师,在他的创作与生活中起着一位教育家的作用。正如扎伊采夫所写:"对于普希金来说,最高的价值是艺术,而对于茹科夫斯基来说,艺术之上还

---

[1] 徐稚芳:《俄罗斯诗歌史》,北京大学出版社,1989年,第50页。

有着别的东西。"在写好诗的同时，茹科夫斯基一直教导普希金要认清"最重要的是道德上的伟大"。就宗教意识对比，扎伊采夫更是直截了当地指出二位的本质区别："在这一切思想当中，普希金更接近多神教。光明的日神阿波罗的属性遮住了他身上的魔鬼。茹科夫斯基作为基督徒比普希金看得更远。对他来说，一个人的使命、职分、自我完善和死后的命运是最重要的。对普希金来说最重要的是诗歌。对茹科夫斯基来说，则是上帝和诗歌。"

诚如我们所知，茹科夫斯基自幼对大自然情有独钟。为排遣屈辱出身带来的孤独与伤感，为消散爱情带来的失意与怅惘，诗人常常将一腔深情赋予大自然，在大自然中寻求精神上的慰藉，领略唯有自己能够体味到的大自然独特的美。引申一步说，成为诗人的茹科夫斯基徜徉于大自然的怀抱，驰骋于自己心目中的理想境界，去忧愁，去感伤，去幻想，去将心灵哀痛投影于大自然的一景一物。同时这也决定了诗人在写景与写情中对哀诗这一"沉思体"的自然接受与对"第一人称哀诉"手法的特殊偏爱，以《黄昏》为标志，茹科夫斯基创立了一种崭新的浪漫主义抒情诗——风景哀诗。这首诗最为集中、最为全面地体现了诗人早期创作中感伤主义情绪犹存、浪漫主义风格初成的艺术特征。诗中以景起情，以情兴景，因景伤情，因情哀景，以前所未有的细腻笔触描绘了一幅不断变幻着的大自然图画，以此抒发对逝去年华的缅怀，即对过去与友人共度的幸福岁月的追忆，对爱情、友谊、生与死的沉思，对造物主的歌颂，对现实的失望，对墓地与来世的神往。

这是一首风景哀诗，其艺术价值得到了俄罗斯文坛高度评价。如果说"俄罗斯哀诗的黄金时代始于茹科夫斯基"[1]，始于他的《乡村公墓》，是它"为俄罗斯的浪漫主义开辟了一个新的时期"[2]，那么，《黄昏》则被公认为真正的"俄罗斯第一首浪漫主义哀诗"[3]，"无论就其反映现实生活的方式，还是心理分析的方法，它都是新型浪漫主义哀诗的第一个范本"[4]。《黄昏》在俄罗斯文学史上的地位有目共睹，它和诗人茹科夫斯基的不朽声名永远连接在一起。一如斯米尔诺夫所言，"它在内容与形式上创立了表达情感世界的新手段，这种手段统领着整个19世纪乃至20世纪初的俄罗斯文学"[5]。

《黄昏》使诗人拥有了一个新的称谓，即"月亮诗人"，浪漫主义风景诗的缔造者。他写的不是古典主义笔下直观的"白昼"，而是诗人主观感觉的黄昏；描绘的不是太阳，而是月亮；不是日出，而是日落。

《黄昏》不仅展现了诗人卓越的艺术才华，而且透过这首诗的自传性特征，依稀可见一个教导者的背影和道德楷模。诗人彻夜不眠在其间诉说情怀的小树林就在父亲宅邸后面，诗行赋予平淡无奇以灿然诗意，浸透着诗人茹科夫斯基对大自然的独特感悟，对乡村一角的深情赞美，同时这首诗也是一首情感自传，反映出茹科夫斯基的世界观与人生观。诗人认为："友谊是一种美德。"《黄昏》中

1　Касаткина В. Поэзия В. Жуковского. Изд. МГУ. 2002. С. 15.
2　Баевский В. История русской поэзии. М., 1996. С. 60.
3　Буслакова Т. Русская литература XIX века. 2003. С. 22.
4　История русской литературы в 4 т. Под ред. Е.Купрянова Т.2. . Л., «Наука». 1981. С. 114.
5　Смирнов А. Пособие по русской литературе. Изд.МГУ. 1994. С. 31.

提到的是诗人的好友安德烈·屠格涅夫，这也是位才华出众的诗人与翻译家，茹科夫斯基对他的品性人格十分敬慕，并视他为未来的"精神领袖"，只可惜此人英年早逝，诗人对此痛惜万分，并为他写下很多回忆文字，对他报以至老不衰的深情怀念。诗中的"社团"指的是茹科夫斯基积极参与阿尔扎马斯社与俄罗斯语言文学爱好者协会展开的新旧文体的论争，他和朋友们一起为俄罗斯语言改革做了很多努力。可以说，这首诗不仅用艺术文本展现了诗人的诗品，同时也让读者领略到他的人品。诗的末尾写道：

> 是啊，歌唱乃我命定……能否长久
> 谁人预料？
> 唉，可能很快，与悲戚的明伐娜一道，
> 那阿里宾将在黄昏之际
> 对着年轻歌手死寂的坟墓深沉冥思！

阿里宾和明伐娜乃民间故事的男女主人公。相传，穷歌手阿里宾爱上了皇家公主明伐娜，但因门第悬殊，有情人难成眷属，结果男主人公遭放逐，女主人公抑郁而死，后唯有在天国，一对有情人才比翼双飞，尽享欢爱。诗人借这一爱情悲剧作哀诗的结语，表露着诗人沉痛的心理情绪。要知道，正是在写这首哀诗的那一年，诗人对玛利亚的爱情悄然成熟，却遭到无情拒绝，正是这种情感的受挫，加重了他的失意、孤独与怅惘，似乎时现地已无他的情感立足之地，唯有在墓地冥想才是他精神的归途，唯有来世才会兑现他的挚爱，唯有在某个不知名的地方才会有他的福地。正是对民间故事这种"忧伤美"的敏感与醉心，诗人日后终将此咀嚼成苦味四溅的《风琴》——"洋溢着浪漫主义旋律的范本"。生活就是这般无情，十六年后，诗人的恋人玛利亚最终同样因情抑郁而死，诗人的这首诗的寓意竟得到了残酷的应验。可以说，大自然景色之所以不断鸣响着沉重的音调，很大程度上是诗人当时当地沉郁心情的外投，个人爱情悲剧的预感。

在茹科夫斯基与玛利亚的情感经历中，我们似乎不难发现，扎伊采夫《茹科夫斯基传》里的传主有着明显的圣徒的影子，表现在上帝安排他做什么他就去做什么，做好自己的职分，听从命运的安排，忍耐生活中的委屈与苦难，这种观点甚至支配着他对爱情的妥协与最终"放弃"。书中我们读到，当诗人意识到对玛利亚的爱情已经命定难成时，为了不耽误心上人的青春年华，正是他将自己信得过的好友莫耶带入庄园，为他追求玛利亚创造机会，努力促成他们俩的婚事，而自己则踽踽独行于命定的坎坷情感之途；书中我们领略了现实生活中的茹科夫斯基极其善良大度，已经"了断"了与玛利亚的爱情，却卖掉自己的部分财产为玛利亚的妹妹亚历山德拉购置嫁妆。他就是这样自律自谦、乐善好施，以自身行为担负起教导者的责任。书中记述了这样一个事实，在驻扎于博罗季诺的库图佐夫司令部，茹科夫斯基负责起草为部队下达的命令，一位叫斯科别廖夫的将军声称茹科夫斯基起草的受到库图佐夫激赏的文笔杰出的文书是他自己所写，而茹科夫斯基对此却毫不在意。

作为教育家的茹科夫斯基一生当过四个人的老师，即两个外甥女,尼古拉一世的皇后亚历山德拉·费奥多罗夫娜,还有就是亚历山大二世。扎伊采夫明白无误地告诉读者:茹科夫斯基死后三年,他的学生亚历山大二世即位(1855),并很快着手农奴制改革。不消说,农奴制改革就如同60年代初其他自由主义改革一样,引发各种势力的角逐,这一切绝非偶然,但俄罗斯历史上最人道的改革是茹科夫斯基的弟子发起的,也是茹科夫斯基的广博学识和人格魅力对沙皇的感化与深刻影响的结果。

论及茹科夫斯基的文学地位,在扎伊采夫看来,茹科夫斯基身后遭到诸多非议,文学道路上不得志,是因为他曾经是一名宫廷诗人。俄罗斯学界对茹科夫斯基的态度也一定程度上影响和决定了我国对茹科夫斯基的接受,所以被禁于俄罗斯文学史的"冷宫"也就毫不足怪。他以审美与伦理视角看待社会,以善与爱作为自己的取向,他不赞同十二月党人的观点与追求,成了一位坚定的皇室拥戴者。在宫中供职的时候,他曾写下诸多歌功颂德作品,为皇室大唱赞歌;他甚至为了维护沙皇尊严,"毫不客气地训斥"普希金的鲁莽。在现实生活中,普希金对茹科夫斯基来说仍然永远都是一个学生,作为老师的茹科夫斯基总是要为他担惊受怕。但尽管如此他仍然坚守住了自己的人格与情感,宫廷从上到下都不由自主地敬重他的道德理念,效法他的忠诚和对爱情的坚守、对友谊以及一切亲情的忠诚。他虔诚的宗教感情,他的善良,他对亲人朋友的忘我关注决定了他的行为;他曾设法向沙皇求情,从而减轻对十二月党人的刑罚,改善谢甫琴科、普希金、莱蒙托夫的境遇,接济贫苦文人。但当他在尼古拉一世面前信誓旦旦为莱蒙托夫担保时（茹科夫斯基："我为他担保。"而尼古拉一世则说："谁会向我为您担保呢？"），却遭到拒绝。尽管他时常监管不住普希金，但在普希金遇害后他曾写下愤怒诗行，直逼独揽大权的宪兵头目、沙皇头号宠臣本肯多尔夫。就此我们想说的是，文学研究要返璞归真，不能因为茹科夫斯基曾为宫廷诗人就拒绝研究，人为忽略他的诗歌成就，应从诗人对俄罗斯文学的开创、其诗歌巨大的后世影响，以及作为诗人的高尚品德，他对俄罗斯文学力量的守护与激励等，还茹科夫斯基在俄罗斯文学史上应有的地位。

茹科夫斯基不仅是俄国第一位浪漫主义诗人，同时也是一位杰出的翻译家，他的翻译活动与成就主要在他的晚年，并且创立了独具一格并影响至今的翻译理论。

茹科夫斯基精湛掌握德、法、英语，而且擅长将自己的心灵渗入他国诗人的诗，凭借翻译席勒、歌德、拜伦、萨迪、瓦尔特·司各特来丰富与指导俄罗斯文学，让外来文学服务于俄罗斯文学民族化的神圣使命，运用欧洲的译本翻译古希腊、古波斯、古印度的诗，同时也译介了一些名不见经传但具有很高艺术含量的诗歌作品，并将《伊戈尔远征记》译成现代文字。他人生的最后一部译作是荷马史诗《奥德赛》。可悲的是，这部史诗于那个时代"并没有在俄罗斯教育到任何人"（扎伊采夫语）。

在致果戈理的信中茹科夫斯基表达了自己独特的翻译见解："翻译家译散文时是'奴隶'，译诗时则是对手。"茹科夫斯基的这番高见对后世的文学翻译理论与实践产生了很大影响。2014年在莫斯科举办的世界文学翻译家大会，一个分会场的研讨题目便是"翻译家译诗是对手吗?",引发了广泛而热烈的讨论,小组讨论中有的代表将茹科夫斯基的翻译理论与俄罗斯汉学家阿列克谢耶夫的翻译理论作比较。阿列克谢耶夫主张诗人高于译者,不主张译者过分发挥主观能动性:"如果你译拜伦,那就要成为拜伦本人,否则你的语言会暴露你自己,人们读到的将是你,而不是拜伦。"二者的翻译动机不同决定了他们的认知有异,同时也是不同时代使然。茹科夫斯基的译作在许多情况下与其说是翻译,不如说是再创作。作为俄罗斯第一位浪漫主义诗人,他认为翻译也是一种表达自己思想情感的方式,同时也是光大与促成俄罗斯民族文学的一个有效途径。论及翻译对自身成长所产生的作用,他在 1847 年致果戈理的信中写道:"我的智慧像一个火镰,必须把它敲在燧石上才能冒出火花:我的作品几乎全是别人的,或者是用别人的题材写成的,然而这一切也全是我自己的。"他山之石,可以攻玉。尤其是 18 世纪时,俄罗斯文学处于初创时期,翻译本身是一个学习和提高的过程,他国文化精髓完全可以用于本国文学的开创与建设。

遗憾的是,扎伊采夫的这本《茹科夫斯基传》并没有对翻译家茹科夫斯基予以专门介绍,充其量将其翻译活动简单镶嵌于生平事件,只限于译名的列举,其翻译特色与成就均未交代,更没有对茹科夫斯基的翻译理论作出论说。当然,生平传记不是学术专著,而且"扎伊采夫本人并不是一位文学评论家"(亚尔科娃语),更不是一位文学翻译家,他是作家,尽管他写下大量关于 19 世纪作家的随笔文章,但他所理解的文学作品只停留于文本的申发,而且在他看来，理解文本深刻本质的最适当方法不是分析，而是共情、感同身受、理解自己对所读作品的印象。这在哲学美学批评中确也助力了业已形成的文学新方向，即文学的印象主义批评。

茹科夫斯基传

瓦西里·安德烈耶维奇·茹科夫斯基像，1850 年

米申斯科耶和图拉

奥卡河发源于奥廖尔省以南的地区。此条河流在奥廖尔省尚为潺潺细流，平缓地直接流向北部高地，流入卡卢加州。乌格拉河的水势在那里上涨。奥卡河宛如明镜一般，平缓而不知疲倦地在罗斯大地上蜿蜒，途经梁赞，最终汇入伏尔加河——祖国光芒四射的灵魂。

奥卡河在穿越奥廖尔省和卡卢加州的途中流经一个小县城别廖夫。这个地方既不富裕，也不闻名。对于它有什么可夸赞的呢？是奥卡河沿岸的教堂，边防堡垒，简陋的旅馆，还是栽满苹果树和樱桃树的果园？

此地没有任何特别之处，但却是被奥卡河所点缀的一处不错的地界。它像是位于布良斯克森林和波列西耶森林，以及奥廖尔以南延伸到叶列茨市的广阔草原之间的一个十字路口。这里既没有森林，也没有草原。有的仅是一些田野、小树林、草地、村庄和贵族庄园。这地方一点儿也不野蛮，不原始。在幅员辽阔的俄罗斯，这是一个以和谐著称的地域：莫斯科周边的奥尔洛夫—图拉—卡卢加这一片区域几乎是整个俄罗斯文学的发源地。

距离别廖夫市仅三俄里[1]，同样毗邻平静清澈的奥卡河的地区，坐落着米申斯科耶村，该村庄在18世纪末隶属于阿凡纳西·伊凡诺维奇·布宁，是其众多庄园之一。这里的一切都十分宏伟气派：庄园里建有一栋带有耳房、暖房、池塘、花园、橡树林的大别墅。不远处就是乡村教堂，这几乎也是他的私人教堂。当然，从远处看上去，这条汇入奥卡河的小河只是一片郁郁葱葱的草地。这就是自由自在，在许多方面杂乱无章的地主生活。

阿凡纳西·伊凡诺维奇本人是一个善良而高尚的人，尽管处于严酷的农奴制时期，但他本人并不苛刻。当然，他的日常生活非常简单：整日里就是打猎，喝伏特加，再加上一些乡村里的消遣娱乐。他的缺点也很明显，那就是在男女关系方面。

他娶了玛利亚·格利戈里耶夫娜·别佐布拉佐娃为妻。在俄罗斯的生活中，尤其是在那个时代，这种婚后的情况并不少见：丈夫人虽不坏，但是行为放荡，而女人恭顺地背负着重担，凝聚着整个家庭的精神力量。

玛利亚·格利戈里耶夫娜总共生了十一个孩子，在不长的年头里六次经历了孩子夭折的悲痛，后来又经历了她那已经在莱比锡大学上学的唯一的儿子早逝的伤痛。但她仍然有四个女儿在米申斯科耶长大成人，这便是阿芙多季娅、娜塔莉娅、瓦尔瓦拉和叶卡捷琳娜。

当然，女性总是更加通达明理，在精神追求上也更有文化：在她们的生活中没有狩猎的长鞭子、土里土气的农

---

[1] 1俄里约1.067公里。译注。（本书脚注无特殊说明者均为译者注。）

《米申斯科耶泉水边的凉亭》,茹科夫斯基绘

民和伏特加酒。玛利亚·格利戈里耶夫娜在宗教精神和文学教养的指导下养育了女儿们。她本人喜欢阅读,但她所读的只限于俄文年鉴和杂志(这都是多么有趣的名字呀:《愉快而有益的消遣》《盛开的花朵》《魔泉,或风月情》)。女孩子们的家中还充斥着法语读物:卢梭的《新爱洛伊丝》、让利斯夫人的《阿黛尔与西奥多拉》,以及其他类似风格的感伤和浪漫之作。从小时候起,每个孩子都能说一口流利的法语,家里请了好几位女家庭教师和教员。在这个家里偶尔也会传来农奴制的声音——或是招募、出售农奴,或是对谁进行惩罚。但是在那个年代一切都得以融洽并存。而且,布宁一家人一点儿也不苛刻。可以说这是一个安宁和气的家庭。

当然,古老的习俗也保留了下来:食客、穷亲戚,甚至是用餐时逗笑的小丑,在阿凡纳西·伊凡诺维奇的家里都应有尽有。

在他们家里住着一位来自乌克兰的穷贵族,算是半个朋友、半个仆人、半个食客的安德烈·格利戈里耶维奇·茹科夫斯基。这是一个谦虚、敬畏上帝的人。他小提琴拉得很好,经常给布宁的女儿瓦尔瓦拉·阿凡纳西耶夫娜伴奏,瓦尔瓦拉钢琴弹得很好,并且歌曲唱得也"相当出色"。这位安德烈·格利戈里耶维奇还是家里和教堂礼拜仪式合唱的"指挥"。此人出现在布宁的家里并非毫无意义。他为俄罗斯文学送上了一份谦卑的礼物。

1770年,玛利亚·格利戈里耶夫娜生下了她最小的女儿叶卡捷琳娜,第二年被招募的新兵便从米申斯科耶开拔奔赴前线去与土耳其人作战。在临行前,阿凡纳西·伊凡诺维奇半开玩笑地对其中一人说道:"去吧,去战斗吧,打败土耳其人——再给我从战场上带回一个土耳其女人,而且要个年轻点儿的。"

战争胜利了。所有可以掠夺的东西都被洗劫,一切可以毁掉的都被烧毁。本德尔城被攻占,城里的许多人都被杀死了,来自米申斯科耶村的战士竟然掠走了不是一个,而是两个非常年轻的土耳其姐妹:看起来年长一些的姐姐萨莉哈——她也只有十六岁——她的丈夫被杀死了。小妹妹法季玛才刚满十一岁。这位士兵本人是阿凡纳西·伊凡诺维奇的私有财产,而这两名土耳其女人则是士兵的私有财产。但是他带着战利品回到米申斯科耶以后,便将土耳其女人转交给了阿凡纳西·伊凡诺维奇。也许主人还赏赐了他一杯伏特加酒。

土耳其女人就这样出现在了米申斯科耶,并以一种令人迷醉的和妩媚动人的样子出现在这些掠夺者面前:年轻的寡妇萨莉哈"美丽、灵巧、温顺、品行端正",还有日渐消瘦,很快就死去的可怜的女孩法季玛——只有上帝知道她在战争和被俘的过程中都经历了什么。

萨莉哈活了下来。她成了布宁较小的两个女儿瓦尔瓦拉和叶卡捷琳娜的保姆。她那奇异的命运之星开始渐渐升起。原来的女管家去世了,萨莉哈便接替了她的位置——俄罗斯的贵族小姐们和太太们教会了她说俄语。她在厢房独自居住。

以阿凡纳西·伊凡诺维奇的性格,他是不会错过这个萨莉哈的。她是否也喜欢他,我们无从知晓。也许也是喜欢的。不管怎样,即使女俘虏并不倾心于他,也是不会反抗的,她是无人保护的。而且她早在自己的故乡,在自己的本德尔城的时候便已经习惯了逆来顺受,就像她本民族的所有女人一样。她成了他身边的亲近之人。可以认为,他甚至可能爱上了这个可爱、年轻、美丽的萨莉哈。无论如何,他都非常需要她,以至于他搬到了她的厢房住。

在那个时代,玛利亚·格利戈里耶夫娜没有离开阿凡纳西·伊凡诺维奇的可能。她只能忍受。她便忍受了这一切。她只能通过疏远丈夫,冷漠地对待他,通过将自己的孩子们与父亲的世界隔离的方式进行抵抗。瓦利娅和卡佳[1]被禁止进入厢房。萨莉哈仅在被召去接受家务安排的时候才出

---

[1] 瓦利娅即瓦尔瓦拉的爱称,卡佳即叶卡捷琳娜的爱称。

现在主房里,她充满劳动和秩序的生命,本该安静而恭顺地在这一厢房里悄然而逝,如果没有……

她一个接一个生了好几个女儿,一共三个孩子,都是没活多久就死掉了。她们悄无声息地出生,又悄无声息地死去。但是在1783年1月29日,一个上帝的男孩诞生了。这一个没有夭折。

显然,是应布宁本人的要求,当时已不再寄居在这个家庭的安德烈·格利戈里耶维奇·茹科夫斯基在婴儿出生两天后就来到家里,与玛利亚·格利戈里耶夫娜交涉:他想成为这个土耳其男孩的教父,并想让瓦利娅·布宁娜当他的教母——她那时才刚满十五岁。

接受这个提议并非易事,但是玛利亚·格利戈里耶夫娜还是同意了。她战胜了自己,以仁慈和宽恕之心接受这一切。她一直以来的生活并不轻松,她知道什么是悲伤。她经历的最后一次考验是她唯一的儿子,莱比锡大学学生的离世。现在,命运给她送来了一个新的儿子,"罪过"和欺辱的果实。他将来会成为一个什么样子的人,她当然是想象不到的。但是她听到了他的呼喊声。这个小小的、刚出生的、半个被俘的、无助的婴儿……她的心灵颤抖着向其敞开。"她在心里默默地接纳了他,把他当成自己的儿子。"

一切就这样发生了。安德烈·格利戈里耶维奇和瓦利娅为他施洗。他被命名为瓦西里——在希腊语中意为沙皇,但是在俄语里的发音听起来很柔和,更加女性化一些。

这个由俄罗斯地主和恭顺的土耳其女人生下的婴儿被登记为茹科夫斯基:瓦西里·安德烈耶维奇·茹科夫斯基。

* * *

这个男孩成了家庭安宁的象征。爱上他之后,玛利亚·格利戈里耶夫娜完全接受了现状。阿凡纳西·伊凡诺维奇回到了主人房居住。他们两人的关系变好了——过去的事情已经了结。玛利亚·格利戈里耶夫娜对待萨莉哈也十分宽厚,可能是土耳其女人温柔的性格博得了同情,而且要知道她并不是东正教徒,在土耳其,男人们都有好几个妻妾,她并非自愿与阿凡纳西·伊凡诺维奇同居,总是表现出完全的谦卑和恭顺。现在,当家里的女主人将她的儿子视如己出,萨莉哈对玛利亚·格利戈里耶夫娜的态度简直就是敬畏的。而且,她也不再是萨莉哈了:她接受了东正教洗礼,被赐名为伊丽莎白·杰缅季耶夫娜。她转而成了布宁家的管家。

当这位伊丽莎白·杰缅季耶夫娜的儿子两岁时,他的教母瓦利娅·布宁娜嫁给了彼得·尼古拉耶维奇·尤什科夫,并搬到了图拉居住。她在那里生下了有些早产的女儿安妮雅,一个体质虚弱,勉强活了下来的女孩。她被外祖母玛利亚·格利戈里耶夫娜带到了米申斯科耶。这个女孩后来便成了瓦夏[1]·茹科夫斯基儿时的第一个女性玩伴,就像他后来所说的,是与他"同睡一个摇篮"的孩子(小时候,他有时躺在她的小床边,当她哭的时候就哄她入睡)。他的另一个女性玩伴是娜塔莉娅·阿凡纳西耶夫娜·布宁

---

[1] 瓦夏是瓦西里的爱称。

娜的女儿玛莎·维利亚明诺娃,娜塔莉娅嫁给了维利亚明诺夫。

这样,在俄罗斯贵族老爷宅第的静谧和敞阔中,在奥卡河的祝福下,男孩茹科夫斯基在一群女孩子的陪伴下开始了他的人生。他的性格活泼开朗,表情温和,有一双乌黑的眼睛以及深色的、天生卷曲的头发,早年很容易陷入幻想(还有些心不在焉)——这是一个性格开朗、讨人喜欢的孩子。他那带有威严色彩的名字赋予他一种沉稳与崇高的品格。这一点只能在稍后的时候显现。关于他的幼年时期,我们可以说,他完全是在温柔的女性气息中度过的。

但是"刚强的男性气质"也很早就出现了,是以一种毫无吸引力的面貌出现的。他的第一位老师是德国人,但却来自莫斯科的缝纫学校,教他读书写字。这个男孩现在六岁。他不愿意读书。老师生气了就罚他跪在豌豆上,甚至用上了藤鞭。但是在这方面,茹科夫斯基显然比伊凡·屠格涅夫[1]更幸运,后者在童年时饱受母亲的折磨:残酷性与米申斯科耶此地的精神气质是格格不入的。无论是玛利亚·格利戈里耶夫娜,还是茹科夫斯基的教父,都不会如此对待这个男孩儿。既然如此,这位德国老师亚基姆·伊凡诺维奇便索性将他送往自己在巴尔丘格或卡莫尼基的裁缝作坊。

安德烈·格利戈里耶维奇试图亲自教他的教子。很难说他的教养是成功的。学生的头脑正被别的东西占据着。他并不勤于做事,而是喜欢在墙上涂鸦——他从小就对画画充满了热情,这一热情伴随了他的一生。一次,他在伊

---

[1] 即著名作家、《罗亭》《贵族之家》的作者屠格涅夫,应与后文中茹科夫斯基的好友屠格涅夫一家区分。编注。

丽莎白·杰缅季耶夫娜的房间里看到了博戈柳布斯基的圣母像。当时周围一个人也没有。他便用粉笔在地板上把圣像临摹了下来。显然画得很像。然后他就走开了。女佣们看到这幅画时都大为惊讶。她们画着十字，祈祷着奔向那位信仰东正教的土耳其女人，禀告这一神迹。她平静地解释了一切——男孩的双手沾满了粉笔灰。

安德烈·格利戈里耶维奇很爱他，显然没有像亚基姆·伊凡诺维奇那样对待他。他们的关系也是十分亲近的——有着一些不确实的记载，有一段时间教父甚至与自己的家人分开，而与他一起"住在厢房的阁楼里"。为什么会发生这种情况我们不清楚。这似乎表明，男孩在家中的地位并不是完全不需忌讳的，此外也不可能有什么别的原因了。

后来，我们便看不到安德烈·格利戈里耶维奇的身影在这个家庭中出现。他悄无声息地从教子的生活中离开了。当然，也留下了些许有益的影响。

周围也发生了一些变化。阿凡纳西·伊凡诺维奇在图拉得到了一份差事。全家都搬去了图拉，米申斯科耶只用作消夏避暑之地。在教育方面产生的影响是，男孩被送到了图拉的罗德寄宿学校做半寄宿生。他在那里的学习成绩并不是很好。

这一时期对他影响最大的一件事是1791年3月阿凡纳西·伊凡诺维奇的去世。并不能说阿凡纳西·伊凡诺维奇很爱他，或是说两者的关系十分亲近。正好相反，对于这个八岁的男孩来说，阿凡纳西·伊凡诺维奇是一个既疏远又模糊的人。这是谁呢，老爷不是老爷，父亲不是父亲——是某个难以辨明的人。但这是他与死亡的第一次相遇。葬礼很庄重。神职人员穿着法衣，灵堂里点着蜡烛，人们唱着圣歌哀悼。坟墓位于一座古老教堂的小礼拜堂里（他被埋葬在米申斯科耶，曾经度过春夏的地方）。然后就是经常性的追思，他每天与"祖母"和半个外甥女，他"同睡一个摇篮的"安妮雅·尤什科娃一起去做安灵祈祷仪式。村子里的教堂几乎就在家对面（后来他画了这座教堂，这幅画被保存了下来）。这座教堂是他心灵的第一个避难所，是他漫长而不乏波折的精神道路的开始。他的天性从很小的时候就显露出来了。他喜欢教堂大门上那温柔的小天使。唱过赫儒文之歌，当大门关上时，他便走到门前，去亲吻小天使的脸颊。安妮雅够不到——他就把她举得高高的贴上前去。

但他并非总是这样的严肃和虔敬。他是一个活泼开朗的孩子，在他周围有许多女孩子——除了安妮雅，还有杜妮亚和玛莎等尤什科夫家和维利亚明诺夫家的姐妹们，以及许多邻居家的女孩子。他们在米申斯科耶的生活自由自在，充满了游戏和乐趣。甚至还有由他指挥的战斗游戏：他让女孩子们站在前线，让她们设防，再将她们逮捕（站在椅子之间）。她们与自己的这个奇怪的"舅舅"相处得非常友好，他既像是自己人，也是谦恭地带着叮当作响的钥匙串，改名为伊丽莎白·杰缅季耶夫娜的土耳其女人的儿子。

在接下来的两年里，他的情况一直如此：夏天他们在米申斯科耶度过，到了冬天再搬到图拉，他继续在罗德寄宿学校上学，现在已经是全寄宿生了，只有星期六才回家。

但是后来他和安妮雅完全定居在了尤什科夫家族在图

拉的家里，而玛利亚·格利戈里耶夫娜则和她的几个外孙女以及伊丽莎白·杰缅季耶夫娜一起留在米申斯科耶生活。

* * *

他的"教母"瓦尔瓦拉·阿凡纳西耶夫娜·尤什科娃是位受过良好教育的可爱女性，天生机敏而富有诗意。她还热爱音乐——在安德烈·格利戈里耶维奇·茹科夫斯基的小提琴伴奏和教堂唱诗班的影响下，还在米申斯科耶时她的音乐才能就已显露出来。

在图拉，她的影响力进一步扩大。瓦尔瓦拉·阿凡纳西耶夫娜甚至接手了城市剧院，对那里进行改善，并在自己家里举办文学和音乐晚会。

文学在她的家里受到尊崇，她本人就代表了进步的潮流——感伤主义那时才刚刚出现。到了晚上，人们朗诵着卡拉姆津、德米特里耶夫和其他具有同样精神气质的作家们的新作。她还对当年出版的文学集刊和杂志感兴趣。

教子不再在已经关门的罗德寄宿学校学习，而是在图拉的一所平民中学学习。

这所学校的高级教师费奥菲拉克特·波克罗夫斯基是一位知识渊博的人，自己也经常写点儿东西（与《愉快而有益的消遣》杂志合作，笔名是"瓦尔代山的哲学家"），他并没有成功规训这个男孩，使他对科学产生兴趣，同时也完全不理解他。"我记得，"年老的茹科夫斯基写信给年老的安娜·彼得罗夫娜·宗塔格，也就是昔日的安妮雅·尤什科娃，"他是如何禁止我上学的，但我根本不记得是什么原因使他对我如此反感。"

当然，并没有什么特别的事情发生。他只是一个有些特别的，有自己喜好的孩子。但他们总是想把他不喜欢的东西（如数学）灌进他的脑袋里。他们不知道如何引起他的兴趣。什么收获都没有，他不得不退学。

但是尤什科夫的家里有足够多的女家庭教师和聘请的教师。他从小就掌握了法语，现在还在家里学习德语和其他一些东西。

瓦尔瓦拉·阿凡纳西耶夫娜家中最鲜明的特征就是浓厚的文化气息和对艺术的尊重。与枯燥的数学课程相比，这些更能够进入土耳其男孩的内心。文学艺术触动了他的心灵。这种心灵的激动在早年就显露出来了。1795年冬天，这位教子只有十二岁，显然，他已经阅读了很多非儿童读物——例如，他模仿创作了一部剧本《卡米尔，或解放的罗马》，并为从米申斯科耶来此做客的玛利亚·格利戈里耶夫娜排演了这部剧。

演出精彩纷呈。他本人既是剧作者、导演，也是演员——他扮演了主角卡米尔。女孩们穿着白色长衫，围着围巾和缎带，扮演身穿罗马长袍的元老。表演场地是尤什科夫家的餐厅。舞台被教堂里使用的那种蜡烛照亮，用核桃壳做成的油盏里滴满了蜡油，也闪闪发亮。幕布是一张大床单。侧幕和舞台布景是用从其他房间搬来的家具布置的。祖母玛利亚·格利戈里耶夫娜戴着缎带包发帽，作为最尊贵的客人坐在第一排。对于那些普通观众则要收取十戈比的入场费。

女主角奥林匹亚是由一位相当丰满的图拉女孩扮演的。

她身穿白色长衫,外面套着一件粉红色的连衣裙,头上裹着紫红色的头巾。这本是一位来自附近贵族家庭的美丽健康的"阿纳斯塔西"或"姚黛丝",但在这里她变成了女王。卡米尔在元老院会议上报告了他取得的胜利。披头散发、身受重伤的奥林匹亚被抬了上来。"看看我吧,"她说道,"我是奥林匹亚,太古时代的女王,为罗马献出了生命!""天哪,奥林匹亚,你做了什么?"卡米尔惊呼道。"为罗马而死!"奥林匹亚倒地身亡。

罗马就是以这样的方式闻名于图拉的。这出戏获得了圆满成功。剧作者和演员们都欢欣鼓舞。这位作者像许多的年轻创作者一样,一部剧获得了成功,便决定再写一部。创作剧本总比背诵瓦尔代山的哲学家的算术规则要有趣得多!

凭借敏锐的判断力,他选择了一部更合适的作品:贝尔纳丹·德·圣皮埃尔天真淳朴的田园小说《保罗和薇吉妮》。这位十二岁的剧作家从原作中剪裁出了题为《德拉图女士》的剧本。现在,他俨然一位经验丰富的导演,他的剧团久经考验,他也更加自信和坚强。但是戏剧总是很棘手的。在开演之前,你不可能预测到将要发生的一切——这就是演员们如此迷信的原因。

一切都没有按照预期进行。表演者们可能没有完全理解他们的角色,演砸了。一个不可预见的意外事件导致了糟糕的结局。

甜点摆放在舞台上,展现了人物吃早餐的情景。瓦尔瓦拉·阿凡纳西耶夫娜是否表演得过于夸张——甜点是不是太过于美味和丰盛了?还是这些个安涅塔、玛申卡、阿纳斯塔西们都太饿了?记载者简短地陈述:"演员们偏离了他们的角色，表演变得混乱不堪。"显然，未来的浪漫主义者更关心甜品而不是艺术。"卡米尔"怎样名声大振，《德拉图女士》就怎样惨败。作者很不满意。他的第一位传记作者泽伊德利兹，这位令人感动的忠实友人认为，看似微不足道的家庭戏剧的失败在作者心中留下了永远的印记：他变得有些胆怯和自我怀疑。从那时起，他总是将自己的作品首先交给与他同龄的女孩们评判（"少女评议会"甚至影响了他诗歌的总体格调），然后再交给他的那些内行的朋友评判。无论如何，失败的经历是早期的。当然，也是有益的。

* * *

也许，他在家庭中的奇怪地位也对他产生了有益的影响。虽然他和女孩们一起长大，一起学习，代母玛利亚·格利戈里耶夫娜也很爱他，但他还是与她们有所不同。他的父亲是谁？在他很小的时候，这并不重要，但是随着时间的推移，他已是《卡米尔》的作者，在他和女孩子们面前都是时候提出这个问题了。这个瓦夏·茹科夫斯基是谁？哥哥还是舅舅？他是自己人？或者并非如此？当然，总有一天，一切都会明朗的。很可能的情况是，这引起了尤什科夫—布宁家族的女性对他的同情，同时还暗含着对老布宁的谴责。总而言之，母亲是土耳其女人的这个少年——虽然他的母亲是受人尊敬的管家，但毕竟还是半个仆人、半个奴隶，父亲也是隐秘的——比真正的贵族子弟还是要低了一级。

对年轻的茹科夫斯基来说，这让他的生活更加艰难，但在精神上来说却是有益的：这使他摆脱了傲慢自大的老爷派头。他谦卑地进入生活，并谦卑地度过一生。在普希金的心中，甚至是在伊凡·屠格涅夫的内心，都始终驻扎着一个地主、一个"贵族"的影子，这是应该去摆脱的（对于普希金来说，死亡和苦难使他摆脱了出身的束缚）。茹科夫斯基生下来便是一个流浪者，几乎没有植根于农奴制的生活。他也不可能为自己的贵族身份或是财富感到骄傲。他可能是俄罗斯文学中的第一个"知识分子"。

然而，在1795年底，玛利亚·格利戈里耶夫娜决定将这位知识分子派往军队。（他虽是伊丽莎白·杰缅季耶夫娜的儿子，但他的命运却由这位女士掌控——他总是称她为祖母。）

他们的熟人波斯特尼科夫少校把他带到了凯克斯霍尔姆，去往纳尔瓦军团驻地所在的芬兰——阿凡纳西·伊凡诺维奇曾在此部队服役。茹科夫斯基从一出生就与此地相连。

这一段经历的一些痕迹保留了下来。许多年以后，茹科夫斯基本人回忆起在途经彼得堡时，他在为波将金举办的盛大庆功活动中见到了叶卡捷琳娜女皇。他从凯克斯霍尔姆写给母亲的孩子般天真淳朴，恭敬又幼稚得可爱的信也被保存了下来。他称母亲为"仁厚的伊丽莎白·杰缅季耶夫娜母亲大人"，询问她的健康状况，并告知自己的情况（"身体健康，心情愉悦"）。他还描述了自己的生活："我在这里结识了许多军官，并受到他们温暖的关照。"（他从小就很容易获得别人的好感。）

"每个星期六,我都会去观看卫兵队换班,跟随他们进入堡垒。上周六,我跟在卫队后面走,走到吊桥上的时候风吹掉了我的帽子,直接吹进了水里,因为要塞的四周被河水包围着,但是一名军官出于友谊帮我把帽子捞了出来。我还要告诉您,我正在翻译德语并学习用枪。"

他的签名是"您永远听话的儿子瓦辛卡"。

在另一封信中他报告说,他们有一位"苏沃洛夫伯爵,曾经在各个棱堡抵御过炮弹的袭击。今天我们有化装舞会,如果德米特里·加夫里罗维奇允许的话,我也要去参加"。

虽然离家人很远,但是他在那里过得还不错。在1796年1月的一封信中,他写道:"说实话,我们在这里过得非常愉快;在主显节上,人们捧着圣像步入约旦河的水中。我们这里还有接连不断的炮声,士兵们用枪射击……您永远听话的儿子瓦辛卡。"

的确,除了枪炮声,这里并没有太多的娱乐活动,但是很明显,这位图拉的剧作家和导演的要求也并不高,一个全新的世界在他面前开启了。

他不必进入这个军事世界。叶卡捷琳娜女皇去世了,保罗登基,取消了未成年人入伍的资格。波斯特尼科夫又将瓦辛卡送回了图拉。他需要学习的是其他一些东西——不是使用武器的方法,也不是瓦尔代山的哲学家的算术。

贵族寄宿学校

1779年,时任莫斯科大学监理人的诗人赫拉斯科夫建立了这所大学附属的贵族寄宿学校——像是只为贵族子弟开设的中学。到了18世纪末,经过几次迁移,这所寄宿学校坐落于特维尔大街和尼基茨卡娅大街之间,圣母升天大教堂教区沙布雷金的房子里。主要入口位于弗拉日斯基巷(后来改名为加泽特内巷)。院子里有一座独栋别墅,入口处有一座白色的侧房,是学监的公寓。显然这所学校附带有花园和整个庄园。俄国的贵族青年们在这座独栋别墅中生活和学习。

从某种意义上说,这是一个特殊的、独一无二的机构。这所学校是由"大学校长"屠格涅夫和学监普罗科波维奇-安东斯基共同管理的,他们都是最具文化修养的胸怀高远之人。他们给自己设定的目标不只是进行教学,还要培养英才,启迪心灵。在这里能够隐约看到著名的诺维科夫、神秘主义者、共济会成员、启蒙主义者和"人类之友"的影子。

这所寄宿学校的教学设置非常令人惊讶:在六个年级共开设三十六门科目。从数学到神话学,从神学到军事科学,但最主要的课程是文学、历史和语言知识。这里还设有艺术课程：音乐和绘画。语言在这里受到了特殊的关注——首先是俄语，还有多门生动的外语。学生甚至被要求在学校里讲外语。

对于多学科的问题，解决方案是这样的，即并非所有学科都要学习。学生们根据自己的喜好选择研究领域。在这所学校的理念中，优先重视的是对学生在道德和宗教上的教育和启蒙。这所学校之所以充满着生命力是因为一些思想活跃的人在从事这项事业。在15世纪的意大利，著名教育家维托里诺·达·费尔特创建了自己的Casa Giocosa[1]，这是一家充满人文气息与自由精神的教育机构，它培养出了许多杰出的人物，在文艺复兴时期留下了鲜明的印记。莫斯科的这所寄宿学校虽然色调有所不同，但也与之有一些共同点。从这所学校也走出了不少知名人士，其中就有茹科夫斯基、莱蒙托夫、格里鲍耶陀夫。

对于茹科夫斯基来说，事实证明，他的命运不是由母亲决定的，而是由他的"祖母"决定的。这位祖母在阿凡纳西·伊凡诺维奇的病床前保证永远都不会与伊丽莎白·杰缅季耶夫娜分离，并会像对待自己的儿子一样养育瓦辛卡。

她履行了诺言。考虑到他未来将面临的独立生活，她从每个女儿的遗产中给他分出了2500卢布。这样，在他成年之时，他虽然财产不多，但仍然拥有了自己的资产。最主要的是，这使他融入了当时的文化圈。把他送进这所贵族寄宿学校就像是送他进了自家人开办的学校：尤什科夫家与屠格涅夫家族很熟悉。当然，他们也很清楚寄宿学校

1　意大利语：快乐之家。

的特点。

对于茹科夫斯基来说，很难想象出一所更合适他的学校了。秩序井然，安宁祥和，有条不紊的生活，优秀的老师，充满好奇心的同学，对于宗教的虔诚，对于文学和艺术的热忱……可以认为，这里就是在培养未来的俄罗斯作家。

曾几何时，由于懒散懈怠，他被亚基姆·伊凡诺维奇罚屈膝下跪，瓦尔代山的哲学家将他从公立学校开除，但是现在的情况则完全不同。在三十六门科目中，他没有选择数学和防御学，而是选择了更接近自己内心的东西（寄宿学校的"语言部"）。他取得了显著的成就。在短短一年后的1798年，他已被公认为班级里的第一才子。

这个第一名不是偶然的。它是稳固的，因为它与他的天性——诗歌联系在一起。

友善的共济会成员普罗科波维奇-安东斯基是俄罗斯文学爱好者协会的首任主席。协会的例行会议正是在寄宿学校的礼堂举行的，而学生们则是调度员：他们负责维持秩序，安排客人们就座等事宜。成人的文学作品自然而然地走进孩子们的心灵，让他们受到教育，吸收其中的养分。在该协会内成立了一个学生组织——青年文学协会。在这里，他们不仅聆听，还有机会发言。在这里，《卡米尔》的作者在1799年的首次公开会议上立即崭露头角——他被选为主席并发表讲话。从那时起直到毕业，他一直担任着主席一职。

这些会议频繁地举行，每周一次，有时两次：这意味着学生们对此兴趣浓厚。晚上六点到十点，他们围坐在一起，朗诵自己写的和翻译自外国作家的作品，进行热烈的讨论和争执。普罗科波维奇-安东斯基总是在场。有时，他还会邀请文学界的名人前来出席，例如卡拉姆津、德米特里耶夫。

会后，学生们去用餐——晚餐是深夜单独为他们提供的。晚餐后，甚至在他们进入寝室后，谈话和争论仍在继续。也许这会影响睡眠，但是，这些年轻的心灵是多么激动，他们在朝着更高的方向奋进！

有关这些年轻人生活的文件被保存了下来。（来自旧别利斯克的商人科汉诺夫从哈尔科夫的一位店主手中获得了1799年5月18日青年文学学会的一次会议记录。）

"主席瓦·安·茹科夫斯基（现年十六岁）在会上致开幕辞：《关于社会的起源，教育的普及以及每个人在社会中的责任》。"然后，大家朗诵了学生利哈乔夫的诗歌《小溪》，而后发表评论。茹科夫斯基"除了每月例行的作业，还带来了翻译自克莱斯特的诗歌"，某位波利亚科夫也翻译了其中的一部分。茹科夫斯基对秘书罗江科的文章发表了自己的看法："一个关于心灵的故事"。大家交流意见。他的一些观点得到了认同，另一些观点没有得到认同。最后，亚历山大·屠格涅夫朗诵了杰尔查文的《攻克伊兹梅尔要塞》……"主席瓦·安·茹科夫斯基指定大家轮流发言，会议到此结束。"

* * *

可以想象得到，寄宿学校时期的茹科夫斯基是一个身材挺拔、举止优雅、一头卷发、容貌英俊、彬彬有礼的小伙子。他跟周围的所有人一样努力学习，或更确切地说，他比同学们更加刻苦用功。

在寄宿学校，他们早上5点起床，6点就已经开始复习功课，7点祷告，如此等等，每天上课的时间都非常准确，一直到晚上9点，在"晚餐后祷告"之后还写着"睡姿端正，悄无声息"。总的来说，寄宿学校里的一切都是"端正的"：不许争吵，不许吵闹，要有礼貌，遵守纪律。

对于茹科夫斯基来说，做到这些并不困难——他的心灵特质就是如此，再加上他那真正的天生谦虚的品格。

耽于幻想并没有妨碍他学习文学方面的课程，这是显而易见的：应当认为，学校里的课程和活动在一定程度上满足了他无边无际的幻想——学生会议上的学习和发言都是围绕着文学和艺术进行的。

就像在米申斯科耶一样，茹科夫斯基在这里的境况也并非完全自在的。他的同学——包括最亲密的朋友安德烈和亚历山大·屠格涅夫——都属于俄罗斯的大贵族。这些同学都来自古老的贵族家庭，拥有世袭领地和成百上千的农奴，而不仅仅是过着富足的生活。这些年轻人从来没有物质上的顾虑。他们的祖先是昔日声名远扬的大人物。茹科夫斯基的出身让人生疑，是一个小贵族的"养子"。布宁娜和尤什科夫为他交了学费，但他几乎没有零花钱。在这方面，他是寄宿学校的末等生。他不得不通过翻译赚钱。嫌贫爱富的风气在学校里是没有的。而且，幸运的是，他的生活没有内在的束缚，可以自由发展，他的自尊心没有受到伤害。我们并没有看到他因为自己的相对贫穷和门庭低微而感到苦恼。同学们都很喜欢他。对于他来说，对友谊的崇拜正是始于这所寄宿学校。

茹科夫斯基的心灵及禀赋受到所有人的赞赏和认可。同学们选举他为主席,老师们甚至委托他和科斯托马罗夫为学生们提供一些指导。他们被要求带领"高年级中最优秀的学生"进行夜间祈祷,阅读《圣经》和其他道德书籍中的精选段落。指定的书籍是新教传教士斯特姆的《晨晚冥想》、多兹利的《智慧与美德之书》。"所有这一切都将极大地有益于您,造就您的内心。"

也就是说,茹科夫斯基自己阅读,并且也给其他人朗读了克洛普施托克的追随者之一克里斯托弗·克里斯蒂安·斯特姆的神秘注解。这都是一些歌颂造物主的赞美诗。上帝在大自然中的伟大——毛毛虫、蚂蚁、"平常的苍蝇"、海洋里的生命、草地的美丽、雷声等,都是上帝的显现和居所。多兹利的书还充满了宗教神秘主义的精神。

如果想象一下茹科夫斯基心灵的全貌,那么我们很有可能会认为,正是这些神秘主义者的书籍在他人生的早期和温柔的岁月里就深入了他的内心,几乎成了他心灵构成的基石。

* * *

当然,那个年代名声最大的是杰尔查文。他的诗歌仿佛从天而降,轰隆隆的雷声从云端传来,诗人铜号般响亮的声音听起来更像是大自然的,而非人类的力量。诗中的音节是粗粝的。一切元素都是勇敢直率的,强有力的,时而狂野,时而凌乱。总的来说是宏伟大气的、一流的作品。

但是人们对这位诗人更容易感到惊奇，而不是爱戴。对于谦逊的男孩茹科夫斯基来说，他就像是一座西奈半岛。茹科夫斯基很崇拜他，并将他的颂歌《上帝》翻译成法语，茹科夫斯基对西奈半岛本身怀有一种神圣的恐惧。但这并不是茹科夫斯基的世界，他的精神气质与之完全不同，是另一种禀赋的灵魂。杰尔查文所在的叶卡捷琳娜大帝时代，那个"雄鹰"般直接坦率的时代已经一去不复返了。卡拉姆津则更准确地捕捉到了新的时代精神。卡拉姆津可以傍晚坐在德累斯顿附近的易北河岸边，静观日落，然后突然激动地哭起来。在俄罗斯，他表达了一种新的心灵转向——这一方向在西方已出现许久。

这便是对人的内心，对人的灵魂的探索——无视轰隆隆的雷声、胜利、国家、宇宙，而是转向心灵世界的广阔空间，并不断向纵深处挺进。年轻的茹科夫斯基立即顺应了这一趋势。这对他来说是自己的，是他最亲近和最珍贵的东西。尽管他对杰尔查文怀有崇敬之情，但他本人却生活在卡拉姆津和卡拉姆津流派的氛围中。

1797年，他在寄宿学校里朗读了自己所写的颂歌《福佑俄罗斯》，当时他只有十四岁。当然，这部作品是青涩幼稚的。诗歌的外在形式构造是杰尔查文的风格：以紧张激动的崇高敬意抒发对保罗一世的颂扬。有些诗句与杰尔查文的文风十分相似（"铜炮不再射击"），但这是用另一种声音唱出的。并不是说这个声音还太年轻，没有稳固地确定下来，而是说其中表达了完全不同的灵魂。对于这一心灵而言，不是典型的特征"铜炮"，而是：

> 带着天使般可爱的微笑,
> 头顶橄榄枝编成的花环,
> 天堂之子,从高山之巅飞落
> 使这凡间生机勃勃。

如此唱歌的歌手永远不会走杰尔查文的路。

同年,他又写了一首另一主题,完全透露着隐秘气息的作品。在形式上,这是对成熟期的茹科夫斯基的轻快明朗、行云流水的文风的第一个暗示。这便是《五月的早晨》:

> 绯红色的
> 朝霞升起,
> 以她的光彩
> 驱散了
> 漆黑的夜
> 那阴郁的黑暗。

太阳升起,让我们赞美生命,看蝴蝶盘旋,蜜蜂飞舞,万物生息(就像斯特姆的笔下一样,有着对于造物主的永恒歌颂)——除此之外,歌手还为一位死去的朋友吟唱。以忧郁的音调结束了这首诗:

> 我的朋友,生活有如深渊
> 浸满了眼泪和痛苦……
> 获得百倍幸福的
> 是那个达到

宁静彼岸的

永远安息之人。

当然,在《五月的早晨》里,有着德米特里耶夫,也就是那个时代甜腻优雅的卡拉姆津主义者的影子。他是一位抒情诗人和寓言作家,也是一位达官显贵,后来当上了部长大臣。他曾多次出席寄宿学校的学生会议,听到了年轻的茹科夫斯基的发言,对其予以赞许,邀请他来自己家做客并鼓励他。德米特里耶夫的《灰鸽子吟》在茹科夫斯基的心中留有印记,并不像卡拉姆津的诗歌那样,过后便了无踪迹。即使这还是一种模仿,但这个半大不小的孩子身上已然显露出一个轻快而温柔的语言艺术家的形象。

值得注意的是,在茹科夫斯基学生时代的诗歌中,他未来创作的诸多外在特征已充分彰显。《美德》《致提布卢斯》《致人》——这些诗歌是晚些时候创作的。在所有这些作品中都回响着同一个声音:是的,我们是转瞬即逝的,终归要死的,例如"我们的一生只是一瞬间""徘徊在枝叶繁茂的柏树阴影下的墓地""提布卢斯,万物皆在月光下腐烂"等类似的句子。至高无上的力量高于万物,它可以征服一切。死亡不是最后的归宿。(对于这一时期的茹科夫斯基来说)死亡会被道德力量战胜:

到那时只有善行

会永世不朽。

晚些时候,他在1800年写道:

满怀激情地爱着善良与智慧,
努力成为安宁的朋友——
我们将会活在棺材里!……

重要的不是这个年轻人如何解决安宁的问题,而是他的灵魂所渴望的是战胜死亡。然而,从很小的时候起,尽管他性格活泼开朗,但他仍然经常遭受忧郁的折磨,这使他敏锐地感受到生命的脆弱性。一种意识始终铭刻在他的心中——有一种力量比死亡更强大。

* * *

茹科夫斯基在文学上迈出的头几步并不艰难。他很早就开始出版作品了,当时他只有十四岁,而且毫不费力。索哈茨基和波德希瓦洛夫出版了一本名为《愉快而有益的消遣》的杂志,上面刊登的是贵族寄宿学校最优秀的青年作者的作品。作为学生协会的领头人和主席的茹科夫斯基自然很容易成为该杂志的合作者。的确,这些作品仍然不乏幼稚(《墓旁之思》旁边的署名是"寄宿学校学生瓦·茹"),然而,这是他文学生涯的开端。寄宿学校在这方面对他颇有助益。总的来说,玛利亚·格利戈里耶夫娜将他送到这里学习的这一步对他的一生至关重要。他在安宁和专注学习的环境中成长,受到良好的文化氛围和对诗歌的热爱的熏陶。这是最重要的,比他努力研究的科学文化本身更重要。他深深浸润在寄宿学校独有的氛围中。

夏天，他带着这种气息来到米申斯科耶——对于家族的所有年轻女性来说，他是一位客人和亲爱的哥哥。尤什科夫和维利亚明诺夫家的女孩们都很崇拜他——十岁的杜妮亚·尤什科娃，即后来的基列耶夫斯卡娅夫人，著名的斯拉夫派学者基列耶夫斯基兄弟的母亲，当他在寄宿学校时，写给他的信中称他为"我的朱庇特"。

洋溢着崇高精神和美好心灵的茹科夫斯基从莫斯科归来，为他们朗诵了自己所写的诗歌，以及丰特内尔、贝尔纳丁·德·圣皮埃尔和其他人的作品。这当然是乡村的一场精神盛宴。

在莫斯科，他通过寄宿学校得以与那些杰出人士交往，那些人在他内心留下了深刻的印记。

茹科夫斯基经常不拘小节地去大学校长伊凡·彼得罗维奇·屠格涅夫的家里做客，"每逢星期天，他会来朗诵自己悄悄翻译的戏剧作品"。此事得以发生是因为茹科夫斯基与校长的儿子们关系很好：他在寄宿学校与亚历山大同班，而与安德烈这位大学生则保持着亲密的友谊。他对屠格涅夫有着最美好的回忆。

与安德烈和亚历山大的友谊还富有更多的意义——这简直就是他心灵生活的一部分，是对最优秀、最纯粹的品质的培育。

安德烈比他年长，更加刚毅和勇敢，性情热情，显然是个诗人。亚历山大则更温柔，更多愁善感，头发蓬乱，生活缺乏条理。安德烈是那个时代青年群体的核心人物，是一个天生的领袖，走着自己的路，自然会把其他人吸引过来。正是他确立了小圈子的基调和文学品位。对于茹科夫斯基来说他是位于首位的，亚历山大排在第二位。亚历山大非常有天赋，兴趣多变，难以集中精力，更像是个业余爱好者，但他秉性善良并富有魅力。茹科夫斯基与此人在四十余年间一直保持着通信，直到去世。藤树相依根连根——这就是两人始于寄宿学校时代的友谊。

还是通过同一所寄宿学校，他结识了卡拉姆津，并一生都对这位前辈满怀敬仰之情。在那里，他还与德米特里耶夫相识——这位作家听了他朗诵的诗，发表了积极的评论并在日后多次提携过他。后来，他称德米特里耶夫为自己的老师——他从德米特里耶夫那里学会了最重要的作诗方法，而卡拉姆津则被称为"传道者"——正是此人让他敞开了自己的心扉。

1800年，茹科夫斯基以出色的成绩从寄宿学校毕业，他的名字被写在了金色的荣誉榜上。普罗科波维奇-安东斯基十分厚待他：离开寄宿学校后，茹科夫斯基甚至有一段时间住在他沙布雷金别墅入口旁的白色侧房中，该房屋位于圣母升天大教堂教区。

诗 人

亚历山大、安德烈·屠格涅夫和其他与茹科夫斯基交好的年轻人，如凯萨罗夫兄弟、布鲁多夫这些人毕业后又回到他们成长的环境中。完成学业后，他们便立即成为外交部（当时称为外事部）的"档案室青年"。通往权力、荣誉和达官显贵的道路向他们敞开。长辈们在仕途上庇护他们，农奴在庄园里辛勤劳作，所有这些都使得这些年轻人的人生之路更加坦荡顺利。

茹科夫斯基不可能有这样坦荡的道路。他必须决定，今后靠什么生活。写诗是养活不了自己的。给书商泽连尼科夫翻译东西也解决不了这个问题。他谦卑地选择了一个低微的，甚至是没有任何前途的职位：他进入"盐务管理总局"，做了一个办公室小职员。他的工作并不难，但是太无关紧要了。在那里，他在多尔戈鲁科夫公爵的领导下工作，此人早就听说他是一位才华横溢的年轻诗人。显而易见，他并没有成为一个官员，他的公务员生涯就这样了无痕迹地逝去了。后来他曾对这个时期作了简短评论："我在 1800 年进入荒谬可笑的盐务管理总局担任秘书，1802 年以九级文官的身份从此处离职。"然而，并不能说他在这一年半的生活是空虚无益的。相反，这一时期作为准备阶段非常富有成效。他在给屠格涅夫的一封信里写道："我不能不对自己的命运感到满意——安宁、独立的生活，轻松的工作……周围环绕着格雷、汤姆森、莎士比亚、蒲柏和卢梭！而在心中——是对诗歌的渴望！"

办公室以外的生活，茹科夫斯基是在友谊和文学的旗帜下度过的。1800年，在莫斯科成立了由推选出来的青年组成的友爱文学社。该组织的骨干是：安德烈·屠格涅夫、梅尔兹利亚科夫和茹科夫斯基。成员有大学生，也有贵族寄宿学校的毕业生。这些人形成了一个完整的圈子——除了领头的几个人以外，还有凯萨罗夫兄弟、罗江科、茹拉夫列夫和其他人。其中有一个性格古怪而令人讨厌的家伙，他以一种奇怪的方式混进了这群热情而感伤的年轻人当中：这便是沃耶科夫，一个厚颜无耻和好讥讽别人的人，他是个瘸子，丑陋，恶毒，他伪装自己，以某种方式欺骗了他们年轻朴实的心。

沃耶科夫在杰维奇耶波列大街上有一座自己的独栋住宅，1800年和1801年夏天，在这里举行了文学社的思想盛宴——参加者们都对这次聚会记忆犹新。安德烈·屠格涅夫写下了他的感受，他回忆起破旧的房屋和荒凉的花园，这是由艺术之神阿波罗团结在一起的朋友们的避难所。他们在那里立下永远保持友谊和热爱家乡的誓言。梅尔兹利亚科夫谈起阴雨连绵的九月的夜晚，古老的白桦树在风中沙沙作响，而他们：

愉快地衔着烟斗，喝着葡萄酒
唱起家乡小调

歌声与暴风雨交相辉映。

所有这些都是以崇高的语调写下的。这不只是年轻人的聚会，而且是年轻人在精神和文学世界里的探索。对于茹科夫斯基来说，这就像是准备阶段的延续，即对于品位、才智和情感的培育。也许正是在这个友爱社中，他第一次从安德烈·屠格涅夫那里感受到了德国诗歌的吸引力，这种推动力慢慢渗入他的内心，在后来发挥了重要的作用。

在这里，对友谊的崇拜与日俱增——这对他来说也是一种强大的力量。

但是，所有这一切都是短暂的。生活使他们各奔东西。安德烈·屠格涅夫去了彼得堡，弟弟亚历山大和安德烈·凯萨罗夫前往国外，去了德国的哥廷根，就是那个时代的年轻人都向往的"哥廷根精神"的发源地。他们将用德国的科学来充实自己，并沉浸在德国的浪漫主义和文学的氛围中。身在莫斯科盐务局的茹科夫斯基没有了友爱文学社，身旁只有多尔戈鲁科夫公爵和他故作宽容的鼓励，感到很不自在。所有这些在一定时间范围内都是可以忍受的。但是对于像茹科夫斯基这样心中有"恶魔"的年轻人来说，这种生活无法持续太久。这里堆放了几个皮箱——里面装着他的手稿，还有席勒、赫尔德、莱辛和许多法国作家，如弗洛里安和让利斯夫人等人的作品。1802年4月，沿着俄罗斯冬雪融化后干涸的道路，在绿意盎然的春天，白嘴鸦在田野上盘旋，百灵鸟在天空鸣叫——他回到了米申斯科耶的家。接下来会发生什么是未知的，但是必须要学习、写作和工作。为奥卡河、别廖夫写诗。

米申斯科耶发生了很多变化。老迈的阿凡纳西·伊凡诺维奇早已不在人世。玛利亚·格利戈里耶夫娜和以前一样，还是一家之主，是受人尊敬的"祖母"。那些女孩子，尤什科夫家、维利亚明诺夫家他的那些侄女都已经出落成了敏感而优雅的大姑娘。像她们的母亲一样，她们受过良好的教育，读了很多书，是卢梭和卡拉姆津的仰慕者，常常带着一种朦胧的忧郁叹息。（那个年代的贵族小姐常常神经敏感，易于激动，比如当父亲去世了，她们在内心不安的驱使下，为了充分表达悲伤之情，便会跑到莫斯科附近的村庄，住到熟人的家里，并带着《圣经》和卢梭的书——当然，也持续不了太久。）

米申斯科耶对于瓦西里来说不是愚蠢的盐务局。在这里，他身处可爱的同龄亲友、书籍、田野、草地和奥卡河的丘陵之间。在米申斯科耶的生活没有丝毫粗鲁或放荡的迹象——阿凡纳西·伊凡诺维奇的风格早已不复存在。没有猎犬、痛饮，也没有奇闻历险。这是一个有着崇高精神志趣的"女人国"。天才的守护神引领这个年轻人走上一条纯洁的道路，使他远离农奴制生活的诱惑。他也仿佛置身这种生活之外。他的心中充满了诗歌，并以此为生。时而明亮，时而忧伤，他过着诗人的生活，深受年轻女士们的喜爱。就像在贵族寄宿学校放假时一样，他为她们朗诵诗歌。与那时一样，来自这位受过良好教育的、优雅的瓦西里的一股崭新的、崇高的、朝气蓬勃的气息，吹拂到了乡村的角落。当然，他也渴望独处，他时常独自离开，到格列穆奇泉水旁作诗，甚至有他最喜欢作诗的"小丘"。年轻女士们把这一切都看在眼里，对他十分了解。

恶魔并不会平白无故地把他从盐务局引开。大坝决堤之时就要到了——对这位年轻人来说，这是一个可怕的决定性时刻。寄宿学校的诗作、诗剧——这仍然只是小孩子的玩意儿。命运的转折才刚刚开始。

青春的力量终于喷薄而发。这股力量天然携带着爱与激情，不受他个人意志的控制，自发地创造了一位虽然年轻，但已肩负重任的诗人的形象。姓名将永存于文学史的茹科夫斯基的创作生涯由此开始。

以前他还是个学生，现在他已成为一位青年作家。在写作生涯的开端，他将目光投向异域——选择了18世纪中叶英国的感伤主义者格雷的哀诗。这部哀诗并非昨日才扰乱他的内心——而是早就渐渐引起了他有机的、自发的共鸣。他早先曾试图翻译这首诗，但那时他还没有准备好。现在时机已然成熟，他再次投入其中。这首诗激起了他的创作热情，在翻译的同时他也在重新创作，在别人的作品中表达着自己。

> 天色渐暗，太阳落下山去，
> 喧闹的畜群聚拢在河岸；
> 疲惫的农夫走向宁静的小屋，
> 他沉思着，步履蹒跚。

这首诗似乎还是过去的风格，但已经是成年人的声音了。哀诗悠长，旋律优美，有着摇篮曲一般的轻柔之感，纯净的忧郁和质朴的心灵笼罩着全诗。乡村公墓里的"居民"在沉睡，这些不知名的逝者也许是无人知晓的天才，尚未

显露才华便已然故去,就像那个在河边和柳树旁徘徊,在公墓里懒散地游荡的年轻歌手一样:

> 他天生有着温柔的心灵和敏感的灵魂……

诗句所歌颂的是英国的墓地,但是一位步履轻盈的歌手漫步在俄罗斯的田野上,他有着一头自然卷曲的头发和梦幻般的明眸。他爬上离奥卡河不远的一座山丘。他长叹一声,也许还"流下了眼泪",随即开始创作。米申斯科耶与他同龄的女孩子们喜欢神话中的名字,她们将这座"山丘"称为帕尔纳索斯山[1]。

一日,瓦西里便从帕尔纳索斯山带来了自己的哀诗。他大声为他们朗读,赢得了在场所有人的赞赏。作品被寄给卡拉姆津。卡拉姆津认识诗的作者并对他颇为偏爱。卡拉姆津既是年长者和颇负盛名的作家,也与他性情相近,十分敏感。卡拉姆津将有怎样的反应?会说些什么?茹科夫斯基先前的译本他不太喜欢……

瓦西里不应该抱怨这里的孤独:整个米申斯科耶所有年轻、纯洁、明媚的女性都围绕着他。他们在一起憧憬未来,一起担忧着,一起期待着。卡拉姆津的回复很明确。在《欧洲导报》第六册粉红色的封面上醒目地刊印着《乡村公墓》。署名是正式的——已经不再是"寄宿学校学生某某",只写着姓氏,甚至在形式上还与之前略有不同——茹科夫斯

---

[1] 按古希腊传说,太阳神阿波罗和文艺女神们住在该山。在西方文化中代指诗坛。

基，而不是以前的茹科夫斯科伊。这已经是进入到文学史中，并占据一席之地的茹科夫斯基。

女孩子们欣喜若狂。快乐是属于所有人的。她们的诗人，与她们共同成长的诗人得到了认可，谁能不为之欢欣鼓舞？

卡拉姆津还预感到，一颗新星正在冉冉升起。不久之后，他在一篇有关博格丹诺维奇的文章中引用了《乡村公墓》中的一句诗作为典范。

弗拉基米尔·索洛维约夫认为，我们19世纪的俄罗斯抒情诗正是在小城别廖夫，在年轻的茹科夫斯基轻快的诗句中诞生的。在茹科夫斯基的笔下出现了一种新的、优美的诗歌音响——卡拉姆津不是诗人，德米特里耶夫则不够重要。这种声音，是声声哀叹，是一种感伤的倦怠，一种哀伤的惆怅。这位阳光的，看起来一点儿也不忧伤、不体弱多病的茹科夫斯基，是从哪里产生这般情愫的呢？

显然，这里的许多情愫来自时代精神本身。人类心灵的构造是神秘莫测的。毫无疑问，那一时代在俄罗斯的上空吹拂而过的是心灵的忧郁、敏感，对动人和悲伤之事强烈同情的气息。茹科夫斯基是他那个时代的儿子和表达者。也只能如此。

当然，他所经历的生活也在他的心灵世界中留有痕迹。我们不能认为他的童年和青春时期过得如田园诗般明朗，在家庭中（并也导致了在社会中）的奇特地位长期以来一直是他心里的一根尖刺。他并没有受到欺辱，他被抚养长大并接受了很好的教育，他是被爱着的。但这显然不够。人们对待他总是带着一丝冷淡，或是故作宽容。他想要的更多。

在1805年的日记中他写道:"我没有一个我在其中举足轻重的家庭,我在周围看到的都是一些我交往甚浅的人,因为我虽然在他们面前长大,但我没有看到我应该属于谁;我习惯于将自己与别人区别开来,因为没有人特别关心我,还因为所有的关心对我来说都像是一种恩惠。我没有被丢下不管,没有被抛弃,我有一个寄居之地,但不被任何人所爱。"

"不被任何人所爱"这是夸张的说法。但他就是这么认为的,这个想法折磨着他。无论是玛利亚·格利戈里耶夫娜,教母瓦尔瓦拉·阿凡纳西耶夫娜,或是其他同父异母的姐妹们,她们对他也许是有点冷淡,有着一种庇护者的姿态——这是可以理解的。但是他的亲生母亲呢?那个伊丽莎白·杰缅季耶夫娜,过去的萨莉哈,那个一生都与布宁家紧密联系在一起的土耳其女人呢?

他与母亲相处得并不是很和睦。他年少时的信件除了一些表达恭敬和顺从的话以外,便没有什么其他的了。他一直保持着恭敬和顺从,但这对他来说是不够的。"不幸的是,母亲的交往阶层并无法使我成为一个幸福的人:我无法像一个儿子那样自然地与她相处;这就是让我感到痛苦的地方,并且在我看来,我爱她更多的是在背地里,而不是近旁。"

他们两人迥然不同。她太像个女管家的样子,对于她来说布宁一家是恩人。他是一位诗人,是她的私生子(虽然是私生子,但毕竟是她的儿子)。在他经历过愚蠢的盐务局之后,在亲切的米申斯科耶,还是有某种东西恶化着他与母亲的关系。伊丽莎白·杰缅季耶夫娜在老爷们面前甚至不能坐下来——这永远提醒着她和他在家庭中不合规矩的状况。他为她感到沮丧,而对于自己——这伤害了他年轻的自尊心。

对于屠格涅夫、凯萨罗夫、布鲁多夫家族的年轻人来说,未来是确定无疑的。对于茹科夫斯基来说,未来则是非常模糊的。年轻生命力的嬉戏、幻想、敏感,所有这些都是心灵的自然流淌,甚至无视那个时代的调子,发出了慵懒而忧郁的声音。死亡、分离、对朋友的爱、自己的命运,这一切在这段时间里都是如此紧迫。一切都还在形成的过程中,他还没有稳固的世界观,只有一颗热情、活泼的心灵,朦胧地预见了悲伤、深渊和存在的伟大。存在本身展现了严酷的事例。

《乡村公墓》中的许多悲伤都来自时代,但也来自他自己的生活。才华横溢的安德烈·屠格涅夫,父亲的爱子,朋友们的宠儿,诗人,俄罗斯外交界未来的活动家,似乎生活中的一切都已在他的面前展现——他却在1803年7月,在二十二岁的年纪突然去世。("他出了一身汗,吃了冷食",四天后便死去了。)

"友谊是一种美德。"茹科夫斯基说,他又一次表达了自己所处时代的声音。那时友谊被认为是神圣的,是被推崇的。所有这些心地善良、理想主义的年轻人,普希金时代之前的连斯基[1]们都易于激动。(安德烈1801年离开莫斯科前往彼得堡。在他走后的第二天,他的朋友安德烈·凯萨罗夫去看望亚历山大·屠格涅夫,想要安慰亚历山大不

---

[1] 普希金小说《叶普盖尼·奥涅金》中的人物,是一个充满激情、富于幻想的浪漫主义者。此处用以代指理想主义的年轻人。

要因哥哥的离开而伤心。亚历山大立即失声痛哭。那时凯萨罗夫"拥抱了他,就像拥抱亲爱的兄弟安德烈一样,并劝他不要伤心,但自己也哭了起来"。他拥抱他,并亲吻他的手。他也哭着吻了凯萨罗夫。老屠格涅夫,父亲伊凡·彼得罗维奇走进来。看到他们在哭,他也哭了起来。可是要知道安德烈只是去了彼得堡。)

茹科夫斯基对这位安德烈十分崇拜。他还非常喜爱亚历山大,与梅尔兹利亚科夫也相交甚好,但他坦率地向他们承认,他对安德烈有一种更崇高,更深刻,更不同寻常的感觉……"当他不在身边时,我会以一种甜蜜的感觉想起他……怀着一种特别的、愉快的感觉向他伸出手。"安德烈比他大两岁,更加刚毅和坚强。他以自己的热情,对文学的热爱和整个人的崇高气质,感染着所有人;茹科夫斯基本人也是一个钦慕者,但性格安静。如果安德烈活得更长一些,他很可能在未来成为他的"精神领袖"。

这样的朋友突然离世了。您可以想象人们是如何接受这一不幸事件的。他只是离家去彼得堡出趟差,人们便伤心得哭泣,亲吻着告别——对于永久的分离,人们又该如何接受呢?

当然,米申斯科耶、奥卡河两岸、帕尔纳索斯山和可爱的姑娘们都知道茹科夫斯基的伤心事。他的诗情在《祭安德烈·屠格涅夫之死》中得以抒发。

> 在这个没有你的世界里,灵魂被剥夺了幸福,
> 我会像在异邦一样在世间流浪。
> 没有朋友,生活对他来说不再是生活。

他们将在"坟墓里"相遇。他等待着这个幸福的时刻。

甜蜜的希望,美妙的期望!

我将以何等欢乐的心情奔赴死亡!

写下这些诗句时,茹科夫斯基只有二十岁,这并不是他最好的诗作。最后一行诗可能会引起人们的会心一笑,但也唤起了同情。这位还什么都没有经历过的年轻人难道真的愿意为了和朋友相会而欣然赴死吗?那时茹科夫斯基的人生才刚刚启航,即将体验光荣、爱情、悲伤和分离,当他写出心中淳朴的诗句时,他当然是诚实的——像一个诗人一样诚实。

也不能做更多的要求了。这在实际生活中并不重要。

他想要为纪念安德烈做些什么:他出版了他随身携带着的,在别廖夫重读过的安德烈的信件;想写下他一生的简短历程。他还建议安德烈的父亲举办某种纪念仪式——这种仪式应当使他们想起"最亲爱的人",以共同的感觉让所有人的心灵相通。如果他们当天能够心里想着并做着同一件事,那将是很好的。(他没有提到要在教堂里给安德烈做弥撒。对瓦西里来说,宗教信仰仍然是一个模糊的概念,他离教堂还很远。安魂弥撒或是唱安灵歌可能是将朋友们都凝聚在同一种感情中最好的方式,关于这一点他没有想到。)

他还考虑过为安德烈建造一座纪念碑,当时居住在莫斯科的梅尔兹利亚科夫反对这种提议,他认为更好的方式是他们在自己的内心建立一座"我们朋友永生的坟墓"。

在茹科夫斯基的笔下，对于安德烈那感人而忠诚的怀念被保存了下来。十六年后，怀念被写进诗歌《墓碑》里。四十五年以后，在他暮年之时，这一感怀又在他充满爱意的散文中重现：这是对于友人那温顺、真诚和仁慈的灵魂，对于他在交谈中从不会伤害别人的敏锐智慧的回忆，因为他的敏锐与"内心的温柔"是浑然一体的。

安德烈本人比茹科夫斯基在此所描绘的更坚强，更威严有力。茹科夫斯基把自己身上的某种特征赋予了安德烈，但这丝毫没有减损这份保持了长达半个世纪的真挚情感。

《诺夫哥罗德的瓦季姆》是茹科夫斯基在小说体裁上的首次尝试。这部未完成的作品发表于1803年的《欧洲导报》，旁边附有卡拉姆津诚挚的注解："该小说的年轻作者，也是我的朋友茹科夫斯基先生，以他所翻译的格雷的《墓园挽歌》（即《乡村公墓》）而被《欧洲导报》的读者们所熟知。"

没有必要为未完成的《瓦季姆》而悲伤。小说并非茹科夫斯基的领域。在散文中他失去了自己的主要魅力——轻盈的、音乐性的节奏，剩下的只有敏锐的感情和柔情蜜意，完全是一副卡拉姆津的腔调。卡拉姆津应该很喜欢这部作品。现在，作品中的一些片段只是作为作者心灵史的记录才让人感到饶有趣味：序言部分又是安德烈之死的回音。（"我看不到你的坟墓；在遥远的地方，春天的墓地里开满了鲜花——但你的影子仍然盘旋在我的上空……"等等。）

这仍然是他那忧郁、幻想的内心生活路径的延伸。这条道路坚定而无可争辩地存在于年轻的茹科夫斯基身上，但并不是他内心的唯一声音。但您无论如何也不能把他想象成一个忧郁的歌手——那个在《乡村公墓》里清澈的河边和枝叶繁茂的柳树旁徘徊，为自己和死去的朋友们哀悼的诗人主人公。他还有着另一面，他热爱生活、秩序和工作，但很适度，他早年学习不好，而在贵族寄宿学校却学得很好，这并不是没有原因的。这些年来，他在米申斯科耶也一直在大量地工作、阅读、学习、翻译和写作。

住在莫斯科的梅尔兹利亚科夫是茹科夫斯基在友爱文学社时的朋友，比他年长五岁，现在已经大学毕业并在大学任教。在米申斯科耶和别廖夫孤独的生活中，茹科夫斯基经常与他通信。梅尔兹利亚科夫是一个头脑清醒的务实之人，甚至有些刻薄。在文学上他倾向于古典主义，与茹科夫斯基的浪漫主义并不相容，但他也属于安德烈·屠格涅夫的圈子。两人之间的通信很活跃，其中有一些只言片语涉及安德烈，但总的来说他们之间的通信是务实的：梅尔兹利亚科夫忙着操办茹科夫斯基的文学事务。为他安排翻译工作，和出版商讨价还价，邀请他去莫斯科——《欧洲导报》已经失去了卡拉姆津，茹科夫斯基应该去那里工作。可以看出，物质上的利益使茹科夫斯基很感兴趣——也理应如此，即使是在米申斯科耶，他也需要生活，需要有自己的收入。对他来说重要的是，泽连尼科夫是否愿意为《伊利季格尔达》支付每页五卢布或更高价钱的稿费。的确，梅尔兹利亚科夫一边给学生们教着课，一边还想象着身处别廖夫的茹科夫斯基一副阿那克里翁或奥维德的样子，但是阿那克里翁（顺便说一句，茹科夫斯基长得一点儿也不像他）是值得学习的，因此他孜孜不倦地工作着。除了之前翻译过施皮茨和科策布（《溪边的男孩》，1801

年出版)以外，他还翻译了弗洛里安改写的《堂吉诃德》。这项任务的工作量很大。1804年至1806年出版了六小册《堂吉诃德》。其中的抒情诗和歌曲被轻巧、和谐地转达了出来。

恰好在这一时期，茹科夫斯基于夏天去了卡拉姆津那里，与他一起在莫斯科近郊的昆采沃住了很长时间，当地以橡树、森林和蕨类植物而闻名。他十分敬仰卡拉姆津——将其视为自己的兄长、朋友和导师。梅尔兹利亚科夫也邀请他到自己乡下的庄园去做客。茹科夫斯基以有要紧事为由推辞了，但他承诺以后会去的——后来才弄清，原来茹科夫斯基是要在别廖夫给自己盖一栋房子。

这似乎是意料之外的。忧郁的歌手们似乎只会考虑以何种快乐的心情奔赴死亡。事实证明并非如此。他们还会盖房子。

从外观来看，这座建筑是典型的别廖夫本地样式——显然是在玛利亚·格利戈里耶夫娜·布宁娜的监督下建造的。她坚持要在瓦辛卡成年时分给他一些钱，数目不多，但足以让他有些自己的积蓄。从内心来看，显然，茹科夫斯基想要的正是自己的栖身之地。在这个角落里，母亲可以不再是布宁家的管家，他自己也将成为一个完全的主人。于是他开始在别廖夫市的卡扎奇亚大街上施工。房子坐落在奥卡河岸边，可以欣赏到河流、草地和周围的美景。一切都是按照诗人的心意精心挑选的。但是这位诗人已经暂时成为建筑工匠，此时他很可能对屋顶上铺的薄木板多少钱、哪里能低价买到玻璃更感兴趣。1804年夏天，房子还没有建好。梅尔兹利亚科夫给他写信说："如果你的房子还没有建好，我们就不需要它：我们可以住在帐篷里。你的诗将会温暖我们的心。"（当时梅尔兹利亚科夫正住在梁赞的沃耶科夫家里，但最后无论是他，还是沃耶科夫，都没来到别廖夫住"帐篷"。）

茹科夫斯基在监工的同时，也在继续写作。他仍然孤身一人，他唯一的爱是缪斯。他把自己完全献给了她。尽管还很年轻，但他认为事业很重要。1804年写就的《致诗》以昂扬的语调结束：

> 这是众神赋予的绝佳馈赠！
> 它歌颂火热的心、愉悦和爱情，
> 安然的美妙，灵魂的魅力——
> 诗歌！……

这首诗在词语润饰上的某些地方预示着普希金的出现。就内容而言，它是对自由、独立的艺术创作的颂扬，将诗人上升到普希金所推崇的高度。这首诗有些地方是纲领性的，就像一首用诗歌写卜的誓言。

> 天上的缪斯的朋友们！我们是否已被尘世的浮华迷醉？
> 鄙视转瞬即逝的成功吧——
> 赞美声毫无意义，冠冕堂皇的喧嚷是空洞的，
> 鄙视奢侈的娱乐吧，
> 让我们一起跟随伟人的足迹！

诗人必须是独立的,他点燃心灵,歌颂英雄,颂扬尘世,抨击"残酷和堕落的人们"。对于诗人们的奖赏是在后世享有荣耀。这种荣耀和自由是贫穷所赋予的。这就是为什么他鄙视"奢侈的娱乐",这就是为什么他在别廖夫需要的不是宫殿,而是一座小房子。

在普罗塔索夫家

布宁的长女阿芙多季娅·阿凡纳西耶夫娜于80年代初嫁给了恰克图海关的关长阿利莫夫，并定居在了那里。她请求父母允许她带上十二岁左右的妹妹叶卡捷琳娜一同前往。为什么玛利亚·格利戈里耶夫娜要把这个小卡佳送去那么遥远的地方，从广袤的米申斯科耶前往阿利莫夫在西伯利亚的家？也许是为了让渐渐长大的女孩看不到父亲与萨莉哈的关系，也不知道她的存在。

叶卡捷琳娜·阿凡纳西耶夫娜，那时还被称为卡佳·布宁娜，来到了西伯利亚，完全进入另一个世界。她的姐姐在婚姻中并不幸福，没有孩子，和丈夫的关系也不好。偏远北部的暮色笼罩着身在阿利莫夫家的叶卡捷琳娜·阿凡纳西耶夫娜的少女和青春年代。

生活的环境更加严酷。这里既没有农奴，没有地主庄园，也没有旁系亲属。在这个合法的家庭里并没有光明和欢乐。而且，这还是一个荒无人烟的边陲之地，孤独，充满幻想……

奇怪但令人感动的是，一个生活在靠近中国的亚洲密林中的俄罗斯女孩，在让-雅克·卢梭那里得到了安慰。不能说在那一阶段的生活中她是个虔诚的教堂信徒，她内心的"心灵的宗教"在朝着另一方向前进。她的福音书是卢梭的《新爱洛伊丝》。这是她在恰克图海关关长家里读过的，如果不是唯一的，那么也是最主要的一本书。她几乎能把它背下来——她的手边还有让利斯夫人的《阿黛尔与西奥多拉》。显然，看到姐姐不顺遂的生活，她常常独自陷入沉思，并渐渐成长为一个独立、孤僻而坚强的女孩，甚至有些苛刻。她在西伯利亚的冷杉和落叶松林中，在卢梭音乐的陪伴下拿定什么主意，那就一定会做到。她是自己的主人。

这样，她在西伯利亚生活了八年，最终与离婚的姐姐阿芙多季娅一起于1790年回到了米申斯科耶。家里已经发生了很多变化。母亲和父亲相处得很好，阿凡纳西·伊凡诺维奇住在主人房里，而不是与萨莉哈一起住在厢房。

萨莉哈变成了稳重得体的伊丽莎白·杰缅季耶夫娜。此外，一个卷头发的、跑来跑去的可爱男孩瓦夏·茹科夫斯基竟然是她的弟弟。她比他大十四岁。他把她看作姑姑，尊称她为"您"和"叶卡捷琳娜·阿凡纳西耶夫娜"。她则称他为"你"和瓦先卡[1]。无论是她还是他都没有想到，命运以后会如何将二人纠缠在一起。

一年后布宁去世了。又过了一年，叶卡捷琳娜·阿凡纳西耶夫娜嫁给了安德烈·普罗塔索夫，这一奥尔洛夫城的首席贵族。

生活又一次把她从米申斯科耶和布宁家族的世界中带走。新的环境未必适合她——安德烈·伊凡诺维奇喜欢阔绰和喧嚷的生活，而且他所处的位置也让他必须如此。舞

---

[1] 瓦西里的爱称。

会、晚宴、招待日……日常如此。但是他还爱好赌博，搞投机的买卖，幻想突然成为百万富翁，但实际上却破产了，并背上了债务——这些则不该是一个首席贵族该有的。对于叶卡捷琳娜·阿凡纳西耶夫娜而言不幸的是，安德烈·伊凡诺维奇恰恰有这些恶习。

所有这些恶习都导致他陷入窘境，破家败产并最终死去。在可怕的奥斯特里茨战役爆发的那一年（1805年），她成了寡妇，带着两个女儿：十二岁的玛莎和十岁的亚历山德拉。还有很多债务要偿还：根据票据上的承诺，所欠的数额是当初借款的两三倍。叶卡捷琳娜·阿凡纳西耶夫娜接受了这一切。既然欠了钱，那就还债。逃避、拖延不是她的风格。她开始变卖房产。很快，房产只剩下了奥尔洛夫省穆拉托沃的一处。但是那里没有主人房——她没有地方住了。当然，辽阔的米申斯科耶离此地不远。但很明显，她早已与娘家人疏远了——的确，她的整个青少年时期都不是在家里度过的。加之她的性格内敛、高傲，不想欠人情，她想要靠自己的力量立足，生活可以简朴，但能够独立就好。为此，她在别廖夫租了一间小房子，与孩子们一起定居下来。

孤独隔绝的生活对她来说并不新鲜。在西伯利亚的孤独中，在阅读和思考最重要的理念（宗教、道德）时，她完整的品格已经形成，不乏威严之感。现在它得以展现。

可以想象她在别廖夫的生活是半苦行式的，与她在奥尔洛夫的生活大不相同。一幅肖像画向我们展示了年轻时的叶卡捷琳娜·阿凡纳西耶夫娜，这是一位高贵优雅的女性，穿着那个时代时髦的衣服，脸上的表情务实、坚定又果断，很有魅力。尽管她现在并不富有，但仍然是一位高贵的女士——这是无法遮掩的。她安静地、不失尊严地生活着。她做了许多事情——她会画画,在自己绘制的图样上绣上丝线和珠子,把她的孩子们教育得很好。这时候,东正教教堂的宗教性以其内在的直率和诚实进入到她生活的轨道中。她本着教会的精神,对女孩子的教导十分严格,与她们一起认真地做礼拜。

毫无疑问,她在当地受人尊敬,颇有影响力。下面便是一个可以描述她在别廖夫的境况和她的性格的典型事例。

由于刮大风,城里着起了火。那个时代灭火的方法毫无用处——找来两三桶水和水龙带。人们无法阻挡火苗的迅速蔓延。火势已经越来越接近教堂,而在教堂的地下室里存有三百普特[1]的火药。"要把火药移走。"叶卡捷琳娜·阿凡纳西耶夫娜对别廖夫警察局局长说。"我手下没有人。""怎么没有人呢?那些牢里的犯人呢?"

市长没有反对,但显然也没有爽快地答应。他可能认为这是不必要的,或是害怕什么,总之他本人没有去领出囚犯。叶卡捷琳娜·阿凡纳西耶夫娜被获准行动。不知那些思想守旧的,秉持外省道德风俗的人们,看到奥尔洛夫首席贵族的遗孀出现在监狱里并领出了囚犯,会不会感到奇怪。她带领犯人们穿过城市,到达了仍然屹立着的教堂,并看着他们从地窖里运出一袋袋火药,扔进奥卡河里。很快教堂也着火了。

---

[1] 普特,沙皇时期俄国的主要计量单位之一,1普特约为16.38千克。

*　*　*

年轻的、刚刚"问世"的诗人茹科夫斯基在生活中也同样涉世未深。他还在成长。很多事情对他来说都是模糊的，但是他想看得更清楚。他朝气蓬勃，拥有天赐的青春力量。他在崇高的领域里紧张地思考着——被永恒的问题折磨着，希望建立一种有尊严的生活。他想学习，想旅行，也想建立家庭。他计划与梅尔兹利亚科夫一起出国旅行，到哥廷根上大学。对上帝和信仰也有一些思考和向往——一切都需要澄清和解决。

宗教的吸引力在他的童年时期已经显现出来，布宁去世后，他给教堂大门上小天使的一吻，以及后来在寄宿学校对于斯特姆的宗教赞美诗的兴趣都体现了他对于宗教的向往。接下来又是对于安德烈·屠格涅夫离世的痛苦感受。灵魂已经落定。"幸福在于对永生的信仰。"对于年轻的茹科夫斯基来说，这已经很清楚了，但是完整和真正的信仰本身还没有形成。泛神论思想无法让他满意。他想在死后和安德烈相会。但是，如果"死后，作为一个精神原子的灵魂，与无限包容万物的世界灵魂分离，必须像掉入大海里的一滴水一样沉入其中，那么，怎样的想法可以令人欣慰，可以使一个因死亡而与相爱的人隔绝的人复活呢？"

如果灵魂只是大海里的一滴水，那么他将无法与安德烈再相见。需要的是个人的不朽。在理性上来说这是如此令人难以接受，不可理解，似乎无法想象——这比亚洲宗教的"沧海一粟"还要疯狂得多。是的，他知道：宗教是必要的。"这比简单的心灵哲学更必要和更有效；我想要什么，便能够体验到和看到什么。"但是当下他还处于犹豫之中。事实证明，生活中的某些印象起到了作用：在米申斯科耶，并不是一切都那么美好。他生动地想象着"直接的宗教会给我们带来怎样的幸福"。这是从理论上讲的。但是在实际生活中，从很小的时候起，他看到的只是基督徒的名字，而对于"基督徒崇高的情感"并没有什么概念。这种崇高感情和"规则与语言"并不相一致。因此，他作为基督徒的酵母被以某种方式溶解了。

但是友谊是完整的，没有一丝裂痕。在他的友谊中有着对于美德的追求，是摆脱孤独的途径，并经常怀有对于从小就熟悉的美丽的奥卡河沿岸的思念。即使朋友们相距遥远——亚历山大在德国，梅尔兹利亚科夫在莫斯科，布鲁多夫、凯萨罗夫也身处异地，他们仍然在精神上和感受上与他同在。也许此刻，他感到孤独，心情颓废。他事事不顺利，也不想在家工作——但还是可以给朋友们写写信，并得到他们的回复。

茹科夫斯基今年二十二岁。还没有经历过刻骨铭心的爱情。（1803年他与玛·尼·斯韦钦娜曾有过一段非常短暂的和感伤的恋情——类似于 amitie amoureuse[1]——这并不算什么。）根本没有普希金少年时的拉伊斯、多利德的存在。爱神阿弗洛狄忒一点儿也没有触碰到他。伊凡·谢尔盖维奇·屠格涅夫虽然性格温和，但从小就经历过农奴制的放荡生活。茹科夫斯基是个私生子，但他本人从没有过什么私生子。总的来说，他的青年时代就好像在为出家

---

[1] 法语：友谊般的恋爱。

修道做准备。

但是，当然，他并没有为此做准备，而且这对他来说是毫不相干的。相反，他对爱情和家庭考虑得很多。他以某种多愁善感的幻想和质朴的心灵温柔地想象着理想的生活：努力赚钱，读书，种花，有一个忠实的朋友或忠实的妻子；过上一种"平静、天真、无辜的生活"；从事文学创作。计划里还有很有趣的——并且这也是茹科夫斯基的典型风格："享受适度行善带来的乐趣"（此项事业他将终生从事，甚至不是"适度的"）。最后是"家庭的幸福，如果能够组建家庭的话"。

这个人生计划看起来有点颓废，但是茹科夫斯基身体里流淌着贵族血液，这并不是说他生来就高傲自大，而是说他缺乏某种生命的炽烈感。这使他摆脱了男性青春期常有的沉痛经历和粗野习气。他从来都不是性的殉难者——这体现了他的纯洁、幸运和某种天使般的天性。这也剥夺了原始的自然力所赋予的力量。他头顶上蔚蓝色的天空里没有几片云彩。

他对爱情、女人和家庭有着崇高而模糊的幻想。命运以其应有的方式引领着他。在孤独的乡村生活中，他也结识了一些令人愉快的朋友（例如他的邻居切尔卡索夫男爵，他出众的学识和智慧让他很喜欢）。但是这仍然无法激发他心灵中甜蜜感情的流露。而心灵已经准备好了。

* * *

1793年，当袭击欧洲的革命风暴刚开始的时候，在偏僻的奥尔洛夫，叶卡捷琳娜·阿凡纳西耶夫娜·普罗塔索娃的女儿玛莎出生了。两年后,另一个女孩亚历山德拉出生。姐妹俩都是在俄罗斯贵族平静满足的生活中长大的。(安德烈·伊凡诺维奇刚破产还没有多久,但是女孩们当然并没有感觉到什么。)她们在外貌和性格上都迥然不同。画像中显示年长一些的玛莎可爱、温柔,稍显不太端正的脸庞,小卷发,大大的眼睛,微微上翘的鼻子,从柔软美丽的连衣裙里露出来的纤细脖颈像百合花般洁白。她安静顺从,非常虔诚,倾向于同情世界上的弱者——穷人、病人、残疾人。她就像一朵谦卑的小花,像俄罗斯田野里的三叶草。亚历山德拉则完全不同。这是一个精力旺盛、活泼敏捷的运动天才。她比姐姐更加美丽、快活、开朗和顽皮。她所到之处都是欢声笑语,有时人们不得不要求她安静下来。她会骑马,划船,剪掉猫咪的胡须——后者甚至是她的最爱。别廖夫的房子里总是充满了她响亮的声音。

1805年,玛莎十二岁,亚历山德拉十岁,该到学习的年龄了,但是家里没什么钱,这已经不是老布宁时代的米申斯科耶了。

但事实证明,一切都很顺利。一位愿意提供无私帮助的老师,就在近旁,是自己的亲戚瓦夏·茹科夫斯基,不需要给他钱,他还是一位诗人,而且已经有了一些名气。叶卡捷琳娜·阿凡纳西耶夫娜欣然同意。授课便开始了。

茹科夫斯基在别廖夫的房子已经建好。但是,显然,他并没有住进去。据推测,他的母亲伊丽莎白·杰缅季耶夫娜住到了那里。对于他来说,住在米申斯科耶更方便,他每天从米申斯科耶步行三俄里到别廖夫,去给普罗塔索夫家的女孩子们上课。在春天和夏天,您定会乐意看到一个穿着斗篷的浪漫身影,也许还戴着一顶帽檐下露出卷发的宽边帽子,在图拉的田野中大步穿梭,走到别廖夫的一栋不起眼的小房子里——一位严厉的母亲和两个身材苗条的女孩正等待着他的到来。

通常来说上课都是枯燥的。但是也有不那么枯燥的课程,在别廖夫进行的课程正是这种类型的。简直无法想象,对于女孩子们来说,等待着一位可爱而亲切的老师每天到来是一种怎样的心情——这是一位年轻人,年轻诗人,他把刚才披着斗篷走过田野而获得的所有诗意和自然,以及俄国人的灵魂都带进了这栋房子。他的到来对于女孩们来说简直就是一个节日。这不是绣花架,不是母亲的刺绣,也不是保姆的絮语。一个崭新的世界以迷人的姿态出现了。他还为她们打开了通向世界的窗口——让她们看到了过去和现在。

在五月和六月和煦的微风中,女孩们用羽毛笔在练习册上记下了欧洲一些诗人、历史学家和文学巨匠的名字。难道是她们不够认真,没有完成规定的作业?

老师给她们授课的方式就好像学生们也准备走上诗歌和文学之路一样,他将自己在贵族寄宿学校所学的一些内容引入别廖夫的教学中。所授科目有历史、哲学和文学,而且具有某种系统性(对于"浪漫主义者"来说,这总是很典型的):早晨是历史和写作,傍晚是哲学和文学。这里讲授人性的概念和逻辑学,还有神学和道德、语法、修辞学、诗人研究、美学,后来(课程持续了两年多,女孩们长大了)还开设了比较文学方法。至少,席勒和比格尔、歌德和莎士比亚他们在别廖夫都读过了。拉辛、高乃依和克雷比荣的悲剧，贺拉斯与杰尔查文的颂诗交替出现。

叶卡捷琳娜·阿凡纳西耶夫娜在场旁听。这样做一部分是出于监督的目的，一部分也是在提升自我。

小女孩很快就长大了，她们学习刻苦，也有着很好的领悟力。年轻的老师也在和她们一起学习。那时他尚未钻研过德国文学，他是在法国文学中成长起来的，对德语的掌握也不是那么深入。女孩们在叶卡捷琳娜·阿凡纳西耶夫娜的监督下有了很大的提升，取得了明显的进步，老师对她们感到满意，她们对老师也很满意。但是玛申卡[1]在幻想着什么，当她在自己的闺房独自入睡，或是在繁星满天的夏夜朝着奥卡河和米申斯科耶的方向遥望时，她在想着什么，母亲是不知道的。也许，小妹妹萨沙[2]看出了一些隐情。但是，这一切仍然是那么模糊，让人痛苦又使人着迷。这还不是生活，而是生活开始前那幻想的前夜。也许在某些方面，这位卑微的玛莎——田野里不起眼的小花——是塔尼娅·拉林娜和丽莎·卡里金娜的前辈。

瓦西里也有同样的感觉，而且越到后来越是如此。他自己说道："我这是怎么了？忧伤，内心的骚动，一种我从未有过的感觉，一种模糊的欲望！可能爱上一个孩子吗？但是我对她的感觉已经发生了变化！已经是第三天了，忧伤，沮丧！从何而来？因为她走了！一个孩子！但是我想象着她从旅途中回来时的样子，会更加完美。"

从他所写下的文字来看，他未必能够猜到这个"孩子"对于他来说将会意味着什么。当她长大后，他会因为与她

---

[1] 玛莎的爱称。
[2] 亚历山德拉的爱称。

结合而感到幸福——因玛申卡的出现,年轻的茹科夫斯基的心中已经萦绕着关于温馨的和崇高的家庭生活的幻想。他还想着对于玛莎的思念将如何在旅途中使他振奋和心情愉悦。他还想到了叶卡捷琳娜·阿凡纳西耶夫娜,关于她对这一切的态度——却什么也没有猜到:作为一个幻想家,他并不具有远见卓识。

他的心已被点燃,但他在诗歌创作上仍举步不前:整个1805年他只写了三首诗。但是下一年则更丰富了一些。写作在不同的层次上进行。最广泛涉猎的是弗洛里安和拉封丹的寓言。他孜孜不倦地翻译他们的作品,将之发表在刊载《乡村公墓》的《欧洲导报》上。这更多的是为了赚钱。在大型文学领域他创作了哀诗《小溪》,这是一首轻柔、优美、忧郁,充满了轻快韵律感的诗作。他受到了出身和生活给他带来的悲伤以及崇高的友谊的鼓舞。《你们在何处,朋友们?……》是一首男人的诗,安德烈的影子又在理想化的奥卡河的景色中闪现,仿佛是一首颂歌。

> 小溪在闪闪发亮的沙砾上流淌,
> 你静谧的和谐是多么美妙!……

这种静谧的和谐弥漫在整首挽歌中——"就像微风在水面上轻轻拂过"——也许正是这种和谐吸引了柴可夫斯基。丽莎与她的友人在《黑桃皇后》中著名的二重唱便是摘自这里的:

> 已是黄昏……天空渐渐暗淡,

> 晚霞的最后一抹余晖消逝在塔楼上……

茹科夫斯基"轻声的吟唱"在这里呈现出镜面般纯净的色调,夕阳的倒影映照着一切,赋予一切以魅力和灵性。

还有一种不是为"公共"文学而创造的写作层次。从今以后很长一段时间里,这一文学创作将会伴随他的诗歌创作历程,悄悄地出现在各种诗集和纪念册中。这是玛申卡的主题,是对于别廖夫的贝德丽采[1]的赞美。1月16日他送给她一本诗集。在扉页中央是一张棕褐色的画,画着一个男人,一个女人,一个摆设着花瓶的土墩,背后是村庄。顶部有一行铭文:"友谊的纪念碑"。然后,在纸的背面有一首四行诗:

> 我珍贵的朋友,须要镇静!
> 是的,未来的黑暗不会吓倒你!
> 你的灵魂是纯洁的!你值得拥有幸福!
> 至高无上的主会奖赏你。

这首诗在文学史上并不重要,在心灵史中则很重要:这是连接两者的链条上的第一环。叶卡捷琳娜·阿凡纳西耶夫娜是否知道此事呢?她未必会赞成对一个半大孩子燃起的这种热情,尽管这种感情完全是纯真的和诗意的,感情还在发展之中。在1806年的同年10月,另一首献给她的诗(《心灵的婴儿……》)也充满了同样的光芒。在整个

---

[1] 《神曲》中人物,但丁的恋人、灵感之源。

1807年只有一首四行诗（《给M.赠书寄语》），但其中的情愫更加清晰了：

> 在新的一年想想那个
> 每时每刻都梦想着你的人，
> 他一生的幸福，他所寻求的快乐
> 都取决于你的命运，珍贵的朋友！

玛莎会有什么疑虑呢？她很快就要十五岁了。对于自己的舅舅、导师，她十分了解——否则她也不会认真对待与他相关的一切。在为她写下这些诗歌时，他也负担着责任。这其中并没有任何的轻浮之处。

"L'Amor che muove il Sole e l'altre stelle."[1]——爱驱使他行动，引导他，赋予他正当的权利。对于这份感情，他并没有征求过叶卡捷琳娜·阿凡纳西耶夫娜的意见。但是，如果她知道这首诗，她会吓坏的。

当时，他的生活进程迫使他离开别廖夫。文学在召唤他。更确切地说，这是一项实践活动。他不能再留在乡村了。他动身去了莫斯科。

---

[1] 但丁《神曲》结尾的名句：是爱也，动太阳而移群星。

活动家

1803年底，卡拉姆津离开了《欧洲导报》，开始着手编纂《俄罗斯国家历史》。《欧洲导报》被移交给潘克拉季·苏马罗科夫操办。此人经营得不甚成功。后来接手的卡切诺夫斯基也表现不佳。显然，如果不采取果断措施，该报刊就面临着停刊的危险。他们想起了远在乡下的茹科夫斯基，把他视为俄罗斯文学的希望。

这一步是正确的。对于茹科夫斯基而言，《欧洲导报》是他成长的摇篮，他不可能对其无动于衷。另一方面，对于这位年轻的诗人来说，这一举荐令他感到十分荣幸和兴奋，让他的才华和自尊心得以释放。（并且他的确有足够的能力做好此事。）

在莫斯科，他再次住到了普罗科波维奇-安东斯基那里，即位于弗拉日斯基巷的沙布雷金住宅的白色侧房。

一段满怀激情的时期开始了。年轻的优秀作家很想成为一名优秀的编辑，吸引一些人，疏远一些人，结交朋友，树立敌人，让自己觉得自己的工作是有意义的，甚至是被迫切需要的；即使有时是烦闷的，那也应怀着崇高而真实的目的。这其中既有责任感，也有权力意识。

茹科夫斯基满怀热情地投身其中。他被派来提升杂志的影响力,他的确做到了。1808年,《欧洲导报》已经以他作为主编的署名刊发。在《县城来信》中,他似乎提出了一种报刊业发展的方案。这一提议非常严肃,甚至是崇高的。他认为,阅读应该是有趣的,但也应该给读者提供一些东西,而不仅仅是休闲娱乐。杂志的宗旨是提供信息和营养。我们自己的和外国的作品,中篇小说和长篇小说都应该刊登,但应该是严肃的,而不是"恐怖的"或"娱乐性的"作品。哲学、道德问题,对世界上各种思想观念变化、最新发现的报道("为社会的利益服务"),都应该有所涉及。"新闻工作者应该描述世界上最新和最重要的事件",可以连接地球最遥远的地域,但是从不参与政治。当然也需要一些适当的批评:需要积极的创造力,而不是瓦解的力量(这是典型的茹科夫斯基,一个确立者,而不是拆台者)。作为一个作家应具有相应的特点:"热爱和享受真实的和美的,能够描绘它们,接近其本质,并凭借修辞的力量吸引他人——这便是作家的崇高使命。"

一定要朝着真实和美的方向努力!文学的任务是使人成长,自我教育,自我完善。这条道路本质上是宗教性的。这是果戈理的基本路线,而不是普希金的。

1808年被写作和社会活动所占据,但这并没有减弱来自别廖夫和米申斯科耶的引力。玛莎留在了偏僻之地。他虽然住在沙布雷金的房子里,但他心灵的深处和最隐秘之处却始终向往着叶卡捷琳娜·阿凡纳西耶夫娜在别廖夫的住所。距离只会加剧他的思念。玛莎占据了他的心灵,现在茹科夫斯基的散文中也充满了她的身影。现在她已经年满十五岁了。在此期间出版的《欧洲导报》的第二期刊登了茹科夫斯基的《三姐妹》,副标题为《明万娜的梦境》。明万娜也是十五岁。在生日那天,她去河边一片风景优美的小树林里散步,在那里遇到了三个神秘的少女:昨天、今天、明天。从年长的"昨天"那里,她聆听了温和的哲理教导,完全是教给《欧洲导报》年轻的编辑们的那些道理。然后,少女们向她展示了过去、现在和未来的含义后,便立即消失了。在另一篇童话《三条腰带》中——她又化身为柳德米拉,谦虚而平凡,但很迷人——在她的姐妹们之上,她是一朵香堇花,后来成为基辅王公斯维亚托斯拉夫的新娘。童话中的诗作也是献给她的:

玫瑰,春天的花……

骄傲的玫瑰在阳光下灼烧,香堇花悄悄绽放。

在《马林娜的小树林》里有一位温柔的歌手乌斯拉德,令人生畏的罗格达伊,还有玛利亚——其内在气质倾向于普通的小城别廖夫(尽管行动发生在莫斯科河岸边)。这个故事是悲伤的。罗格达伊出于嫉妒杀死了玛利亚,她和歌手乌斯拉德的爱转变为永恒的、超越生死的爱。两人的感情在这辈子无法实现。

所有这些以散文写就的作品都没有超出卡拉姆津"甜蜜"叙述的范围。这些作品在文学史中没有什么地位,只是作者的心灵史的袒露。

但是,由这一爱情直接或间接激发出的同一类诗歌很好地充实了《欧洲导报》。此类作品在我们的文学中根深蒂固。除了茹科夫斯基,谁还能写出这样的《抒情诗》("我的朋友，我的守护天使……"）——这是献给玛莎的神圣赞美诗，充满着喜悦和光芒，让他（和她）的余生都激动不已：

> 只有你能让我倾心颂扬
> 让我把赞美诗献给你。
> ……
> 对我来说你是全世界的福祉；
> 你是灵魂的生命，你是生命的甜蜜。

在爱情中既有喜悦，又有痛苦：他以忧郁为开端并不是没有原因的。这便是献诗《致尼娜》：

> 死亡会把爱情也一同带走吗？
> 一切都会立即死去吗？
> ……
> 哦，尼娜，哦，尼娜，这爱的火焰
> 真的会随着最后一口气息而熄灭吗？

诗中仿佛有着一丝安慰：

> 哦，尼娜，我听到一个神秘的声音：
> 他说，对于温柔的爱没有死亡。

但是献诗的调子是极为激昂的，与爱人的离别上升为永恒的悲伤。

我的朋友,不要害怕结局的时刻……
我将演奏天上的竖琴
减轻您最后的痛苦……

死亡在四周徘徊。需要对其避而不见,战胜它。

《致费拉莱特》(献给亚历山大·屠格涅夫)已经完全被忧郁所浸漫。其中有着作者对于自己爱情命运的隐晦暗示("……不可挽回地破灭的希望")。诗中的抒情主人公甚至没有为所爱之人的幸福献出生命,更不用说爱情的幸福结局了。

(茹科夫斯基依然只能梦想着这一婚姻。双方的态度还都没有阐明,但是存在着一个威胁:亲戚关系。玛莎是他同父异母的姐姐的女儿,他的外甥女。她可以成为他的妻子吗?她的母亲会祝福这一婚姻吗?)

一切都还没有到来。就目前而言,他在莫斯科的生活是一种谦恭的苦行僧式的紧张生活,创作和工作排得满满的。在他阅读和校对手稿的过程中,在其内心的忧虑和喜悦中,文学创作内部的缓慢变革正在悄然发生。他的文学创作的底色和主调一直是法国文学。他在此之上不断向上攀登。但是安德烈·屠格涅夫早早就在他心中播下了德国文学的种子。1806 年,茹科夫斯基请求亚历山大·屠格涅夫给他寄些"德国哲学中的精品","可以激发更多热情的东西"。他很早就熟知歌德和席勒,但是他们像德语一样不慌不忙地渗入他的内心。(他的第一部译自席勒的作品《思念爱人》刊发于1807年——说明此时他已熟练掌握了德语。)

在《欧洲导报》上,他仍然为法国文学提供了足够的空间。刊登了夏多布里昂(关于前往希腊和耶路撒冷的旅行),还有让利斯夫人和尚福尔的作品。作为一个批评家,他还处于拉阿尔普的掌控之下,尽管他已经知道莱辛了。德国文学正因其卓越声望和受欢迎程度而逐渐凸显。1808年,他出版了叙事诗《柳德米拉》,改编自奥古斯特·比格尔的故事诗《丽诺尔》的开头一章《魔鬼和女巫》。这部作品与他的心灵世界无关——纯粹是文学创作。这一时期,他还将比格尔与席勒放在同一位置。阴森的叙事诗中的某种东西触动了他,他受到启发,将一切都转换到斯拉夫世界中,并使某些东西变得柔和。不管怎样,他都在敏锐而激动地写作。您可以以不同的态度对待《柳德米拉》,但不能认为它是颓废的。诗中有着无法掩饰的陈旧气息,但是在陈旧的装饰下,创作本身的尖锐性仍然存在。写下此诗的人是在非常勤勉地创作。就像在茹科夫斯基身上经常发生的那样,生前充满非议,死后无人问津。当然,《柳德米拉》是成功的:形象鲜明,令人印象深刻,新郎在夜间策马奔驰——死去的人,教堂,公鸡,代替婚礼的是坟墓和堆满骨架的婚床,都受到读者的喜爱。茹科夫斯基虽然是通过有些粗糙的比格尔的诗开始接近德国诗歌的,但无论如何,他还是为自己的灵魂找到了真正的故乡,这确是一件好事。不久,歌德和席勒也出现在了他的视野里,在这群前辈作家之中,只有一个法国人——米勒瓦和他的

《马墓上的阿拉伯人之歌》。茹科夫斯基的两行副歌在此诗中倏然闪现:

> 这位朋友,田野上的狂风也无法将其超越,
> 他睡去——在沙漠荒野松动的卧榻之
> 上……

六音步的抑扬格像在沙漠中奔驰的骏马一样向前飞奔(得益于四音节韵律和没有重音的音节加快了节奏:在抑扬格中体现了俄罗斯诗人的喜悦,比茹科夫斯基更陶醉其中的是后来的普希金)。

应当认为,在莫斯科的《欧洲导报》做编辑的两年对他来说是成功的。他做了很多工作:诗人、小说家、评论家,写了一些戏剧方面的评论文章,还是时评家和哲学家。该杂志在所有这些领域都取得了成功。那些把茹科夫斯基从乡下召来的人没有看错。但是如果他们认为,可以让他永远满足于排样、校对、审阅手稿、修改译文并与印刷厂打交道,那么他们就猜错了。编辑工作可以以其新颖性、影响力和物质上的成就来吸引年轻诗人,但只是暂时的。茹科夫斯基在怀揣梦想和名声与日俱增的同时,也尽心尽责地完成了所有任务。文学创作上的提升就更不用说了。作为《欧洲导报》的舵手,他处于制高点。但他不会一直从事这项工作。而且,遥远的别廖夫一直在吸引着他。

1810年,他离开莫斯科,再次回到乡村。

又是普罗塔索夫家

叶卡捷琳娜·阿凡纳西耶夫娜对别廖夫的生活环境不甚满意——她决定搬到穆拉托沃。为此,必须在那里建造一栋新房子。

如果您得知,已经从莫斯科返回的茹科夫斯基不仅为穆拉托沃的房子做了设计,还监督了施工,可能会感到有些惊讶——的确,他喜欢从事此类工作。

他给自己在穆拉托沃附近购置了一处小庄园,看起来像富有诗意的图斯库路姆[1]。钱还是来自从布宁那里分到的遗产,但购置的房产是朴素的,就像在别廖夫的那处一样,也是一座邻河的房子。干净,阳光,井然有序,是诗人最喜欢的生活特征。房子周围有许多花草。窗前是一个大露台:可以看到满眼的铃兰、玫瑰、郁金香和水仙花。所有这些景观都以"几乎看不出的坡度"向河水处汇聚。磨坊的车轮"谦恭地"发出响声,扬起珍珠般的泡沫。

在河面上闪现着
愉快的水中嬉戏——

---

[1] 图斯库路姆(Tusculum)是一座位于罗马附近的古城,毁灭于12世纪,以景色优美著称。

他在诗歌中描述了自己的住所,当然,是以阿那克里翁那种假定性的方式进行的。他生动地描绘了斯瓦比亚鹅,它的房子是:

在小岛上,在柳树下,
在野生的荨麻之间
悠然自得地建立。

茹科夫斯基正是定居在了这里,就像那只鹅一样孤身一人,但是在某个人的"不远处"。玛莎现在近在身旁。他不再给她上课,但当然,一切都与她息息相关,如果没有她,他根本也不会购置"图斯库路姆"的这栋房子,而且现在他在穆拉托沃常住了。

当然,这并不意味着他的生活是杂乱无章或无所事事的。在自己的图斯库路姆,他仍然坚持不懈地工作着。他自己创作,编纂诗歌选集《俄罗斯最佳诗作选》,还在广泛地自学。历史让他着迷。他突然意识到自己对这一领域知之甚少,便通过亚·屠格涅夫订购了一些书,研读德国历史学家加特勒的著作,编写各个历史时期的编年表和纲要,开启了那个从事教学的茹科夫斯基,后来他将对皇位继承人施教。他想弥补自己在这些知识上的缺乏,在图斯库路姆,他持续地进行业余爱好者式的学习。他还把目光投向古代——学习拉丁语,为的是能够阅读诗人们的原著。但是即使在这里他也没有偏离本来的方向。他与古代诗人的熟识是通过翻译实现的。但他的兴趣不在古代,也不在历史中,而是依然沉迷于永恒的令人振奋的自然力中。玛莎,被严厉的西伯利亚母亲看护的这朵"香堇花",从她那里传来"天堂般的声音",悄然带来荣耀。

> 你的名字在哪里?
> 任何凡间的艺术
> 都无法形容你的美丽!
> 没有配得上你的里拉琴!
> 那么歌曲呢?只是不忠实的
> 关于你最近的传闻!
> 如果心灵可以
> 听到这些话该有多好,每一种感觉
> 都是对你的赞美诗!

玛莎躲在幕后,谦卑地隐藏起来。(她把这首诗放在自己的手提包里。在她去世后,人们找到了这首诗,并在茹科夫斯基去世后将其出版。)

他在紧张而富有创造力的工作中,在爱的火焰的燃烧中过着充实而振奋的生活。后来,他这样评价自己的这一时期:"那是一种诗意的生活,只有那时我才是一个诗人。"后一句当然是不正确的。但是他在图斯库路姆过着充满诗意和创造力的生活,这是毫无疑问的。

在创造力和爱情之间有着某种撞击。两者有些对立之处,心灵在波动,摆动的幅度并不小,碰撞也十分有力。

他的生活并不枯燥。从表面上来看,这并不是一种隐居生活。在那个时代看来甚至是十分丰富多彩的。除了穆拉托沃,他还去了切尔尼——新朋友普列谢耶夫的庄园。他在那里感觉很好——完全是另一种感受。

普列谢耶夫是一位富有的俄罗斯贵族,颇具艺术天分的音乐爱好者。他自己演奏大提琴,也经常作曲。根据他的曲谱,他的妻子,美丽的安娜·伊凡诺夫娜,以美妙的嗓音唱出浪漫曲——其中的许多歌词是茹科夫斯基的诗歌。

茹科夫斯基去他们家做客要跨越四十多俄里的路程,就像回到自己家一样亲切。他在那里并不怎么害羞,不像在穆拉托沃的叶卡捷琳娜·阿凡纳西耶夫娜家里那么拘谨。普列谢耶夫的房子富丽堂皇,有着华丽的装潢和许多装饰品。主人夫妇都是年轻人,颇有艺术才能。他们待人亲切,性格豁达,热情好客。肤色黝黑、嘴唇厚实、一头黑色卷发的普列谢耶夫很会解闷儿,经常逗乐宾客。家里总是像过节一般欢声笑语不断。家里还设有家庭剧院——他本人写喜剧,为歌剧作曲,还表演各种哑剧、闹剧,这种活动当然不能少了茹科夫斯基。普列谢耶夫会朗诵,会导演,与家里的仆人演员们一起在舞台上表演。他长得并不好看,但是总能让人感到愉悦。在兴奋的舞台表演和热情洋溢的戏剧中,他甚至让人感动。茹科夫斯基非常喜欢他(在信中称他为"黑脸""我的黑人"),他也很喜欢茹科夫斯基。茹科夫斯基在他们那里住了很长一段时间,就像一个小宫廷里的诗人一样,但是是作为朋友,而不是一个食客。在这里,即使财富不对等,他仍与主人处于平等的地位:两者的关系能够保持平衡主要是因为他不仅是茹科夫斯基,还是一个希望——俄罗斯的一颗冉冉升起的纯洁的新星。

当他离开他们以后,便从自己的图斯库路姆用诗歌给普列谢耶夫写信，他是用俄语写的，而他的"黑人"朋友则用法语诗回信。（很可能，两人所写的全部或几乎全部内容都是玩笑话。但是我们已经无从知晓——切尔尼的房子和房子里的所有东西，包括那些与茹科夫斯基有关的东西都被烧毁了。但是，当然，消逝的都是不重要的。重要的东西总是能够留存下来。）

在这段时间里，他写了一首浪漫长诗《格罗莫鲍依》，该诗取材自什皮斯的故事《十二个睡美人》。《格罗莫鲍依》就像《柳德米拉》一样，现在都被认为是茹科夫斯基历史性的作品。其中有一些出色的段落、有一些诗句作为范例编入语法书中，但总体来说是幼稚的、简单的，充满着并不吓人的恐怖氛围。然而他必须要经过《柳德米拉》和《格罗莫鲍依》的阶段。如果这些作品就像他给普列谢耶夫所写的俏皮诗一样都消失不见了，那么当我们审视他的文学发展进程时就会存在缺口。

他接触到席勒已经良久，但总是心存疑虑，恰恰是此时，两者的相会发生在了他的内心：通过席勒，茹科夫斯基可以说出自己的一些什么。（在《抱怨》中传达的正是对于"香堇花"的哀怨。）

正是此时，一把匕首刺进了他的心脏。

玛莎十七岁。他本人二十七岁。他们之间的一切都很清楚——洋溢着愉悦而高尚的精神。事情正在朝着共同生活的方向迈进。但是，在得到母亲的祝福之前，尚不能谈论婚姻的问题。

茹科夫斯基向叶卡捷琳娜·阿凡纳西耶夫娜第一次表明心意，请求她将女儿嫁给自己，发生在1810年。她以近亲关系为由宣称，结婚是不可能的。她完全拒绝祝福他。

* * *

玛莎出生的1793年是法国大革命鼎盛的一年，正值旺代战争爆发。像茹科夫斯基的青年时代一样，她的童年也是在森林、平原和严寒所笼罩的静谧黑暗中的辽阔塞西亚度过的。对于欧洲人来说，这是沙皇统治的奴隶制国家。西方已经沸腾了。电闪雷鸣，王权陨落，拿破仑的闪电划破欧洲。俄罗斯还视而不见地躲在屋子里。后来，她也派出了自己的一道闪电——苏沃洛夫，接着又派遣自己的军队去西方作战。渐渐地，异国的土地上也开始流淌自己子孙的血液——而且战败了。

风暴在呼啸。俄罗斯的生活还是和以前一样。茹科夫斯基在别廖夫、莫斯科和穆拉托沃写诗。玛莎学习、祈祷、梦想着爱情，并最终坠入爱河。他们充满和平与诗意的整个生活的基调、精神和色彩与即将来临的事件相去甚远！他们对此有什么了解吗？玛莎读过歌德和席勒，还有很多其他的东西，她当然听说过拿破仑，对于她来说拿破仑就是一头猛兽。但正是那遥不可及的距离让她感觉拿破仑仿佛是处于另一个世界里的。他跟她的生活有什么关系呢？

作为作家和编辑，茹科夫斯基更多地被牵涉其中。但是他对这些事情也没有想过太多。

"他熟悉琴弦，却不知如何拉弦"。伊比库斯[1]应该唱

---

[1] 古希腊诗人。德国文学家席勒依据伊比库斯遇害的传说创作诗歌《伊比库斯之鹤》，茹科夫斯基将其译为俄文。

首朴直的歌,以颂扬他忧郁地梦想着、思念着的心爱的女人。他也一直是这样做的,但是在1806年,当俄罗斯在异国作战时,他写下了《吟游诗人之歌》,作为对当下事件的回应。

但所发生的事件仍然是很遥远的、悄无声息的。"这不关我们的事"——艾劳会战、弗里兰德战役都是伤亡非常惨烈的战事,但在东普鲁士的某个地方——小城提尔西特,在此地,两位年轻的皇帝达成一致,共同庆祝,缔结和平条约。这使一个小城永远声名远扬,但并没有给世界带来多少和平。

当茹科夫斯基帮助叶卡捷琳娜·阿凡纳西耶夫娜在穆拉托沃建造她的房子时,当他正在创作《格罗莫鲍依》,向玛莎求婚之时,对于祖国来说巨大的危险正逼近着……1811年,紧跟时事的人们已经很清楚,战争是不可避免的。而战争是可怕的。

拿破仑已经征服了整个欧洲,他确实是一个统帅,这将是一场保卫俄罗斯的战斗。但是茹科夫斯基即使在主办杂志时也是回避政治的。现在,在图斯库路姆,他对于时局则关心得更少。1811年对他来说是以向叶卡捷琳娜·阿凡纳西耶夫娜请求和玛莎结婚的失败为标志的——悲伤在五月份降临在他的身上。由来已久的、困惑的、罪孽的——总的来说并没有导致罪责的——与他的出身相关的故事终于结束了。

玛利亚·格利戈里耶夫娜·布宁娜,他的监护人和"启蒙者"去世了,而在十二天以后,他真正的母亲伊丽莎白·杰缅季耶夫娜,曾经的那个来自本德尔的女孩萨莉哈也离开了人世。两个生命奇怪地交织在一起。这个故事始于悲伤,经历了一个聪明男孩的诞生和竞争对手的和解,她们其中一人是贵族太太,另一人是女奴。最终,是女奴这一竞争对手没能经受住太太的死去——彼此相互依赖的深厚感情已经存在了很长时间。1811年5月12日,玛利亚·格利戈里耶夫娜去世,同年的5月25日,伊丽莎白·杰缅季耶夫娜去世。

这些离别以不同的方式在茹科夫斯基的内心回荡。玛利亚·格利戈里耶夫娜已经是一个传奇,一个他童年时代的神话,庄严而遥远,与他现在的生活格格不入。他心里也怀有某种关切,但主要还是与沉重的回忆联系在一起。这是一个让他既感激、又害怕、又敬畏的人物。他能否以一颗平常心去爱她?

在面对真正的母亲时没有什么好怕的,也不会有那种在长者、上级面前的腼腆。但是他得到的爱也是远远不够的,他需要得更多。他自己也很苦恼,但是爱并没有出现。他可以恭敬和服从,但是……"我爱她更多的是在背地里,而不是近旁"。这折磨着他。他并没有体验过什么是真正的对于父母的感情,无论是对于母亲,还是(更不用说)对于父亲。他直接表达了自己的苦楚,对那些父母在生活中举足轻重的人羡慕不已。

不管怎样,随着这两个女人的离世,某些童年亲切的东西也一同逝去了。

他活在当下。现在的生活便是穆拉托沃,玛莎和她的妹妹亚历山德拉,还有叶卡捷琳娜·阿凡纳西耶夫娜本人。他与她们血脉相连。

玛莎是最明亮的星辰。但几乎就在同一时期,小妹妹

玛莎·普罗塔索娃像,茹科夫斯基绘,1811 年

亚历山德拉也从一个小孩子变成了亭亭玉立的少女，就是那个让满屋子充满欢笑和恶作剧，剪掉猫的胡须，哈哈大笑，嬉闹和唱歌的女孩。沉静的玛莎，活泼的萨沙——他是这样称呼她们俩的。他非常喜欢开朗的萨沙，但与对玛莎的感情完全不同，她会是家里可爱的天才，一个照亮周围的光明使者。她将成为他忠实的朋友、仰慕者和抄写员。

当然，她很清楚他和玛莎的关系。她是他的盟友和亲近的灵魂。她一生的辉煌才刚刚开始，现在她已经进入俄罗斯文学领域，甚至比玛莎更为公开（无须隐藏她）。以特殊的十二行诗写成的《格罗莫鲍依》便是献给她的。现在又问世了具有重要意义的《斯维特兰娜》。这首诗也是献给她的，但与她的联系更加深入，她本人就像是斯维特兰娜，叙事诗是受到了她的启发而创作的。萨沙·普罗塔索娃活在这些扬抑格中，她的清新自然、开朗明晰和朝气蓬勃从每一句诗歌中迸发出来，尽管伴随着暴风雪的呼啸以及未婚夫死去的可怕场景。

> 有一次，一个主显节的傍晚，
> 姑娘们在占卜：
> 她们从脚上脱下靴子，
> 丢在大门外。

在所有作家的笔下经常出现的些许严寒，甚至严酷，在茹科夫斯基这里是罕见的，并且欢快的调子总是占据着主导。可怕的只是梦里所见。这不是像柳德米拉所遭遇的那种悲剧，而是一个沉重的梦境——深受与未婚夫分离之苦折磨的斯维特兰娜在镜子前,在占卜中看到了他,而随着她的清醒,在俄罗斯圣诞节的严寒中,伴随着叮当作响的铃铛声,透过迷雾和阳光,真正的未婚夫正坐在雪橇上飞奔至此,回到了她的身旁。

> 哦,我的斯维特兰娜——
> 上帝,请你给她庇护!
> 愿她的一生光明灿烂,
> 愿快乐伴随着她的年华,
> 如同往昔一样。

似乎是斯维特兰娜光芒四射的魅力比茹科夫斯基本身更强大。他拜倒在她的脚下,并写下了自己早期的杰作,整个作品都渗透着泉水的清新之感。《斯维特兰娜》是一位作家的成功。它敏锐而克制,简洁又富有诗意,受到灵感的启发并穿着不朽的法衣——一个诗人还想要什么呢?可以说这是对萨沙·普罗塔索娃本人的文学洗礼……从那时起,文学进入了斯维特兰娜的生活:她将自己的灵魂献给了这首叙事诗,她本人成为一个美丽而光明的名字的映象,仿佛将她高高举起。

时代却是严酷的。夜晚,彗星像是"深渊中的野兽",闪耀着尾巴划过天空,不只是皮埃尔·别祖霍夫[1]一个人在苦思冥想,准备战斗。亚历山大沉默着。在这种沉默中还无法预料到未来的顽强和坚持到底的决心。行动和对于胜

---

[1] 托尔斯泰小说《战争与和平》中人物,参加了俄法1812年战争。

利的渴望驱动着拿破仑。保卫祖国的决心,对于国家伟大的神秘力量的意识则掌控着亚历山大的内心。

1812年初夏,法国军队渡过尼曼河侵入俄罗斯境内。战争开始了。

起初,部队只想向东进发。7月的维捷布斯克之战是决定性的一刻。拿破仑停了下来。他们本可以在此过冬,解决好粮草的补给,整顿军队,然后等待春天再进军莫斯科。所有人也都这样建议。但些许犹豫之后,他选择继续前进。8月5日他们在斯摩棱斯克附近作战。可以认为,俄罗斯对入侵感到不知所措,陷入悲痛和焦虑之中。毫无疑问,所有邻近斯摩棱斯克的人都试图逃走。但是周围都是偏僻的旷野,多年来建立了一种和平的生活。叶卡捷琳娜·阿凡纳西耶夫娜所在的小城——位于奥尔洛夫省沃尔霍夫县的穆拉托沃,茹科夫斯基的图斯库路姆以及普列谢耶夫家所在的切尔尼都没有遭受战火的打击——它们位于更南边的地方,但距斯摩棱斯克不过两百俄里。这里的一切一如往常。战争是战争,生活还是生活,8月3日是安娜·伊凡诺夫娜·普列谢耶娃的生日。在那个时候(考虑到那时信息传递的缓慢速度),在切尔尼,他们可能还不知道斯摩棱斯克已经处于危险之中。战争似乎离他们很远,上帝会护佑俄罗斯。当下的生活——正在举办一家人一起享受美食、看戏、跳舞、读书的家庭节日。穆拉托沃所有的年轻女士都聚集在这里,还有许多男男女女的宾客,茹科夫斯基也从他的图斯库路姆赶来。

生日庆祝活动进行得很顺利。流星在8月的夜晚滑落天际。"黑人"发号施令,到处指挥。天生的美人光芒四射。在为祝福她而燃起的烟花旁，诗人也升起了自己的、与她无关的烟火：那天，他觉得读上自己的一首《航行者》颇为恰切——普列谢耶夫为它谱了曲，茹科夫斯基自己"歌唱"。

暴风雨把航行者带入了"无边无际的海洋"。周围是漆黑的、无尽的深渊，狂风肆虐……独木舟翻倒了。航行者陷入绝望，完全泄气了。但是，"一只看不见的手穿过惊涛骇浪"，上天引领他前行，不让他死去。黑暗突然消失，并且：

> 我看到一个天堂的住所
> 里面住着来自天堂的三位天使……

他们救了他。但他什么都不想为自己祈求。

> 愿将所有的福祉赐给他们；
> 愿他们快乐，让我来承受苦难，
> 只是……不要让他们难过。

玛莎是他的天使，这是不言而喻的。斯维特兰娜-亚历山德拉是一个敏捷的天才——这也是很清楚的。但是叶卡捷琳娜·阿凡纳西耶夫娜呢？他非常尊重她，也爱着她的灵魂的一部分，但对她的赞美还是有些牵强附会。也许，他是想要触动她，博得她的好感。但得到的结果却相反。叶卡捷琳娜·阿凡纳西耶夫娜简直气坏了——不，这太过分了！爱上自己的近亲——这是他的私事，但是在公开场合直白地表露、凸显这一切，将女孩卷入无法实现的幻想中……

可怜的航行者。解释引起了激烈的争论。没有关于此次争吵的记载，但是第二天茹科夫斯基不得不离开穆拉托沃——她直接把他赶了出去。

应当认为，甚至在更早的时候，在7月，即关于建立一支新的军事力量的宣言颁布时，茹科夫斯基就已经做好了参战的准备。也许，他还给莫斯科的某个朋友写了信。现在，不管怎样，他立即整装待发，从自己的图斯库路姆启程了——正是最恰当的时机。

8月12日，他已经是莫斯科民兵的中尉。敌人占领了维亚济马，并朝着莫扎伊斯克前进。

在奥尔洛夫省，叶卡捷琳娜·阿凡纳西耶夫娜在带着孩子们一起回到穆拉托沃之前，向尤什科夫家的女孩子们——自己的外甥女们公开了茹科夫斯基对玛莎的爱恋、他的意图和自己的拒绝。当然，她们早就十分了解玛莎。她们崇拜瓦西里，所有人都站在他这一边，并责怪姨妈所做的一切。她们立即将此事告诉了普列谢耶夫夫妇。（这些事情玛莎都是通过普列谢耶夫夫妇的讲述，后来才知道的。）

而此时，茹科夫斯基和他的民兵队正在与敌人迎面会战。他们一直攻打到了博罗季诺。

这位样貌可爱、有着一双迷人的充满幻想的眼睛的中尉是库图佐夫后备军的一员，8月25日晚上，他们在灌木丛中等待着与拿破仑军队的对垒。博罗季诺战役之前的这个夜晚十分安静，相当寒冷，天上布满了闪亮的星星。起初，传来了单发的枪声（听起来像是森林里砍伐树木的声音），然后这种声音也消失了。大家都睡着了，一片寂静。只剩下天空和星星。我们的中尉睡着了吗？如果没有，那么他在想什么呢？

早晨，炮声响起，战斗开始了。民兵队伍站在左翼，敌人想尽办法向前推进，寻求突破口。经过一天的顽强抵抗，侧翼渐渐弯曲，但是博罗季诺附近的俄罗斯军队是以顽强著称的：法国人既不能突破前线，也无法从此处绕过去。民兵预备队缓缓后退。他们没有被卷入战斗，但遭受了炮弹的袭击——炮弹就掉落在他们所处的位置上。有人员伤亡。

茹科夫斯基没有被赋予托尔斯泰笔下安德烈公爵那不幸的命运——躺在干燥的艾草上，等待着那致命的炸弹从他身边呼啸而过。但是，他听到了战斗的轰鸣声，看到了傍晚卷成一大团乌云的烟雾。他经历了作为一个俄国士兵所要经历的灾难。当然，他并非托尔斯泰笔下的主人公。恶或悲剧，无论是小范围的还是世界性的，都不属于他的世界。这些东西会从他那里弹开，永远也不会渗透进他的内心，就像他也不会进入这个世界一样。拿破仑可以让成千上万的人死去，但他仍然动摇不了茹科夫斯基的镇静。

可怕的白天被夜晚所掩盖。战事以平局告终。但是从那天晚上开始，茹科夫斯基所在的民兵部队以及残余部队稳步向后撤退，退守到了莫斯科。拿破仑很快就会占领此地。然后是一段平静期。拿破仑坐镇莫斯科，俄罗斯军队的规模和声势则在不断壮大。茹科夫斯基还匆匆回了一趟家。

显然，与叶卡捷琳娜·阿凡纳西耶夫娜的隔阂并不大。他就像她们的家人一样。一直以来，他在这个家庭环境里成长，仅仅一篇《航行者》并不能切断他们的联系。尽管如此，他还是足够谦卑——他并不是以胜利者的姿态出现的。这并不容易，但他还是这样出现在此地：因为这里对他来说才是生活，而且只有在这里才是。

拿破仑从莫斯科开拔踏上归途。俄罗斯军队势不可挡地跟随其后，步步紧逼。茹科夫斯基匆忙奔赴部队，与玛莎的解释又被搁置。在穆拉托沃的玛莎伤心不已，在初秋的寒冷中他则追赶着拿破仑。在十字路口发生了一次偶然的邂逅：安德烈·凯萨罗夫——寄宿学校时期的同学。这次会面还有后续：安德烈通过他的哥哥巴伊西·凯萨罗夫上校为茹科夫斯基在库图佐夫的总部安置了职位。

在库图佐夫的设营军官斯科别廖夫将军那里，茹科夫斯基负责起草下达给部队的命令。斯科别廖夫甚至窃取了他的成绩。库图佐夫非常欣赏斯科别廖夫的命令和报告的杰出文笔，而后者毫不客气地利用了茹科夫斯基。这发生在维亚济马和克拉斯诺耶附近。

但这仍然不是文学创作。在到达塔鲁蒂诺之前不久，军事文学就侵入了这个不合适的人的内心。茹科夫斯基现在写的不是崇高语体的公文，而是受战争鼓舞的诗作，就像是这首长诗：《俄罗斯军营的歌手》。

从形式上看，这是一首成功的诗作。毫无疑问，其中引进了一些新的东西。（裘相的主题已经出现在了杰尔查文那里。这一主题也出现在他这里，但他仍然离杰尔查文很远。）如果需要歌颂和赞扬某个人，那么在1812年是再合适不过的了。这位歌手逐一回忆起所有的俄罗斯统帅，从斯维亚托斯拉夫开始，着重强调了当代人物。四音步与三音步抑扬格交替出现,高呼着赞颂的祝词。《勇士合唱》附和着最后的四行诗,仿佛要让英雄们声名远扬。诗中有很多出色的地方。对于家园的叙述是"永恒的",并且从小就深深铭记在每个人的脑海中("那个我们第一次品尝生活甜蜜的国度……"),字里行间通俗易懂,有着鲜明的形象性和敏锐度,仿佛不是一个爱幻想的诗人所写的。但是温柔的早晨——完全是茹科夫斯基的调子,还有这样的句子:"在坟墓之后也还有着生命"。

总体而言,这是"偶然而发"的创作。在诗歌中没有最为重要的因素:无目的性。这里的一切都有着目的,一切都是"必需的"。这就是为什么它那么嘈杂和注定失败。一切都作用于瞬息和具体事件。那一分钟过去了,轰动一时的事件结束了,作品便也黯然失色了。但是当战斗还在进行的时候,它便会广为流传。这首诗不能说是发自肺腑的真诚之作,但却很适合于现实生活。

《俄罗斯军营的歌手》使茹科夫斯基声名远播,并开启了他通往宫廷的道路,这是玛莎这朵"香堇花"所无法做到的。别廖夫的劳拉[1]!他本将带着这一殊荣在穆拉托沃默默地苦恼。而如今,他光芒四射的语言成为生活中所需要的,已经踏上了通往勋章、宫殿和沙皇的阶梯的第一层。俄罗斯抒情诗的创作者是与玛莎相关的。而未来的三等文官茹科夫斯基像一粒种子一样,已经潜藏于这首《俄罗斯军营的歌手》之中。

他长期的同情者和庇护者德米特里耶夫向玛利亚·费

---

1 传说是诗人彼特拉克的梦中情人、灵感之源。

奥多罗夫娜皇后奉上了这些诗作。她非常喜欢这些作品。她还希望看到由作者亲笔书写的诗。当然，茹科夫斯基这样做了，并又附上了另一首诗：《女王陛下赞赏我谦卑的献礼……》。

1812年年底，《俄罗斯军营的歌手》刊登在《欧洲导报》上，1813年1月作为单行本出版，而在同年5月，应皇后的要求再次发行。（这首诗以手抄本的形式在俄罗斯各地广为流传。）

然而，创作军事题材的诗歌，甚至与军事有关的一切，都只是茹科夫斯基一生中的偶然事件。

曾几何时，波斯特尼科夫少校将男孩瓦先卡送到了凯克斯霍尔姆，让他参军。但这一举措并没有产生什么影响：他最终还是去上了贵族寄宿学校。现在，在祖国俄罗斯的悲惨时刻，在他个人生活的艰难转折中，他再次前往那个他不应该去的地方。（"他熟悉琴弦，却不知如何拉弦。"）这段经历在他的人生中只是一闪而过。不仅是战斗，这些命令、战情报告都没有占据他很长时间。几乎在刚写完《俄罗斯军营的歌手》和《致胜利者的领袖》之后，茹科夫斯基就在维尔纳病倒了。那时这种病被称为热病。是不是也伴有肺炎和严重的流感呢？总之并没有什么严重或危险的情况。在12月份他康复了，但是显然无法继续留在军中。军队继续克服严寒和饥饿，追击拿破仑，他们即将面临的还有在欧洲的战役，在德国莱比锡和法国巴黎作战。军队所需要的并不是像茹科夫斯基这样的战士。

他被允许从军队离开，1月份他已返回家中。

* * *

家里笼罩着阴郁而沉重的气氛。玛莎已经从普列谢耶夫夫妇那里得知了一切——而且现在他本人也不再隐瞒此事。从《航行者》再到突然离家去参军——她当时未必没有猜到其中隐情。现在一切都清楚了。由于她敏感的天性、脆弱的神经和深刻的洞悉力，玛莎这一年深受煎熬，甚至害了病：可能是神经过度紧张导致的。

茹科夫斯基激动不安，无所依靠。爱情的事情还悬而未决，尚未给出一个最终定论，但已经该有结果了。尽管8月份的场面很严峻，但叶卡捷琳娜·阿凡纳西耶夫娜仍无法切断与他的联系，无法真正将他从穆拉托沃赶走。对于她来说他有着双重性：既是自己人又不是自己人，既是自己亲密的、光荣的瓦西里，从小就在一栋房子里长大的同父异母的弟弟，又是一个搅乱了女儿（和母亲，不要以为叶卡捷琳娜·阿凡纳西耶夫娜能够轻松面对）平静的生活，不可能成为她女儿的未婚夫的人。

她的立场是明确的：她知道瓦西里是她父亲的儿子，他和玛莎的直系亲属关系不允许他们结婚。有两种选择：要么向神父隐瞒新郎的父亲是布宁，要么不请神父来主持婚礼。她爱玛莎（尽管有些独断专行），也爱瓦西里，但教会和法律更高一级。教会是不能欺骗的。

茹科夫斯基当时还不是一名教徒（他的心灵也从未完全隶属于宗教）。她的顽固坚持对他来说是很奇怪的，是不公正的。这似乎是一种形式主义——是他没有真心接受的基督徒的生活方式。他曾是多么接近幸福和崇高的欢乐，无论对于自己，还是对于那位美丽的年轻女子来说，都是如此：却因法律而受阻。这不能不反映在他与叶卡捷琳娜·阿凡纳西耶夫娜的关系中。

在犹豫和惶恐不安中，在对玛莎健康状况的担忧中，1813年悄然而逝了。在这些事以外，他还为俄罗斯文学贡献了两部重要的作品。《致屠格涅夫》（"朋友，你的声音为何悲伤……"）充满了忧郁、深刻和纯粹的情感：对于逝去的，不在人世的亲爱的朋友们的感怀，安德烈与他的父亲伊凡·彼得罗维奇那往昔的面容历历在目，还有着对当下的怀疑——这首寄言诗是一部坦率的心灵编年史。《伊比库斯之鹤》则更为客观。总之，在伊比库斯本人——这位"众神卑微的朋友"的身上，有一些熟悉的东西。在他纯朴的心灵中，在他恭顺的牺牲中，人们看到了别廖夫时期的影子。

穆拉托沃的诗人是唯命是从的，也不能说他有什么远见。他时常感怀自己的青年时代（寄宿学校、友爱社），开始与过去的朋友沃耶科夫通信。在沃耶科夫位于杰维奇耶波列大街的住宅里，这些年轻的诗人和梦想家曾经聚集。正是在那里，他们庆祝爱的神圣联合并用杯盏碰撞的叮当声盖过了呼啸的风声……

对于这个沃耶科夫，茹科夫斯基保留了诗意的回忆。他不切实际地想象着他。现在还邀请他到自己的地界做客并小住一段时间。沃耶科夫接受了这一提议——1813年底，他出现在了穆拉托沃。

沃耶科夫与茹科夫斯基

一个跛腿的、长相近乎丑陋的、说话带鼻音的人突然出现在茹科夫斯基的面前，被茹科夫斯基自己召唤至此。沃耶科夫既从事写作，也参加过战斗。退役后，他在俄罗斯各地旅行，想四处看看，观察生活。在他身上充满了敏锐、刻薄和玩世不恭，有时又多愁善感。要知道他是有着双重性格的人——多种对立的元素在他的内心并存。他可以欺辱别人，也会深受感动。他可能会背叛并哭泣，诽谤他人并深深忏悔。

沃耶科夫颇有写作讽刺作品的才能。他写诗，甚至颇有名气。茹科夫斯基诗歌中的那种诗意流畅的自然力在他那里是没有的。他对茹科夫斯基极尽阿谀奉承，实际上并不理解他作为一个诗人的意义，也许在他的内心深处还在嘲笑他。就是这样的一个人与茹科夫斯基同在一个屋檐下。

尽管这一年对玛莎和茹科夫斯基来说充满了焦虑和紧张，但他们在穆拉托沃的生活仍然是愉快的——普列谢耶夫夫妇带来了不少的欢乐。沃耶科夫并没有闲着。玛莎太安静和沉默寡言，他立即开始讨好年龄更小的亚历山德拉——茹科夫斯基的那位斯维特兰娜。她十八岁，美丽动人，活泼开朗，爱开玩笑、搞恶作剧，给猫剪胡子，并在下国际象棋时赢了被俘的法国军官,后者是和朋友来他们家做客的客人。

他们在一起愉快地庆祝新年。午夜时分,大厅的柱子之间挂起了一面幕布。雅努斯站在中央,他是一个头戴王冠的双面神——家里的仆人饰演了这个人物。他的一张脸是老人的,另一张脸是年轻人的。诗句当然是茹科夫斯基写的。雅努斯用那张老人的脸朝着大厅里的年轻人朗诵:

> 朋友们,我已经八百
> 唉!又一十三岁,
> 愉快的时光所剩无几
> 我已非常老迈。

然后他转过身来,现在他的脸是年轻人的。他继续说道:

> 而兄弟,我的继承者,
> 会以他的到来使您宽慰
> 并给您带来安宁。

在这个穆拉托沃的雅努斯的头上装饰着蜡烛。他会受到严厉的刑罚:如果蜡流下来并滴在头上,他将不得不忍受……不知道演出时蜡烛是否流下了蜡油。不管怎样,时钟正好敲了十二下。朋友们开始用香槟酒碰杯。雅努斯在厨房里终于摘下了面具和王冠,当然立即畅饮了一大杯伏特加酒。

沃耶科夫写道:"1814年1月1日,我在叶卡捷琳娜·阿凡纳西耶夫娜·普罗塔索娃的家中,在奥尔洛夫省的穆拉托沃村迎接了新年。"列举了在场者之后,他补充道:"我应该在这个天使所居住的天堂里尽情享受,但是……Ou peut on etre mieux qu'au sein de sa famille?[1] 有时我陷入沉思,甚至很难过。"

时代如此。无论真诚与否,没有点儿感伤之情是不行的。在某种程度上,沃耶科夫扮演了一个孤独的、无家可归的、思家心切的流浪者,并以此赢得了少女的心。更重要的是,赢得了母亲暨女主人的好感。茹科夫斯基根本没有料到他有此番计划。他天真地认为,沃耶科夫将会帮助他摆脱感情上的困扰,也就是说服叶卡捷琳娜·阿凡纳西耶夫娜,使之同意他与玛莎的结合。

但这不是马上发生的。眼下,乡下地主阔绰而无忧无虑的生活仍在继续。

1月16日,普列谢耶夫夫妇在家里庆祝节日——安娜·伊凡诺夫娜的生日。[2] "黑人"下了不少功夫。在切尔尼,庆祝的规模更大。

早晨人们先是做了晨祷。然后他们来到树林,农奴扮演的女神在那里迎接安娜·伊凡诺夫娜,并在祭坛上朗诵了祝福的颂诗。然后立即奉上了极好的早餐(应当认为,大概是一种不用坐下来吃的速食甜点),然后人们在一个很大的公园里游玩,那里事先建造了一个小城,房屋里装饰着化装舞会的景致,甚至还有一个市场。货商向客人赠

---

[1] 法语:哪里能比在家的温暖怀抱中更好呢?
[2] 原文中安娜·伊凡诺夫娜生日日期前后不一致,可能是作者笔误或掌握信息不准确所致。

送生日纪念品。在暗箱里显现出安娜·伊凡诺夫娜的肖像，活灵活现的丘比特在她周围跳舞。

下午，可能人们打了牌，年轻人做了一些小游戏，晚上则是一顿丰盛的晚餐，然后是戏剧表演。上午扮演女神的费克卢莎或是杜尼雅莎现在则在索福克勒斯的《菲罗克忒忒斯》里出演，然后"黑人"亲自在一场法国闹剧中逗乐了观众。最后是放烟花。不知出于何种原因，普列谢耶夫把他的妻子叫作尼娜（可能是由于茹科夫斯基著名的寄言诗《致尼娜》）。为了祝福她，一些燃烧的字母 H 在公园里闪闪发光。但这引起了误会。战争还没有结束。不久前才发生了可怕的莱比锡战役。一些喝得醉醺醺的地主似乎觉得这些字母是为了纪念拿破仑而燃烧的……普列谢耶夫后来不得不向省长做出解释。

沃耶科夫参与了所有这一切——游戏、猜字谜、为女孩子们在纪念册上题诗：这是一个极好的向斯维特兰娜献殷勤的场合。1 月 16 日，他在普列谢耶夫家里写下这样的话（写在德米特里耶夫著作的页脚）："真是一个双重节日，fete des rois[1] 以及茹科夫斯基去年从军队归来。我被选为豆王[2]。安·伊·普列谢耶娃与乐队一起演唱《斯维特兰娜》，然后是《贝利萨留》，随后克洛斯欣用大提琴演奏了俄语歌曲。晚饭时除了我，所有人都喝了点酒；为了守护天使茹科夫斯基的健康，为了爱情和友谊干杯。贺拉斯式的晚餐！气度高贵的畅饮！优雅的胡闹！"

---

1 法语：主显节。
2 主显节的传统风俗，即在糕点中放入一颗小物件，称为"豆"，吃到者即为幸运儿，戏称为王。

所有这些高雅的胡闹和贺拉斯式的晚餐，茹科夫斯基未必能够平心静气地度过。他写了不少幽默的俏皮诗，许多都是献给他的女神斯维特兰娜的，但他与玛莎的问题并没有进展——时间流逝，他已经在家待了整整一年——需要采取行动了。

1月31日，沃耶科夫因公事前往彼得堡。另一方面，茹科夫斯基打算去找伊凡·弗拉基米罗维奇·洛普欣——去他那里寻求更加稳固的支持。如果洛普欣准许这桩婚姻，那么这将会作用于叶卡捷琳娜·阿凡纳西耶夫娜，促使她改变想法。

在莫斯科近郊萨温斯基的一座富丽庄园里，池塘中有一座云戈夫岛，岛上矗立着献给费纳隆的祭坛以及卢梭的半身像，伊凡·弗拉基米罗维奇·洛普欣就生活在这样安宁祥和的环境中。他是共济会会员，已故的伊凡·彼得罗维奇·屠格涅夫的朋友，一个人道主义者、神秘主义者，也是诺维科夫圈子的一员。茹科夫斯基少年时就认识他，他们是在屠格涅夫家里认识的。他对伊凡·彼得罗维奇也保持了崇敬的态度，将其视为一个强大的盟友、庇护者和德高望重的主教。茹科夫斯基决定前往此地朝圣。

他于2月份启程。冬天已经意志消沉，春天快到了，天气很好。虽然要走上很长一段路，但他步伐轻盈。"看着晴朗的天空很有趣，它就像希望一样美丽。""我没有祈祷，但我感觉到了隐藏在晴朗的天空之上的上帝的存在，这种感觉比任何祈祷都更有力量。"于是他怀着隐秘的欣喜一路向前。他梦想着与玛莎在一起的美好的充满着爱与优雅、崇敬与纯洁的生活。他会永远感谢上帝赐予的幸福，而所有这一切都是通过玛莎才能企及的。"因此,玛莎是天使,是信念,是一切美好的源泉,一切幸福的照耀者!"

一切都取决于她,一切都得经过她。玛莎被抬升到贝德丽采、劳拉的高度,已经是半个象征性的符号了,不也像是索洛维约夫心中的永恒女性[1],或是年轻的勃洛克的美丽女郎[2]吗?是她使他神圣化,给他指明了通往上帝的道路。在此之前,他对宗教有所疑惑,有时甚至是抗拒的——宗教的形式方面与他的心灵相距甚远,他在自己周围所看到的并不令他满意。他需要的是内心的信仰。现在,凡事都幼稚地顺从母亲的谦卑的玛莎,向他显现出了宗教的隐秘内核。

怀着这样的心情,他来到洛普欣在莫斯科近郊萨温斯基的家,在牧首智慧与寂静的生活之中度过了几天。在冰冻的池塘边,他向费纳隆和卢梭鞠躬,在2月清新的清晨醒来,向伊凡·弗拉基米罗维奇坦诚地敞开心扉,道出他所知道的生命中最美好的东西:对于屠格涅夫家的精神的崇敬,对于伊凡·彼得罗维奇及已逝好友安德烈的怀念。

洛普欣陷入了茹科夫斯基的所有烦恼之中。根据内心的宗教,他不是从世俗规范的角度,而是从心灵内部来处理这个问题。他祝福这门婚事。他还承诺会获得叶卡捷琳娜·阿凡纳西耶夫娜的支持。茹科夫斯基完全可以认为,他此次的拜访是成功的。

无论如何,此次拜访的意义是崇高的,但与其说是在实际生活中,不如说是在心灵内部。这个2月份穿越俄罗

---

[1] 俄国哲学家索洛维约夫笔下完美、神圣的女性形象"索菲亚"。
[2] 俄国诗人勃洛克《美妇人诗集》中塑造的神秘、唯美的女性形象。

斯田野和森林的旅程是在上帝面前的一次隐秘而深刻的体验,他彼时高度精神性的心境不会白白消逝。("我对隐藏在这明朗天空后的天父说:'你为我准备了与我相配的幸福,我发誓将其作为仁慈心的保证,我决不会因为妄自菲薄而失去得到幸福的权利。'")

这一切造就了茹科夫斯基,使他成为后来进入我们万神殿的那个人。

* * *

促使沃耶科夫离开此地的是办理一桩普通的日常事务:他想通过亚历山大·屠格涅夫在多尔帕特开设一个俄罗斯文学系——他正是为了此事而四处奔忙。但他也的确打算娶斯维特兰娜为妻。茹科夫斯基认为这很奇怪。如果沃耶科夫坠入爱河,那他需要的不是什么多尔帕特、教授职位,而是应该待在迷人的穆拉托沃,沉浸于爱情和幸福之中。于是他给身在彼得堡的沃耶科夫去信:"你的事情进展顺利:她们已经把你当成了自己人,把你的诗抄送给了好几个人。""看在上帝的分上,告诉我,你现在还需要教授职位做什么?只是在婚姻的希望破灭的情况下,还能有点用处。但事实上你的情况恰好相反。难道在期待爱情降临之时,待在遥远的多尔帕特当差,等待着七等文官的职位,真的是一种享受吗?"

茹科夫斯基本人有时也很实际,很会算钱,关心收入。但在这里,诗意的自然力压倒了一切,他处于一种单纯善良的心绪之中。他把沃耶科夫称为"兄弟"(在安德烈·屠格涅夫那个时代这是一个敏感词)。他梦想着与沃耶科夫这样的人建立某种完美的联合体：共同生活（显然，两人各自想娶姐妹中的一人）——他们将会一起努力，在爱、安宁和崇高的生活中给自己和他人带来幸福。在远景处还有他们的朋友维亚泽姆斯基、巴丘什科夫、乌瓦罗夫、普列谢耶夫、屠格涅夫。"让卡拉姆津、德米特里耶夫和都主教费拉雷特成为我们共和国的教育部长吧。"

对于沃耶科夫，这个未婚夫和平庸的教授，"疯人院"的未来杜撰者，这类信件未必能引起他善意的嘲笑："傻瓜茹科夫斯基！"这个沃耶科夫根本不是这样的人，他很清楚自己想要的是什么，并总能实现自己的目标。

亚历山大·屠格涅夫当时已经是一名要员。他与卡维林一起为沃耶科夫建设院系的事情出力。在穆拉托沃，沃耶科夫的婚事也有了眉目。

斯维特兰娜爱他吗？很难想象。沃耶科夫给她和玛莎留下的第一印象都不大好。但是她们在生活中都还是孩子。她们所近距离接触过的男性不过是一个瓦西里。难道她们不正是按照他的标准来评判所有人的吗？而这个沃耶科夫恰好是瓦西里的朋友。瓦西里怎么会有不好的朋友呢？妈妈也很赏识他……

沃耶科夫展开了孔雀尾巴，写了几首热情洋溢的诗歌，将自己描绘成一个流浪者和难以猜透的神秘之人，正渴望着安静而明媚的岸边。他可以给人留下深刻的印象。尽管他相貌普通，但斯维特兰娜还是被他吸引了。

最重要的是，他也引起了叶卡捷琳娜·阿凡纳西耶夫娜的好感。在这里，他沿着几条线索同时行动。据称，他自诩为两千个农奴的所有者，似乎是从他的兄弟那里继承来的——此人在莱比锡战役中受伤并离世。虽然有钱，但他并不幸福，因为他孤身一人。如今他终于遇到了自己的几位天使，她们使他的心灵复活，诸如此类的说辞。所有这些话都暗含着过分的奉承和赞美。献给叶卡捷琳娜·阿凡纳西耶夫娜的庄严献诗也使她迷迷糊糊，受了蒙蔽，甚至产生了智识上的影响：他很擅长从自己腐败的精神中给她注入一些东西。（例如，在严苛的教堂规则中长大的叶卡捷琳娜·阿凡纳西耶夫娜在他的影响下拒绝持斋。）对于沃耶科夫来说，权力使他感到满足。他天生缺乏了很多东西。他既没有名气和才华，也没有茹科夫斯基的魅力——那就竭力占取绝对的统治地位吧，即使是在一个家庭的范围内。

离开一段时间后，他得胜而归。他获得了在大学里创建院系的资格。然而，这让事情变得复杂起来：所有人都要搬到多尔帕特。但他还是被宣布为新郎——很明显，他对于茹科夫斯基是否成为玛莎的未婚夫这件事没有丝毫的兴趣，甚至是对茹科夫斯基不利的。他想独自统治这个家庭，不与任何人分享任何东西。

现在，茹科夫斯基看到了她们对待自己和沃耶科夫在态度上的巨大差异。她们对他很冷淡，对沃耶科夫却是百般呵护。沃耶科夫成为未婚夫。婚礼定于7月举行——茹科夫斯基是从旁人口中得知的。这一切都令他备受煎熬。

4月底，他再次就婚姻问题向叶卡捷琳娜·阿凡纳西耶夫娜进行了言辞激烈的解释，但没有成功。"她告诉我，她不可能同意，因为她在其中看到与律法相违。我回答她说，我没有看到这样的事情，我不是她的亲戚，因为确定亲属关系的法律并没有赋予我她兄弟的身份……"

她断然拒绝了他。这一情况的双重性是很明显的。茹科夫斯基认为叶卡捷琳娜·阿凡纳西耶夫娜是一个形式主义者，一个不想让步的法律捍卫者，但他自己在形式上也是有着有利根据的。"法律"并不知道他是布宁的儿子，所以结婚是可以的——只是他自己知道（"我是她父亲的儿子"）。

叶卡捷琳娜·阿凡纳西耶夫娜的动机是什么？难道只是教会的意识在引导她吗？还是想要为玛莎找到一个更可靠的伴侣，一个拥有庄园和农奴的丈夫？茹科夫斯基当然对她感到非常气愤。他是无辜的，以纯洁的灵魂向往着幸福——他自己的幸福和玛莎的幸福。幸福却被夺走了。

茹科夫斯基对叶卡捷琳娜·阿凡纳西耶夫娜进行了一系列谴责。毫无疑问，人们是站在他这一边的。在心底里他无法克服对她的怨念。然而，涉及婚姻的情况总是复杂的，有许多因素需要考虑，而且在某些方面叶卡捷琳娜·阿凡纳西耶夫娜也是正确的。（她不打算欺骗神父。也许，她得对主教公会做出解释，他们会允许吗？但是她甚至没有做任何尝试！）不管怎么说，这一切对她自己来说也并非易事。"跟他解释这一切让我的热病又发作了两次。"这就是她写给茹科夫斯基的忠实朋友，最近丧偶的阿芙多季娅·彼得罗夫娜·基列耶夫斯卡娅的信，后者在还是女孩杜妮亚·尤什科娃的时候就称瓦西里为"我心中的朱庇特"。这是一位年轻而热情似火的女人——她的画像向我们展示了她留男士短发的热情而充满魅力的侧脸。她也恳求叶卡捷琳娜·阿凡纳西耶夫娜同意这桩婚事。她甚至主动提出，如果有罪，她愿意自己承担——她将去修道院为他们祷告祈求。

但是叶卡捷琳娜·阿凡纳西耶夫娜的性格是固执的，甚至可以说是顽固不化的。在西伯利亚所度过的严酷的青春时代，身为寡妇独自对于孩子们的完全掌控，使得无论是瓦西里、杜妮亚·基列耶夫斯卡娅，还是其他的外甥女们，都无法动摇她。关于修道院的提议她心怀恐惧地拒绝了，但仍没有放弃自己的立场。

玛莎忠于自己的内心，她告诉了母亲有关瓦西里的一切，但她没有自己的意志。正如这位母亲所说，那就顺其自然吧，一切都应该如此，不要打扰妈妈的平静。可以认为，玛莎在此事中没有起到任何作用。她可能会哭泣，会憔悴——所有这些都是私下发生的，也是无关紧要的：只要妈妈开心就好。

一番解释之后，茹科夫斯基被再次从穆拉托沃驱逐——直到沃耶科夫回来。整个5月，他都在附近游荡——去了切尔尼的普列谢耶夫家和多尔宾诺附近的尤什科夫家拜访。这个5月对他来说是煎熬的。在他看来，还可以继续斗争：洛普欣会写信，奥尔洛夫教区的多西费主教会允许——朋友屠格涅夫很了解他。最后，沃耶科夫会回来，也会施加影响。

但随后另一种心境占据了上风：不，他必须接受一切，忍受一切。他只能放弃自己的幸福，考虑玛莎的内心安宁，继续怀着天国般的爱保持着舅甥关系。"难道我和玛莎不是生活在同一土地上，不是在同一天父的统治之下吗？"

上帝位于他们所有人之上,他会安排一切,颂扬爱情和友谊。

一本十六开的蓝色封面笔记本呈现在我们面前,这是茹科夫斯基和玛莎的日记和信件——上面记载着无声的、感人的、温柔的对话。6月21日,他把自己5月份的日记交给她看。里面什么也没写,信中解释了原因:克服抑郁太难了。"内心空虚,与生命分离,一种疲劳感——就是这些。能把这些事都写下来吗?手无法提起笔。简而言之,尘世的生活就是活着的死亡。"

但现在,6月底的时候,在穆拉托沃,一件奇怪的事情发生在他身上。他正在写信给玛利亚·尼古拉耶夫娜·斯韦钦娜(也是亲戚,但不是这一婚姻的支持者)。信的开头很忧郁:"所有的想法和感情都是黑色的。"突然他停下来……"仿佛光芒照亮了我的心,对待人生的态度也彻底改变了。"在一种激动的状态下,他没有写完信就站起身来,走进大厅寻找手帕。在那里他遇到了玛莎。她给了他一枚断裂的戒指。他也把自己的戒指给了她。这一切似乎是在半梦半醒中梦游般地发生的。两人都明白最重要的事情发生了:他们交换了戒指,结成了一种崭新的、崇高的、美好的,但在尘世中无望实现的想象中的生活。戒指甚至不是他给她的,也不是她给他的。天意以一种更高的方式引领着他们,尽管现在是令人悲伤的。

* * *

6月底7月初,茹科夫斯基一直在奥廖尔附近徘徊游荡。他跟随普罗塔索夫一家,在他们刚刚过夜的同一个旅馆住宿，紧紧跟随着玛莎。

在奥廖尔附近的库利科夫卡，有的只是悲伤，在旅馆里，他坐在他们坐过的同一个地方。"我亲爱的朋友，在你坐过的地方，我想象着你的身影。"女店主知道，前几日住在她那里的夫人身边的一位小姐要结婚了。茹科夫斯基使她相信（也许有一瞬间他本人也相信了），他就是新郎，但不是最小的女儿的，而是大女儿的新郎。

"昨天，当我快到姆岑斯克时，我看到了生长在路边的灌木丛；四周很安静，灌木丛上覆盖着落日的美丽光芒。"这是一幅忧伤的画面。它呈现出明朗的、梦幻的调子。它仍然不是无望的，因为它的背后是灵魂的升华，同样得到升华的还有玛莎的心灵。一切都是为了她，为了她的幸福和快乐，他必须活下去——这种想法让他变得坚强起来。当然，也并非总是如此。道路仍然漫长而艰难。

在名为索罗奇灌木丛的村子里，他体会到了俄罗斯乡村夜晚的和平与宁静。他没有在拉兹贝加耶夫卡停留，但是看到了"玛莎和母亲过夜"的那个院子。"三个顽皮的男孩在我身边跑来跑去，都是女主人的孩子。我从他们那里买了草莓，他们出价两戈比，我给了他们五戈比。您应该看看他们在讨价还价时的自豪感，以及在生意没做成时的谦卑。"但是，他安慰了他们：他给了他们五戈比，把草莓还给了他们，让他们自己分着吃。（这些孩子与他很相像。只是作为一个成年人，他不再需要为了两戈比和五戈比而卑躬屈膝。）

在古布金，他躺在谷仓里堆满干草的爬犁上，读着维兰德的《锡诺普的第欧根尼》（*Diogenes fon Sinope*），"并经常因为想起你而中断阅读。我还在墓地里走来走去——甚至还给它画了画"。

接下来便是哲理性的思索了。天意会安排生活中的每样事情,为的是使生活变得更好,并对人说:"按我的意愿行事并相信我的帮助。无论发生什么,我的朋友,都应当把我们遇到的一切看作通向更美好未来的天意。只需要相信。"

夏天,他还在奥廖尔附近游荡,并拜访了穆拉托沃的小姐们的年轻叔叔帕维尔·普罗塔索夫(后者鼓励他,对婚姻问题表示同情)。

最终,茹科夫斯基于7月9日回到了穆拉托沃。

叶卡捷琳娜·阿凡纳西耶夫娜对沃耶科夫与斯维特兰娜的婚姻表示欢迎,这一点现在更为明朗了。令人惊讶的是,玛莎和茹科夫斯基对此也表示赞同。两人都真挚而深情地爱着斯维特兰娜,两人都将她推向了不幸的处境。当他们得知真相的时候已经太晚了,只能做毫无意义的忏悔。显然,两人的错误都在于对沃耶科夫的不实评价——茹科夫斯基的罪责更大一些。直到婚礼前夕,他的眼中仍然弥漫着蓝色的迷雾,他还深情地拥抱、亲吻沃耶科夫,哭泣着做出兄弟般的承诺。兄弟情谊!屠格涅夫、凯萨罗夫所富有的那种感情仍然占据了他的内心,甜言蜜语蒙蔽了他的双眼。至于沉浸在崇高的书籍、宗教以及恭顺之中的,用瓦西里的眼光看待一切的玛莎,又能指责她什么呢?

由于缺钱,婚礼被推迟了不止一次。最终,茹科夫斯基卖掉了自己的庄园,并将卖得的所有钱都作为嫁妆送给了斯维特兰娜——他丝毫不吝惜钱财(他的一生都处于这种状态：上帝根据他的需要分配给他正好那么多的钱财，而他也根据需要花掉所得的）。

7月14日，斯维特兰娜和沃耶科夫举行了婚礼。当然，茹科夫斯基也在场。在教堂里，悲伤突然向他袭来，他感到胸中憋闷难耐。这庄严的圣礼难道不是对未来的一瞥吗？"我感觉，她的幸福似乎是可疑的，我的心情压抑，'我们的天父'这个词和所有这些祈祷从来没有给我留下过如此深刻的印象。"

对于他来说，这场婚礼也是一个转折点。这似乎与他的那桩心事无关，但却决定了一些事情。他没有留在穆拉托沃，而是去了阿芙多季娅·基列耶夫斯卡娅那里，去了美丽的多尔宾诺，但给叶卡捷琳娜·阿凡纳西耶夫娜写了一封语调崇高的长信。这封信证实了他所处的新状况：不再有任何关于婚姻的讨论。他将永远钟情于玛莎。他不可能有幸福，他应该没有幸福地生活下去，这正是他所希望的生活。就像过去玛莎是他的朋友一样，玛莎现在是，将来也永远是他的恩人。他可能很快就会再见到叶卡捷琳娜·阿凡纳西耶夫娜。但是他与她的家庭和"真正的故乡"穆拉托沃永远地分离了。

他在利赫温附近的多尔宾诺度过了秋天。那里有基列耶夫斯卡娅家的孩子们，在他的办公桌上方挂着一个"可爱的天使"，而在衣柜里则珍藏着玛莎的头发，旁边放着一枚刻着四叶草图案的印章戒指。阿芙多季娅·基列耶夫斯卡娅也是不会出卖他的。

如果不是他在此地克服内心的苦楚，可能谁都不会知道这个叫作多尔宾诺的地方。

他在这里写了很多东西。他体会着老房子里金色的、寂寞的秋天,舒适和充满爱意的家庭。他在空旷的田野里,在嘈杂的森林里漫步,时而听到狩猎的号角声和猎犬追赶猎物的叫声……为什么没有诗意和满足呢?缺少一个要素:幸福。玛莎与他相距甚远。

但是,他以宗教和艺术的精神引领她多年的努力并没有白费。现在,在她痛苦的时刻,她怀着极大的恭顺之心接受悲痛,并平静而固执地推动着他的创作。是的,他是一位诗人。让他沿着崎岖的山路向上攀登吧。"Tu me prometteras de t'occuper beaucoup, Basile, tes compositions feront ma gloire et mon bonheur."[1] 使她深受折磨的是,两人之间的这份感情使他远离了艺术。但是现在不是那样了。他自由而孤独——他的一切都将献给诗歌。

玛莎的请求对他产生了积极的影响。而且悲痛本身也是生动的,无法被压抑的。结果甚至超出了玛莎的预想:他从来没有像在多尔宾诺的秋天那样一下子写出那么多东西。紧接着,对秩序和日程表的永恒热爱出现在他的身上。他觉得有必要获得关于宗教的完整概念,为此,他阅读《圣经》和道德家的著作,思考和做笔记。他还在不间断地练习散文写作("每天两三页")。诗歌也是必需的。对于玛莎本人来说,她也过着类似的一种生活,如果不是艺术的,那么也是精神和道德的生活。

9月中旬,一个特殊的情况鼓舞了他:叶卡捷琳娜·阿凡纳西耶夫娜同意他和他们一起前往多尔帕特(沃耶科夫

---

[1] 法语:"你答应过我会继续创作,巴希尔(即瓦西里),你的作品将成为我的荣耀和我的幸福。"

即将就职之地）。他迫不及待地出发了！只是以朋友的身份。但现在她信任他，不再害怕什么了。他是多么谦逊有礼，多么不娇生惯养！在他看来，这几乎就是幸福。玛莎还是一贯地叮嘱他要写作。

多尔宾诺秋天的文学创作是极度紧张的，充满了令人振奋的热情和忧郁的善变，一切都是尖锐的，调子高昂的，内容丰富的。他从没写过这么多东西。不管他是否履行了自己的日程表，但正是在此地，他产出了许多一流且大型的作品：《阿喀琉斯》《瓦尔维克》《埃尔维娜和埃德温》《阿丽娜和阿尔西姆》《风竖琴》《席恩和伊斯奇尼斯》。

分离的主题始终刺痛着他，在他的心中四溢。两颗彼此吸引的心却被硬生生地分开了。死亡、美与诗的气息，被歌手挂在树上的竖琴的哀伤的声音——他的灵魂在竖琴中鸣响，这就是茹科夫斯基的诗歌所蕴含的。读了《风竖琴》的读者们流下了涟涟泪水——是否哭泣取决于个人的性格，但这首叙事诗是如此感人，"轻盈荡漾"，如泣如诉，温柔而富有灵性。此诗以不同格律的诗行美妙地交错而成，即使在现在看来，整首诗都在为永恒的、不可抗拒的爱的光荣而歌唱和倾诉。

《席恩和伊斯奇尼斯》同样享有盛名，甚至更为著名。它的行文更为平静，不是那么令人痛哭流涕，与当时茹科夫斯基的生活进程相距甚远，但来源仍然是一致的。和解，接受生活和生活中的所有悲伤，对于茹科夫斯基来说这是一个基本主题，是由一位成熟的艺术家成熟地表达出来的。我们从小就熟知并永远铭记在心的正是这句名言：

> 对于逝者的悲痛难道不就是，伊斯奇尼斯，
> 忠贞不变的希望的誓言：
> 在熟悉却神秘的土地上的某个地方
> 逝者会回到我们身边。

"对于心灵来说过去是永恒的"，这一信条贯穿了他的一生。多尔宾诺的秋天和在那里写下的诗句（在真正的朋友杜妮亚·基列耶夫斯卡娅的善待下）真实地证明了悲痛对艺术家是多么有益。茹科夫斯基的悲痛尤为深切：任何人都无法与他相比。

内心的丰富性还体现在下述事实中：在多尔宾诺，除了《风竖琴》之外，他还在给纪念册的留言中和信中写下了大量幽默押韵的诗句——不同的感情体验同时相容于他的内心（仿佛存在于灵魂的不同深度中）。

现在，他已经进入了自己艺术生涯、也是人生中最重要的阶段。这一阶段以一种奇怪的方式与沃耶科夫联系在一起。他们命运的差异也是很明显的。

沃耶科夫接管了一个院系，带着年轻美丽的妻子一起前往多尔帕特。他在所有方面都取得了成功。在家里他被认为是神，他必须在多尔帕特建立一个稳固而舒适的巢穴。

在几次请求之后，茹科夫斯基遭到了轻蔑而不无羞辱的拒绝。有时他甚至被禁止进入对他来说意味着一切的房子。他的亲近之人都去了多尔帕特。他为了他们卖掉了自己的庄园。婚姻和幸福的希望都被夺走了，他成了一个无家可归的人，除了暂居在多尔宾诺，他已无处安身。他的整个生活都被打碎了。

获胜者是沃耶科夫，茹科夫斯基被击败了。他们中的一人将会走下坡路，进入黑暗和死亡的阴影中，而另一人将"从哭诉的深处"走上一条纯洁而美好的道路。

多尔帕特—彼得堡

尤里耶夫,也就是多尔帕特,德语为 Dorpat——是位于佩普斯湖以西的恩巴格河沿岸的一个安静的爱沙尼亚小镇:这座城市的德国味很浓。这是一座大学城,很有学术气氛,到处都是大学生、教授、学生社团——一切都是异国情调的。

1815 年 2 月,一个俄国贵族家庭来到了这里,或者更确切地说是两个家庭,沃耶科夫家和普罗塔索夫家,他们都不适合多尔帕特这个地方。沃耶科夫将在大学里教授俄罗斯文学。斯维特兰娜是他的妻子。叶卡捷琳娜·阿凡纳西耶夫娜和玛莎只是他的亲戚,没有特定的任务。茹科夫斯基在遥远的某处——他只是偶尔到访多尔帕特。

他们从穆拉托沃走了很长一段路,行路艰难——马车差不多走了一千俄里!到达后,他们先是在当地一家旅馆"一个令人作呕的房间"里安顿下来。但他们终于还是找到了一栋单独的房子,然后搬到了那里。新房子阳光充足而温暖。

各种家什和书籍堆放在四处——不可能立即安顿下来。一半是沃耶科夫和斯维特兰娜的房间,另一半是玛莎和母亲的房间。

沃耶科夫尖酸刻薄又轻佻放荡，傲慢固执又自轻自嘲，他在文学上有很强的自尊感，并且这一自尊感时常被触犯，他本应该成为一名品行端正的教授的。叶卡捷琳娜·阿凡纳西耶夫娜，这位女地主和农奴主，整个奥尔洛夫大家庭的一家之主，将在这里适应半欧洲式的生活，只是没有了可以随意殴打并发配到遥远农庄的仆役和侍女。对于斯维特兰娜来说，普列谢耶夫夫妇不在身边，嬉闹和欢笑的时光已经过去，也不再会有被俘的法国军官。她必须做一位谦逊儒雅的教授妻子。她和丈夫乃"eine echte Ehepaa"[1]。至于玛莎，她继续过着与书本、刺绣、祈祷相伴的生活，也许是其中最不能感受到变化的。

他们结识了许多教授和大学校长。教授们纷纷前来拜访。尽是些彬彬有礼而枯燥无聊的社交场合。"七等文官太太沃耶科夫夫人在多尔帕特是否感觉良好？""感谢备受尊敬的教授，感觉非常好。""她是如何看待我们这座城市的整洁和秩序的？"

家乡的城市别廖夫，甚至是奥廖尔和图拉也肯定会羡慕多尔帕特的。这座城市的优点还有音乐。人们给他们送来门票（这里的每个人都是音乐家）。每周，教授和学生们都会组织音乐会——他们自己表演。新到此地的人们当然会去观看演出。他们乘坐着大学的马车前往，"出行享用公家的马，记在公家的账上"。玛莎对音乐厅华丽乃至富丽堂皇的装饰感到惊讶。"音乐会上有七百人，一个比一个穿得好，所有的女人都很漂亮，大厅就像莫斯科的一样，

---

[1] 德语："一对真正相配的夫妻"。

音乐很美妙。"

安宁的生活开始了,一开始真的很安宁。沃耶科夫甚至觉得自己很幸福——3月份的时候他还是这样想的。而对于茹科夫斯基他已经难以忍受。茹科夫斯基在彼得堡取得了巨大的成功。屠格涅夫向皇后玛利亚·费奥多罗夫娜朗诵了茹科夫斯基献给从巴黎凯旋的亚历山大一世的颂诗。皇后非常喜欢这首诗,并通过屠格涅夫和乌瓦罗夫向作者表达了她十足的诚意——如果他需要什么,她会很乐意去做。茹科夫斯基本应马上飞奔至彼得堡去收获他成功的果实。但是他的灵魂在多尔帕特。他的心所向往的正是此处,而对于彼得堡则无暇顾及。当然,他也对皇后的赞许做了回应(《女王陛下赞赏我谦卑的献礼……》),这是一个臣下对君主忠诚的回文。他并不急于见面。他当时正着急赶去多尔帕特——并不是为了开心的事。那里的一切并不像他在振奋之时想象的田园诗般美好。

首先,叶卡捷琳娜·阿凡纳西耶夫娜认为玛莎也该出嫁了,她甚至为她找到了一个未婚夫,某位克拉索夫斯基将军。玛莎一点儿也不喜欢这位将军。整个想法完全是荒谬的,茹科夫斯基对此惊恐不已。他的心情是这样的:是的,他可以放弃自己的幸福,一切都是为了玛莎,当然了,玛莎需要结婚,但怎么说也应该让她嫁给一个她喜欢的人,而不是她遇到的第一个将军。但克拉索夫斯基是沃耶科夫的朋友,沃耶科夫支持他。

事情是这样的。在穆拉托沃的时候沃耶科夫和玛莎关系是很好的。在多尔帕特的初期也是如此。但是随着茹科夫斯基的到来,当他看到玛莎对克拉索夫斯基的冷淡并还像以前一样爱着茹科夫斯基时,一切都开始改变了,无论是对于玛莎还是茹科夫斯基,他的态度都急速地变糟。显然,沃耶科夫还煽动叶卡捷琳娜·阿凡纳西耶夫娜反对他们的结合。他说,茹科夫斯基是徒劳地生拉硬拽一段无望的恋情,白白地让女孩陷入焦虑之中,必须要让玛莎嫁给一个正派的人。这导致茹科夫斯基受到监视,他不能和玛莎单独在一起,没有任何谈话或解释的机会,这是很危险的。

当然,茹科夫斯基受到了侮辱。他怀着激动的心情赶到此地,为了玛莎而放弃了自己的幸福,他现在把自己视为她的父亲,却被怀疑背后藏有花招,几乎被认为是一个图谋不轨的引诱者。关于玛莎,沃耶科夫现在说道:"我会把她踢出家门。"(为了保护"家庭的荣誉"。)还有当"未婚夫"来的时候,强迫她必须在场,粗鲁地对待她,等等。

茹科夫斯基和玛莎开始写纸条通信。

直到现在茹科夫斯基才真正看透沃耶科夫。"一个完全有能力使你快乐的人,不仅不这样做,还要反其道而行之,他可以被称为人吗?这是不可原谅的。甚至很难不去怀恨他。"(致玛莎的信)如果茹科夫斯基已经在谈论仇恨,那么沃耶科夫的处境就不妙了。"告诉我一个对他行善的方法,我会做的,但是要我颠倒黑白,是非不分,并尊敬他,对他表示出尊重……这不是什么宽宏大量:这是对自己和他人的虚伪。"

他们是这样生活的:每个人都待在自己的房间里,只有用餐时才聚在一起。人们生活在一个充满着内部紧张、隐藏着沉重心事、受到监视和相互厌恶的家庭中。茹科夫斯基自己还很年轻,与心爱的女孩生活在一起,却要担当"父亲"的角色,并不是那么容易的。整个4月都令人难以忍受。在茹科夫斯基的日记"白皮书"中,他的疲惫与愁苦被记录了下来。当然写给"她"的字条也反映出了他当时的心情。("玛莎,请回答我。我期待着你的任何回应。我已经一无所有了。")然后马上就是《席恩和伊斯奇尼斯》腔调的诗句"生活中的一切都是通向美的途径"。然而,让自己相信没有幸福的生活是崇高的,比真正接受这种生活要容易得多。

还有玛莎,玛莎,一定要把她安排好。应当给她生活的机会,给她立足的支撑,或是让她在某种程度上改造自己。为的是她不再"像以前那样"爱他,而是像爱兄弟或父亲一样爱他。她还必须消除"基于利己主义的所有感情"(即女人的爱)。他天真地认为——并写了下来——她的幸福可以建立在与母亲和家人的和睦相处之中,存在于对他仅凭友谊和工作就足以感到幸福的认识中,等等。是的,即使她要结婚,也不应该嫁给克拉索夫斯基这样的人,而应是她喜欢的和真心相付的人——"与这个人在一起能够得到她期望从与我的相处中得到的一切"。他以十足的勇气在这里作出了一个英勇的决定,坦率地打开了自己那充满人性的、痛苦的、没有任何"席恩式"色彩的心灵,来作为这一不治之症的无可争议的药剂。"我决定为此牺牲自己的那一刻是令人愉快的,但这种喜悦之情常常会消失不见,我便陷入沮丧。"您可以完全理解他的沮丧,但是在一百多年后的今天,我们仍然无法停止欣赏以如此唯命是从的方式从一颗纯洁的心向我们说出的谦逊话语。"我决定牺牲自己"——在我们的文学里还有这样的例子吗？

唯一的结果是，叶卡捷琳娜·阿凡纳西耶夫娜在沃耶科夫的煽动下再次要求他离开，就像在穆拉托沃的那次一样。他再次被驱逐。沃耶科夫进入了这个家庭，他就必须离开这个家庭——这是他的观点，非常接近事实。5月初，他没有做出任何决定，就动身前往彼得堡。

保罗皇帝的遗孀玛利亚·费奥多罗夫娜皇后过着充实而紧张的生活。没有谁能责备她无所作为。收容所、研究所、各种学校、慈善机构——她完全沉浸在这一切事务的忙碌中。"玛利亚皇后慈善事务部"无人不知，她的工作痕迹一直留存到了革命前的俄国。她以德国人的一丝不苟推进贵族女子学校的教育，探访孤儿和聋哑人，进行大量通信，并走遍了各个慈善机构。总的来说，她具有很高的文化修养，与许多作家和科学家都很熟识：卡拉姆津、克雷洛夫、德米特里耶夫、涅列丁斯基-梅列茨基等人都经常来参加在巴甫洛夫斯克宫举行的文学聚会，与她会面。

关于茹科夫斯基，她已经有了一个初步的印象，并对他怀有好感。现在是时候见面了。

这件事发生在1815年5月。他在经历了多尔帕特春天的所有艰辛之后抵达彼得堡。他没有准备面见皇后时穿的制服，但是朋友们给他解了围，给他找到了合适的衣服。乌瓦罗夫带他去了宫殿。

茹科夫斯基今年三十二岁。他已经见过并结识了很多不同社会地位的人……但他还是第一次近距离接触地位如此高的人物。穆拉托沃、多尔宾诺、多尔帕特都是多么微不足道——刚刚还在外省的偏僻之地，现在映入眼帘的已是皇后的宫殿，如镜面般反光的地板，雕像，和沉默无声的仆人。

当然，5月的这一天，他感到战战兢兢。乌瓦罗夫带他穿过宫殿。经过一个小房间后，他们进入了门前有屏风的另一个房间。屏风后面传来一个声音："Bonjour, monsieur Ouvaroff."[1]——茹科夫斯基以为这是宫廷的一位女官。走进去才发现，原来是皇后本人。在大房间的深处站着尼古拉大公和米哈伊尔·帕夫罗维奇大公。茹科夫斯基想说些事先准备好的感激的话，却什么也没说出来，只得向所有人连连鞠躬行礼。谈话还是开始了。玛利亚·费奥多罗夫娜的俄语说得不是很好——语速很快而且不太清楚。茹科夫斯基在紧张中惊恐地发现自己听不太懂。乌瓦罗夫帮了忙：他用法语问了皇后一个问题。她改用法语回答，问题便解决了。他们开始追忆过去、战争和艰难时期。正如当时所想的那样，皇后很敏感，她的眼中好几次都噙着泪水。她的举止非常和蔼可亲。他们"交谈"了大约一个小时。当客人们开始鞠躬告辞时，她温柔地对茹科夫斯基说："我们还会再见的。"

这句话中包含了他一半的命运。腼腆，可爱的模样，他莫名散发着的那种可以征服各种各样的人的光芒——当然，所有这些都对她产生了影响。

他们和两位大公一起出去了。乌瓦罗夫请求尼古拉·帕夫罗维奇允许自己介绍茹科夫斯基——他正站在一位高大英俊的男子跟前，人们后来会说，尼古拉大公的眼神里有

---

[1] 法语："您好，乌瓦罗夫先生"。

一些令人生畏的东西。不管是否如此，但之后所有人在他面前都会瑟瑟发抖。但是当时没有人想得到，这位只主管军务（但却做得很好！）的年轻近卫军官将会统治俄罗斯很多年。

不知道茹科夫斯基此刻的心情如何，但未来已尽在眼前。尼古拉·帕夫罗维奇从他的"文学母亲"茹科夫斯基那里得到了对于家庭和家庭教育都非常宝贵的馈赠。

显然，他也喜欢茹科夫斯基。

* * *

多尔帕特仍然是他无法忘怀的。辉煌、荣耀、奢华的彼得堡与他的内在精神气质并不完全相称。他的心不在这里。那个让他感到艰难和痛苦的地方却是他灵魂命运的所在地。

欧洲正在结束一段可怕的历史时期——6月18日拿破仑在滑铁卢覆灭，而6月26日在多尔帕特，不为世人所知的，对于滑铁卢没有任何概念的斯维特兰娜生下了一个女儿叶卡捷琳娜——这给了茹科夫斯基去多尔帕特的理由：斯维特兰娜是他的教女，现在他又被登记为小卡佳的教父。所以，他必须前往多尔帕特。

他没有赶上婴儿的洗礼仪式，代替他出席的是年迈的埃弗斯，一位神学教授，多尔帕特地区的牧首和他未来的朋友（埃弗斯已经是斯维特兰娜的朋友了）。

茹科夫斯基在多尔帕特度过了夏天。他和叶卡捷琳娜·阿凡纳西耶夫娜似乎相处得还算和睦，但只是表面上的,而且是不自然的。他们重新各自生活在自己的洞穴里。和以前一样,沉重的痛苦体验在内心深处蒙上了一层阴霾。屠格涅夫在7月底召他回彼得堡——皇后想要见他。不过,如果他能守住多尔帕特的"太阳",那么现在就没有必要离开了。从茹科夫斯基的回答中可以清楚地看出,"太阳"与他相距遥远时更加明亮,在近处则有许多被遮蔽的昏暗之处。"离开这里对我来说不是牺牲;相反,留在这里将是一种牺牲,意味着牺牲我所珍视的一切和我最美好的感情。更不用说什么希望了,她不存在,也不为我所需要。"

Non sine te, non tecum vivere possum ——相距遥远时相互吸引,近在咫尺又受折磨。在不自然的情况下经常发生此种情况。而且,也许,那个夏天留给他唯一美好的记忆就是与老埃弗斯建立的友谊,那是一位哲学家和神学家,在生活中也极具智慧。在很大程度上,茹科夫斯基的世界像是一位孤独的80岁老人,虽然穷困潦倒,一无所有,但他却像夏日傍晚的余晖一样清晰而明亮。他很高兴到城外的郊野去思考一下人生。埃弗斯的生命已近黄昏,他是如此适合茹科夫斯基。就像另一种生命存在——黎明的朝霞,大学生泽伊德利兹也同样适合他,两人是在大学社团的聚会中相识的。埃弗斯已经命不久矣,泽伊德利兹还有漫长的人生道路;终其一生,他都将追随茹科夫斯基、玛莎和斯维特兰娜。"善良的泽伊德利兹"那可爱而有益的影子将从这些生命之旁倏然而过。他的善良、关怀和爱传递至茹科夫斯基-普罗塔索夫的整个家族,在关于茹科夫斯基平生的描述中,他使每个人都生存下来,使每个人永存不朽。他所完成的是最早的茹科夫斯基传记作品,至今有着原始资料来源的重要性。

8月24日,茹科夫斯基启程前往彼得堡。旅途并不愉快。他被梦想和幻想折磨着,在每个车站他都写点东西,都是写给叶卡捷琳娜·阿凡纳西耶夫娜的。不可能发生的事情在他的脑海中闪现——万一她在多尔帕特改变了主意,同意了一切,又将是友谊、安宁、和平的生活……他写好了又撕掉,又重新写。在这种半梦半醒的状态下,他"带着行李箱里最悲伤、最冷漠的现在和最空洞的未来"乘车前往彼得堡。

在彼得堡,他住在了在莫斯科结识的友爱文学社时期的老朋友布鲁多夫的家中。

9月4日,他第二次来到巴甫洛夫斯克宫面见玛利亚·费奥多罗夫娜皇后。这次会面具有更重要的意义,也是更亲密的。实质上,茹科夫斯基是来皇后这里做客的。他在巴甫洛夫斯克的宫殿里住了三天,就像文艺复兴时期意大利开明宫廷里的诗人一样。玛利亚·费奥多罗夫娜让他进入了一个平常的家庭环境,他们一起用午餐和晚餐,一起散步。(诗歌《斯拉维扬卡》正是献给巴甫洛夫斯克的——那是激发他灵感的此处一条河流的名字。)

在9月的宫殿,巴甫洛夫斯克宫的花园及其宁静的水域、成群的天鹅都正是一幅诗情画意的景象。在皇后的客厅里,涅列丁斯基-梅列茨基向女士们朗诵茹科夫斯基的诗。除了女主人之外,在场的还有几位大公夫人和两三位亲近的宫廷女官。池塘里优雅的天鹅,窗外秋天的金色白桦树、红色枫树,镶木地板柔和的反光,还有《风竖琴》的女听众们眼中饱含的泪水——这一切都非常符合茹科夫斯基的调子。和往常一样,他谦虚而可爱。在这里,他轻松唤起人们喜爱之情的伟大天赋体现在各个方面。

但是,他却高兴不起来。他会深情地回想起在皇宫里的日子,但总的来说,他在彼得堡的日子并不好过。多尔帕特还在折磨着他。即使是在巴甫洛夫斯克,当他与涅列丁斯基一起等待皇后时,他也将谈话引向与玛莎的关系。涅列丁斯基画了关系图和家谱树:在纸上看起来似乎对茹科夫斯基是有利的。然后,他与叶卡捷琳娜·阿凡纳西耶夫娜丈夫的兄弟普罗塔索夫谈论了同样的事情。和涅列丁斯基一样,普罗塔索夫也站在他这一边。他甚至专门就此事给他的嫂子写了一封信。一切都是未知的,会不会突然间向好的方向发展呢?

所以他的内心还是犹豫不决。但悲伤是凌驾于一切之上的,在宫廷里取得的成功并无法盖过它。(他已经获得了皇后身边侍读的职位,显然这使他依附于宫廷。)在彼得堡,他过得并不舒心,仿佛将他"从极寒扔进炙热的火中灼烧"。甚至在他看来,诗歌的灵感也已经消退了。"我认为,她现在不是在瓦斯科瓦山附近,就是在格雷米亚奇,或者在多尔宾诺的密林里游荡",在那亲爱的,可以说是已经失落的米申斯科耶的土地上。在彼得堡,"围绕文学"展开的活动相当可观。同年9月,这里开始变得热闹起来。

亚历山大·沙霍夫斯科伊大公是当时颇有名气的作家,属于希什科夫和"俄罗斯文学爱好者座谈会"的文学圈子,他于9月底上演了戏剧《风骚女人的教训,或利佩茨克水域》。在这部喜剧中他描绘了可怜的"游吟诗人"费尔金——正是对茹科夫斯基的嘲弄。

剧本是空洞的，作者也是空洞的。由此产生了一些出乎意料且并非毫无意义的东西。茹科夫斯基出席了首场演出。朋友们和他一起坐在第三排的座位上——还有布鲁多夫、维格利和日哈列夫伯爵。当费尔金出现在舞台上时，观众们都扭头看向茹科夫斯基，当然，还有窃窃私语、笑声和长柄眼镜。茹科夫斯基本人很镇定（在了不起的性格的帮助下）。朋友们——作家们则热血沸腾、愤愤不平。这部戏很成功，虽然不是茹科夫斯基的功劳，但他在稍后给家人的信中写道："现在文学界爆发了一场可怕的战争，他们在我身边为我而战，但我却保持沉默。"这场战争的焦点在于年轻的作家们终于决定反抗老作家们——这在文学史上是一个永恒的故事。

已经形成了两个团体：防御的一方是希什科夫和古斯拉夫教会的支持者，另一阵营则颇具当代精神，以卡拉姆津为核心人物。希什科夫是一位海军上将，一位显要，他的"俄罗斯文学爱好者座谈会"是一所具有将军气质的学院。他们经常在礼堂里举行庄重严肃而无聊的会议。出席者有戴着勋章的身居要职的老人、各部大臣和上流社会的贵妇。希什科夫向他们教授自己的语言学秘籍。他讨厌外国的一切，试图引入"俄语"词——通常是笨拙和索然无味的。教会斯拉夫语被认为是范例：应当从它出发，从中汲取营养。这将使语言也变得平庸、笨重，但充满着庄严之感，像竖立着圆柱的大厅，像笨重的四轮马车、军队制服或女士舞会的晚礼服。在一流作家中经常参与他们活动的是杰尔查文和克雷洛夫（后者是偶然加入的）。属于他们这一阵营的当然还有沙霍夫斯科伊大公及其《利佩茨克水域》。

年轻人激动起来,决定与之抗衡。所以在沙霍夫斯科伊的首演之后,阿尔扎马斯社成立了。布鲁多夫伯爵、亚·屠格涅夫、巴丘什科夫、达什科夫、茹科夫斯基、乌瓦罗夫伯爵、瓦·里·普希金、维亚泽姆斯基大公都是组织的核心成员。茹科夫斯基一开始担任秘书,后来另一个非常年轻的小伙子,皇村中学的学生亚历山大·普希金接替了这一职位。"座谈会"起源于宫廷官员阶层,这一组织充满着庄重而枯燥的仪式感。阿尔扎马斯的情况正好相反。虽然他们的大部分成员也是贵族老爷,但他们想要一种充满乐趣和玩笑的简单风格,他们想与现代生活保持联系。在那个时代广阔而自由的生活中,他们可以被称为波希米亚人。

这群吵闹的波希米亚人聚集在布鲁多夫伯爵的住宅里。(这栋住宅很棒,但是主人没什么钱,有时布鲁多夫和茹科夫斯基不得不去主人的叔叔加夫里拉那里喝白菜汤充饥。布鲁多夫还没有继承遗产。)

他们坐在一起开玩笑,嘲笑"座谈会"的那些陈腐之人(但并不针对杰尔查文和克雷洛夫),想出许多玩笑话和消遣娱乐。所有这一切都倾向于崇尚自然和简单,不惧怕现代语言,不轻视日常生活。他们模仿共济会分会进行新成员的入会仪式,尽是嘲弄人的把戏,也很有趣。

所有人都有自己的昵称。茹科夫斯基——斯维特兰娜,屠格涅夫——风竖琴,布鲁多夫伯爵——卡桑德拉,乌瓦罗夫——老妇人。普希金则被称为蛐蛐儿。在入会时,每个人都必须像在科学院里一样对已故前辈发表赞美之词。但他们之中还没有人死去。因此,死者是从"座谈会"借来的，这些悼词当然很风趣。

一般来说，几乎什么都与笑话有关，有时甚至很幼稚。阿尔扎马斯是下诺夫哥罗德省的一个小镇，离萨罗夫不远。您几乎不会对它有什么印象。但在那个年代，它以鹅而闻名。年轻的作家们创办了"阿尔扎马斯学院"（会议结束时他们吃了一只鹅），沙霍夫斯科伊被他们称为舒托夫斯卡娅（他们笑得要死），布鲁多夫写了一篇文章《关于阿尔扎马斯小酒馆幽灵被学会公之于众》。

因此，他们吸纳了瓦·里·普希金（亚历山大·普希金的叔叔，也是一位诗人）为成员。他们给他穿上古希腊人的长袍，头上戴上一顶大帽子，蒙着眼罩。他们领着他穿过乌瓦罗夫那栋大房子的各个房间，带他走下狭窄陡峭的楼梯，在他脚下扔鞭炮，强迫他做各种愚蠢的事情，用弓箭射穿希什科夫样子的稻草人，拿来一只巨大的冻鹅，等等——然后让他躺在地上，在他的身上堆上几件皮袄。于是，普希金的叔叔汗流浃背地躺在皮大衣下面，听着秘书的滑稽讲话（茹科夫斯基："我的眼前是怎样的一番奇观！这个裹着几件皮袄的受难者是谁？"等等——这么做的意义在于，皮袄的热量应该能让他把"座谈会"的"结痂"洗净，然后他就会纯洁地加入阿尔扎马斯社的行列）。

这一过程要进行很长时间，他们乐在其中。令人惊讶的是，所有这些事情的发明者是茹科夫斯基。他的诗歌"轻盈，像幽灵般没有肉体"（果戈理语），但他也喜欢机智诙谐的胡言乱语、俏皮诗，总是想出各种鬼点子，这绝对没有给他增添任何光彩，但他始终对此乐此不疲。茹科夫斯基虽然没有什么幽默感，但他很喜欢开玩笑，常常自己笑得像个孩子。在伟大的文学作品中他是多么谦虚，在滑稽体裁中他就是多么地自命不凡。而现在，在1815年彼得堡的秋天，这似乎看起来很奇怪：他内心如此痛苦，这个最为艰难的秋天里却又充满着"阿尔扎马斯社"这些胡闹行为。

* * *

伊凡·菲利波维奇·莫耶是雷维尔当地军需官的儿子。起初他在多尔帕特学习神学，然后转而从事医学。他曾在国外留学——他在帕维亚度过了六年，在著名的外科医生斯卡帕的指导下成为一名医生。他还在维也纳工作过。他能完美地弹奏钢琴，与贝多芬相熟。除了最后一点——现在看来可以说是他的人生中具有传奇性的一点——其他一切都是平常的、简单的、高尚的，甚至有点太过于品行端正了！1812年，他在多尔帕特的一家军事医院担任负责人，后在大学诊所工作，三年后获得教授职称。

一幅肖像画展示了一张戴着眼镜的、令人愉悦的、面目和善的圆润脸庞，脸颊上长着柔软的中等长度的胡须，唇下和下巴上的胡子都剃光了，脖子上系着宽宽的领结，从领结下面支出过浆衣领的两角。这是一个性格温和、谦虚恭顺的形象，有着一种古德国式的多愁善感。

正是这个莫耶来给普罗塔索夫和沃耶科夫一家看病。夏天他结识了茹科夫斯基，两人都非常喜欢彼此。当然，莫耶更喜欢的是玛莎，而且她对他也抱有很大的好感。

在茹科夫斯基离开后，这个家庭里的情况变得非常糟糕——沃耶科夫放肆到了难以想象的地步。现在他在各方面都失败了。起初,教授们对他的态度很好,但是很快他们就看清了他的真面目。醉酒、粗鲁、家庭中的种种场景……在一个小镇上这些事情很快就人尽皆知了。结果证明他是一个糟糕的老师,学生们都是来自德国的,对他的学科没什么兴趣。他的访客越来越少。他生气,嫉妒,在家里发泄不满的情绪。

这是玛莎的日记(11月)——所记录的并不是什么高兴事:"晚饭后他又喝醉了。妈妈呕吐得很厉害,我的喉咙一直在不停地流血。沃耶科夫嘲笑我,说这是因为激情而导致的,说是我打算去见茹科夫斯基的时候也吐了血,说是一年后,我可能也会为了某个将军而再犯同样的病。"

这些令人厌烦的讽刺暗指的当然是莫耶。他已经向玛莎求婚,但被拒绝了。现在的情况有所不同了。一方面,茹科夫斯基从彼得堡归来后做了最后一次试图影响叶卡捷琳娜·阿凡纳西耶夫娜的尝试:应他的要求,帕维尔·普罗塔索夫又给她写了一封信,内容都是论述茹科夫斯基与玛莎结婚的可能性。(看来正是这封信引起了"多尔帕特事件",震惊了所有人。)然后,玛莎在家中的状况由于沃耶科夫而变得难以忍受。"晚饭后他又喝醉了,威胁要杀死莫耶和妈妈,然后自杀。""如果茹科夫斯基和卡维林能看到这些个可怕夜晚中的一幕,他们定会可怜我们的。"

他威胁要杀死莫耶,是因为玛莎和叶卡捷琳娜·阿凡纳西耶夫娜这次决定不再拒绝莫耶。这是在沃耶科夫不在场的情况下发生的——当时他正在彼得堡出差去找茹科夫斯基和卡维林(他与后者发生了不愉快)。回来后他突然发现莫耶成了玛莎的未婚夫。沃耶科夫没打过玛莎的主意，但是她们母女在没有经他允许的情况下就作出了决定，这让他无法忍受，而且家中又有了新对手，一个穆拉托沃家族财产的共同继承人，以及玛莎的全力捍卫者；他无法再像对待顺从的玛莎·普罗塔索娃那样对待莫耶太太了。

玛莎对莫耶完全没有对茹科夫斯基的那种感觉，显然，他只是以无可争辩的特质吸引了她。并且不仅是她一个人，他让很多人都对他怀有好感。他在多尔帕特有着很好的名声。这对于一个结婚对象来说是否足够，虽然还是个问题，但玛莎显然已处于绝望之中：要么继续在沃耶科夫的笼罩下痛苦地生活，也没有嫁给茹科夫斯基的任何可能；要么决然地打破一切。在沉默中，在卑微的眼泪中，她作出了决定，某种程度上类似于自我牺牲。但要知道，她就是一只温顺的羊羔。"我亲爱的、无价的朋友……我不会对我所做的牺牲视而不见。"但事实证明，此举给母亲带来了幸福，并给她带来了"两个朋友"。

可以看到茹科夫斯基的女学生放弃了"自我"，主动陷于"没有幸福"的生活中。虽然她并非强者，但当需要她品尝苦涩时，力量也就出现了。为了让妈妈过得更安宁，需要扭转现有的生活轨道。

茹科夫斯基以极其激动的心情得知了这一切。他深感震惊和愤怒。他认为他们是在违背玛莎的意愿强迫她出嫁。她不可能真的坠入爱河，这么快就忘记了过去。不，这不可能。他的信（1815 年 12 月 25 日）简直就是一部完整的作品。

还有争执和攻击，她信中的摘录和反驳都证明了此时的状况。这对他来说并不容易。总体来说，反对玛莎结婚是不可行的——他与玛莎早已没有结合的可能。实际上他也并不反对玛莎结婚，但是他希望她出嫁的决定是在清醒的理智下自愿作出的。他希望她能好好想想，仔细审视一番。他对莫耶没有任何敌意，而她几乎还不怎么了解他，何必这么着急呢？

从本质上讲，他已经失败了。他已经承认玛莎不应该嫁给他，而应该嫁给另一个人，而且这另一个人和克拉索夫斯基完全不同。现在唯一的问题是，她是不是被迫作出决定的，如果这个决定是自愿的，那么至少也应该相处一段时间。然后，他必须亲自看看。

1月份他再次来到多尔帕特亲自"插手此事"。他再次躲在崇高的温情之下，于爱人的近旁备尝痛苦，并最终得出结论：对于玛莎来说这是最好的归宿。没有比莫耶更好的人了。莫耶以一种崇高的、忠诚的精神爱着她。

在这个德国的大学城多尔帕特，莫耶、玛莎、茹科夫斯基三个人朝夕相处了多日。茹科夫斯基的幸福慢慢地、不可避免地逝去了——幸福就这样在壮丽而崇高的话语中，在对友谊、和平与安宁的祈求中消逝了。现在叶卡捷琳娜·阿凡纳西耶夫娜心态平和，已经不再害怕了。玛莎的生活已经步入正轨，母亲不再禁止她私下和茹科夫斯基谈话、散步，一切都已成定局。只有沃耶科夫还在发怒：他无论如何都无法接受不能独自统治这个家的事实。而在怒火中，他会突然给妻子写一封敏感的书信，用华丽的辞藻颂扬茹科夫斯基。有人可能认为沃耶科夫也是诗人阵营的。但是没有人会认真琢磨这一点，只会说人类的灵魂是多变的和矛盾的。只用一种颜色是无法勾勒出他的形象的。

茹科夫斯基在多尔帕特融入了这座大学城的文学和精神生活。他结识了许多像埃弗斯这样的教授和许多像泽伊德利兹这样的学生。德国诗歌也出现在他的视野中：他翻译了戈培尔的作品《燕麦果冻》——虽然不能说是非常出色。大学授予他荣誉博士的称号，这是新的朋友们帮助的结果，也许其中也有莫耶的参与。但这一切都只是表面的。在这一时期"来自深处的呼唤"当属《歌曲》：

> 往昔岁月的魔力，
> 为何又浮现在我的眼前？
> 谁唤醒了记忆
> 还有无声的梦？

被拒绝的茹科夫斯基内心并非完全平静。在灵魂庄严的法衣下传来呻吟声。灵魂向往着那片土地：

> 那个逝去的岁月的所在地。
> 蛮荒的旷野无人居住；
> 他看不到过去的岁月……

普希金还在皇村中学读书，他已经在文学中发出声音，并将俄罗斯文学托起，润饰为一颗璀璨的珍珠。而这一声音正是从茹科夫斯基——俄罗斯的佩鲁吉诺[1]这里传出来

---

1 文艺复兴时期的意大利画家，翁布里亚画派创建者，拉斐尔的老师。

的。俄罗斯的拉斐尔将通过他显现,并将很快超越他,遮蔽他的光芒。

在这一时期,他写出了《春天的感觉》("轻柔的微风,甜美地徐徐吹来……")——具有茹科夫斯基独有的灵魂上的轻松之感。《回忆》("没有力量可以阻止爱的眼泪……")更为沉重——悲伤有着某种意义。紧接着又是一首《歌曲》("我将女孩的灵魂之戒掉入海中")。

生活和生活中的事件还在流动。茹科夫斯基喜欢把旅程称为夜路,那里摆放着照亮道路的灯笼,对过去生活的记忆就是对灯笼附近被照亮区域的记忆。玛莎和莫耶的婚礼(1817年1月14日)对他来说当然是一个重要的里程碑,但不再是快乐地照亮什么的灯笼。

在她结婚后,他是这样描述自己的:"我现在的状况是与强大的对手长期战斗后筋疲力尽的感觉,但当我战斗的时候,我有了一项活动;斗争结束了,活动也随之结束了。我的灵魂已经习惯了这项活动:迄今为止,它是一切的源泉。"

更进一步说:"我无法读我自己的诗……在我看来,它们是我自己的墓志铭;其中谈论的是对我来说已经不复存在的生活。"

他陷入了一种心灵上的迷雾或休眠之中。

在宫廷里

1816年秋天,在玛利亚·费奥多罗夫娜皇后[1]那里,乌瓦罗夫把一个身材高大的英俊男子介绍给了茹科夫斯基,此人将前往柏林,商定与著名的普鲁士路易丝公主的女儿夏洛特的结婚事宜。

夏洛特是一个才华出众、性格内敛、思想开明的女孩,她的童年和青春期在流亡中度过——拿破仑是整个皇室的敌人。当胜利者在欧洲四处喧嚣时,他们正生活在孤独和贫困中。在潮湿、沉闷的梅梅尔,路易丝让夏洛特习惯于劳动、阅读和宗教。后来他们搬到了柯尼斯堡。拿破仑垮台后他们再次回到柏林。

俄罗斯大公是普鲁士国王不可多得的佳婿。尼古拉整个秋天都在王室所在的夏洛滕堡宫居住——除了与未婚妻相处,他大部分时间都在操练阅兵和忙于军务。然后他继续前行,访问了英国。但婚礼终于定下来了,神父穆佐夫斯基开始为夏洛特接受东正教做准备。

第二年,玛莎和莫耶结婚四个月后,夏洛特前往俄国举行婚礼。

---

[1] 1801年玛利亚·费奥多罗夫娜的儿子亚历山大一世即位,此时她应被称为皇太后。

她很喜欢尼古拉，他也喜欢她。可以认为，他们的结合只是出于彼此相爱。尽管如此，离开祖国还是很痛苦的。祖国已经成为过去——摆在眼前的是一个巨大而可怕的俄国。

新郎前往国家边界迎接新娘，想尽快带她回来，但以当时的交通工具，仍然行进缓慢。一路上，他多次邀请公主观看阅兵式，并总是与士兵们相随。（"你无法相信这位绅士整天都做些什么。"陪同公主的一位德国将军讽刺地写道。）公主的心情不太好：她害怕皇后，害怕改变宗教信仰，总之害怕整个陌生的新世界。

皇后很亲切地接待了她，但这并没有驱散她沉重的心情。"从夏洛特进入彼得堡的那一天到6月24日，只要一个人的时候她就独自哭泣。"但后来她领受了圣餐——她的心情变得好些了。沙皇亚历山大对她很友善，只是他一贯的冷酷而神秘的温柔总是令人难以捉摸。夏洛特与他手牵着手，穿着白色连衣裙，胸前挂着十字架，第一次走近圣杯，用不准确的发音，不太熟练的语言背诵着《信仰的象征》，从普鲁士的夏洛特公主变成了亚历山德拉·费奥多罗夫娜，一周后又成为俄罗斯大公夫人。

婚礼结束后，这对年轻夫妇不断从一座宫殿搬到另一座宫殿，最重要的是他们一直围绕着玛利亚皇后居住的巴甫洛夫斯克宫。因此他们也进入了她开明的文学圈。亚历山德拉·费奥多罗夫娜本人对此很感兴趣。尼古拉更喜欢军事，但不要以为他不重视文学——后来他自己将在阿尼奇科夫宫给妻子朗读，而现在，天气不好的时候，在巴甫洛夫斯克宫，乌瓦罗夫，那个"黑人"普列谢耶夫，就是茹科夫斯基庄园的邻居，以及茹科夫斯基本人会给他们朗诵诗歌。

正是在这里，茹科夫斯基结识了大公夫人，这将对他的人生产生巨大影响。和其他很多人一样，她也喜欢上了他。多年来，这决定了他的命运——无论是在生活中还是在文学上。

茹科夫斯基并不是昨天才和皇室联系在一起的，他早已开始缓慢但坚定地成长为一个宫廷诗人。这始于两年前的5月和9月与玛利亚皇后的会面。然后他给她朗诵自己的作品，再到向君主奉上爱国主义的诗歌，获得津贴（数额不大，但终身领取）。这一切都是外在的。实际上茹科夫斯基没有做任何刻意的努力，都是朋友们在为他争取。他很感激，做了应该做的事，但心里想着其他的事情。玛莎的婚礼决定了一切。剩下的只有回忆和思念的片刻能够打破他当下生活的沉闷。正是在这个时候，他遇到了年轻的大公夫人，她正在为适应俄罗斯的生活重建自己的灵魂。或许他们从某种意义上是互相接近，甚至彼此需要的，所以他接受教她俄语和文学的任务并非没有意义：他与她的交流填补了他的一些空虚，她优雅的精神和高贵的女性魅力激发了他的灵感。现在,他有机会做一些适合自己的事情，以某种方式开始新的生活。

当然，他不是宫廷里的官员。但他喜欢这位女学生，并全心全意地教她。他们一起读了很多书。他还为她编写了简短的俄语语法。这位优雅、安静的诗人令人愉快。后来她被世人认为是冷酷傲慢的，但在那些年里，当她还没有被疾病折磨，没有与丈夫相处困难时，你很容易在她身上看到一个有着浪漫主义倾向、喜欢诗歌的年轻女子——

茹科夫斯基像,1816 年

现在她在这个压抑而奢华的彼得堡，在金碧辉煌的宫殿里遇到了一个温柔敏感的灵魂，一位真正的歌手。他给了她一些与庄严壮丽的环境相反的东西。

相互的影响开始了。她从他的身上（以及他的诗中），在他引领她进入的俄罗斯文学中找到了令自己满意的东西。他则开始更接近德国诗歌——一股越来越强大的、坚定的力量牵引他走上自己的道路。在她的支持下，他出版了几本小册子，总题为《为少数人》（*Für Wenige*）——都是翻译自德国诗人歌德、席勒、戈培尔、克纳的诗歌并附有德语原文。里面收集了一些那个时代精美的绘画作为插画。第四本收录了著名的《森林沙皇》的译本，这部作品大家从小就耳熟能详，至今无法被超越。里面还有一首对他个人命运很重要的长诗：献给继承人诞生的颂诗。

亚历山大一世在莫斯科度过了1817年至1818年的冬天，还有尼古拉大公和亚历山德拉·费奥多罗夫娜的"小宫廷"也是如此。莫斯科正在从俄法战争的大火和破坏中恢复，君主想要亲近人民，以反映俄罗斯的伟大和胜利。茹科夫斯基待在宫廷里。他住在克里姆林宫，继续给亚历山德拉·费奥多罗夫娜授课，闲暇时间他与亚历山大一世加冕典礼时就相识的老朋友布鲁多夫伯爵一起散步，像小孩子般欣喜地寻找诗意的角落。

他的女学生在克里姆林宫诞下了一个儿子。茹科夫斯基以此为契机给她写了一首献诗。

这首诗既有外在的形式，也有内在的思想。这是忠诚而充满人性的献诗——是对于皇室及亚历山德拉·费奥多罗夫娜本人的某种真诚的依附。对于他来说，她既是大公夫人，又是昔日的学生，还是可爱的友人。这首诗的文学价值并不高于他创作的平均水平，但总体的表述非常出色。

男孩亚历山大出生，这不是一个普通的男孩，而是未来的沙皇——"解放者"。他的命运很特别。

在圣殿里，指定的圣杯已经为他准备好。

茹科夫斯基意识到了这一命运的伟大。在严酷的阿拉克切耶夫时代，在摇篮旁，他给了他未来的学生一个新时代的约定——真正的新约：

> 愿他以崇高的敬意迎接这个时代！
> 是的，他将是一个光荣的参与者！
> 是的，身在高位的他不会忘记
> 最神圣的头衔：人。

曾几何时，他曾向斯维特兰娜宣告过光明而幸福的生活——但是他错了。现在他没有宣布任何消息，而是给予了祝福。这则寄言诗以明快而庄重的语气写成，充满爱意，但也很有教导性：就像是父亲在对儿子说话。

从某种意义上说，他正是男孩亚历山大的父亲。甚至比真正的父亲所承载的意义还要多。只是他谦逊的目光未必能够想象得出亚历山大二世在克里姆林宫的可怕结局。这也不是他力所能及的。茹科夫斯基从来都不是先知。

那些年里，他注定要过一种闪耀而变化多样的生活——他的内心杂乱，甚至矛盾。有时他住在莫斯科的宫廷里，有时住在彼得堡布鲁多夫的家里，后来又与丧偶独居的、搬到彼得堡的朋友"黑人"普列谢耶夫住在一起，有时他还要去多尔帕特寻找他的"永恒"。但在他的外部生活中，宫廷和女学生对他来说高于一切。他对她很忠诚，尽管并不是心灵中的一切都对她敞开。无论是在颂诗还是寄言诗中都有很多内心深处的话没有说出来。这一内心的最隐秘之处是留给多尔帕特的。

在他的生活中经常出现的是："阿尔扎马斯"喧闹嘈杂的会议，各种胡言乱语，不可笑的俏皮诗句，炸鹅和饮酒，还有关于尚未熄灭的理想的秘密记录。是否已被熄灭了呢？那里有他诗歌的色彩。

"第二十次阿尔扎马斯会议纪要"——很难相信同一个人写道："卡桑德拉爬到肚子上，卡桑德拉坐在肚子上"。然后是冗长而无聊的诗作，刚从皇村中学毕业的亚历山大·普希金还有其他同伴和酒肉朋友对此简直笑破了肚皮：

> 你身在远处，你被夜色所掩盖，
> 可爱的往昔的幸福
> 星星般遥不可及
> 你在上空闪闪发光！
> 哦！明星是不可诱惑的！
> 昔日的幸福已然不在！
> 如果死亡用贪婪的手
> 把你从我们身边带走
> 你会是我忧愁的思念，
> 你会活在我的心中！
> 你活在白天的光辉中！
> 你不只是为我而活！

这是席勒的作品。但通过席勒，茹科夫斯基说出了自己的心里话——席勒变成了茹科夫斯基。尽管这首诗的标题（《致艾玛》）不太合适，而且第三诗节艾玛的出现削弱了前两个诗节的意蕴。

诗歌的日期标记为1819年7月12日。与此同期的，都处于他的同一个"心棺"里的还有一首诗：《致莫耶》。

> 幸运儿！你被她所爱！
> 但她是否也被你如此深爱，
> 你能否如我这般真诚，
> 怀有火焰般热切的心灵？
> 把这激情从我这里拿走吧，
> 它将配得上您那美好的命运！
> 当我不能把一切都献给她时，
> 我的心，我的灵魂，我的生命，都是徒劳的！

无论是亚历山德拉·费奥多罗夫娜，甚或是他最亲密的朋友屠格涅夫和布鲁多夫都不知道这些诗。他没有因为这些诗作而获得任何奖励或津贴。只是因为他刚刚去了一趟多尔帕特，看到了所爱的人们的生活（1819年2月），他才在夏天为自己写下了这一切。但是在文学和人类遗产中这却是十分珍贵的存在。（如果能找到另一位可以对情敌说出这样的话的俄罗斯诗人就好了！）

与此同时，他的女学生病倒了。1820年7月，她不得不放弃上课。但是对他来说，她的这次患病却颇有益处：

亚历山德拉·费奥多罗夫娜被送往国外接受治疗，茹科夫斯基被指定为她的随行人员之一陪同前往。

许多年前，还在梅尔兹利亚科夫的时代，一个土耳其女人的儿子，一个俄罗斯的欧洲人梦想着西方——他想去哥廷根。后来这一计划没能实现：他还没有准备好。在卫国战争期间，他这一辈的年轻人亲眼看到了欧洲，并一路奔向巴黎。但那时他生病了，没能成行。现在他没有生病，已经是时候让他看看新的东西了。他内心的艺术家已经成熟，拉阿尔普、弗洛里安、让利斯夫人、科策布已经被他抛诸脑后，席勒和歌德则与他心灵相吸。现在是时候与德国相见了，这一精神联盟主导着他成熟时期的所有作品。

9月，他踏上旅途，途经多尔帕特和里加，开始了一段相当长的旅程。这让他很兴奋，也备受鼓舞。柏林的宫廷有些阴森恐怖，他害怕那里的枯燥乏味和官僚主义，但是德累斯顿、画廊、莱茵河、城堡、瑞士则完全不同！那里的人们也令人惊叹……（在这次旅行中，他与歌德有过一面之交。）

对柏林的担忧被证明是多余的。王储——亚历山德拉·费奥多罗夫娜的弟弟非常讨人喜欢，甚至对文学也饶有兴趣。茹科夫斯基在剧院看到了一些新奇而精彩的作品，如席勒的《奥尔良少女》——后来他翻译了这部作品，并用俄语使其广为流传。

而在宫廷里，王室上演了一场盛大的演出——将穆尔的长诗《拉拉·鲁克》[1]搬上舞台：该剧生动地呈现了东方

---

[1] 爱尔兰诗人托马斯·穆尔（Thomas Moore，1779—1852）的作品。

神话剧的精神,尼古拉大公扮演诗人国王,亚历山德拉·费奥多罗夫娜扮演女主角拉拉·鲁克。茹科夫斯基则无处不在。他翻译了这首诗的一个片段,标题是《佩里和天使》。总的来说,他可以说是一位宫廷诗人——担当这一角色并不容易。

随和的性格对他很有帮助。此外,他也像依附于一个家庭一样依附于皇室家族,但当然与依附普罗塔索夫家和尤什科夫家的方式有所不同。作为一个满怀善意的良师益友,他以谦卑的精神进入这些既傲慢又多愁善感的"金字塔顶端"的人们的生活中。茹科夫斯基"依附"于他们,有着自己日常的、外在的生活,在这之下也隐藏着对于诗歌和美的追求——幸运的是,他们能够感受到并理解这一点。

身处嘈杂喧嚷、金碧辉煌的宫廷,他的内心却是封闭的。玛莎刚刚有了一个女儿。他向朋友们询问她的健康状况。还有给她本人的附言:"玛莎,亲爱的朋友,写信给我吧,讲讲你的孩子。在没有你的信件的情况下,我重读了你的小册子,我似乎听到了你的声音:这是一份无价的礼物!"

这本小册子(显然是她的"信件和日记")是无价的,即使是在欧洲长途旅行时他也随身携带着。

"你的一切都在这里,我可爱的朋友和仁慈的同志。你的内心没有任何流失;甚至,我感觉你变得更好了。""读你的文字让我的心灵复苏。还有许多可爱的倩影在我的面前浮现。"

在几行句子中,"可爱的"这个词重复了三遍。这就是茹科夫斯基。这是那个时代的风格。不是来自严酷的阿拉克切耶夫和贝根道夫,而是来自另一些温柔、敏感、梦幻而忧郁的灵魂。

于是冬天就这样过去了。4月,他启程前往德国和瑞士。

* * *

茹科夫斯基从孩提时代就开始画画。他非常热爱此项艺术,这一热爱贯穿了他的一生。诗人的诗歌中充满了音乐,并以此激发了词汇的灵感,但他并不喜欢作为一种艺术的音乐。他认为绘画是诗歌的姊妹——虽然这个姊妹在他自己的诗歌中没有扮演什么角色。他的目光锐利而生动,观察力也很好,但是他并没有将这些优点用于诗歌当中。他更倾向于颂扬上帝的创造。他在描述自然的散文和绘画中做到了这一点。

在为旅行做准备的1820年夏天,他勤奋地画了巴甫洛夫斯克宫的景色,并练习将其刻在铜版上。这项技能在国外派上了用场:在德国和瑞士,他恰好遇到了激发他艺术灵感的风景。他在一路上画了很多画。

这次旅行给他第一个深刻的,也许是伟大的印象的是德累斯顿。他于7月1日晚上乘车到了城里。"我终于摆脱了简陋的火车座位",他开始步行。"这座城市在栗子树、枫树和杨树的绿色之间熠熠生辉;附近,在深绿色的树木中,一座磨坊闪烁着,在它后面是一片绿色的宽阔草地,然后是美丽的德累斯顿桥,在桥上能看到布鲁尔花园深色的菩提树,在树梢后面巍然耸立着圣母教堂的圆顶和宏伟的天主教堂。"

"我在布吕尔平台上徘徊了很长时间;在阳光照耀的

《云海之上的旅行者》，弗里德里希绘，1818年

绿色菩提树下，驳杂的人群闪闪发光，一切都充满生机；天空显然正在消退，在晴朗无云的西方，桥上的一个高耸的十字架完美地突显出来：这一景象使整个画面显得异常庄严而壮丽。"

他正是在这个角落遇见德累斯顿的，而他在那里的逗留对他的心灵而言更是意义重大。

他结识了画家弗里德里希和当时德国的浪漫主义领袖蒂克。这两个人他都很喜欢。他与弗里德里希保持了多年的联系；蒂克也给他留下了深刻的印象，但就像一颗奇异而神秘的星星一样一闪而过。他们见了面，相谈甚欢，蒂克给他读了《哈姆雷特》——他是一个很棒的朗诵者。但茹科夫斯基对于莎士比亚并不怎么喜欢：他身上有着某种沉重、阴沉、血腥和"太人性化"的东西，与茹科夫斯基相距甚远。

他与弗里德里希成了朋友。如果没有茹科夫斯基，我们就不会知晓这位风景画家和浪漫主义艺术家。茹科夫斯基十分赞赏他描绘自然和"人性"时的"忠实"。

那些日子里，德累斯顿的宫殿、茨温格美术馆、易北河上的布吕尔平台，也就是后来的屠格涅夫的主人公基尔萨诺夫所走过的地方都还完好无损。一座被艺术照亮的和平、繁荣的城市正是最适合茹科夫斯基的地方。

在7月的这些日子里，他在画廊见到了西斯廷圣母。他观赏了这幅画许多次。但是只有一次，当他独自坐在她面前一小时之后，他感觉像是发现了通向她的秘密入口，并且与之进行了一次神秘的会面。他相信这个创作是拉斐尔的一个幻象，可以说是一次探访的记录，在他生命中的那个令人惊奇的、孤独而幸福时刻，他亲自体验了这个幻象。"纯洁的美的精灵"——茹科夫斯基的这句话后来被普希金引入自己的诗行中。

对于那个时候的茹科夫斯基来说，与西斯廷圣母的相遇不仅是与美的相遇，也是与神性本身的相遇。透过画面，上层世界向他显现出来。

像基尔萨诺夫一样，他经常在布吕尔平台上散步，欣赏易北河的美景。就像曾经的卡拉姆津一样，美景使他沉浸在梦幻般的情绪中，而且让他想起了故乡的种种景观——别廖夫、奥卡河、捷姆良教堂、扎宾斯卡亚修道院、愚人教堂。

他和他的朋友奥尔苏菲耶夫一起从德累斯顿骑马出发，经过萨克森瑞士到达卡尔斯巴特，然后再到康斯坦茨湖和瑞士。他们坐在马车上，有时下车沿小路步行缩短路程，沿途欣赏着充满不同传说的蛮荒的萨克森山的景色。

他在那里作画，想把这一切记住和描绘下来。在靠近巴斯蒂亚的易北河上方，上帝的世界从高高的悬崖上展现在他面前。他用生动感人的语言描述了这一情景。

> 在这些难以用语言描述的山脉和低谷中,想象一下那奇妙的雾气,它搅动着,飞舞着,但更加透明,因此有时可以辨认出隐藏在空气波浪下的一切;但有时它又突然变厚,在那几分钟里,你仿佛站在世界的尽头,大地已经到了尽头,天空的深渊距离你只有一步之遥。

对于康斯坦茨湖的描述也具有相同的形象性。

> ……当湖面平静时,你会看到水中静静颤动着绿松石,湖面的某些地方是紫色的条纹,而在远处则是明亮的浅绿色;当水面起皱时,这些皱纹的深处似乎是翠绿色的,在边缘泛起蓝色的泡沫,闪烁着明亮的火花和星星;当云遮住太阳时,水会根据云的颜色变淡、变成蓝色或被雾气缭绕。

只有充满爱意的、记忆准确的眼睛才能写出这样的句子——世界是如此的近,如此的美丽,必须记住这一切,不能错过任何东西。

穿越瑞士的旅程开始了。他登上瑞吉山,看到了魔鬼桥、圣哥达,前往意大利米兰,再回到日内瓦。他还参观了西庸城堡,它赐予了我们的文学以《西庸的囚徒》这一杰作。

> 西庸的地牢幽深而陈古；
> 里面有七根石柱……

他从拜伦那里选取了一首最不像拜伦的诗，将其变成了忧郁而温柔的叹息。

关于殉道者三兄弟中最小的弟弟为信仰而死，他是这样写的：

> *谦卑的天使在沉默中，*
> *他熄灭了，如此温顺而缄默，*
> *如此绝望而忍耐，*
> *如此悲伤而慵懒，温柔而安静。*
> *他没有眼泪，只记得自己的*
> *和关于我的往事……唉！它熄灭了。*
> *就像一道彩虹让我们着迷。*
> *绝美地在空中消逝……*

相邻韵脚的四音步抑扬格轻盈的串联，再加上不可或缺的阳韵——营造了一种包含在惊人的自然和谐中的清晰透明的悲伤印象。一切都令人感动，但这不是卡拉姆津的感伤主义：这是普希金和莱蒙托夫的时代。茹科夫斯基是那个时代的先驱。此时的普希金还是个中学生，莱蒙托夫则完全是个孩子。当普希金看到《强盗兄弟》的某些段落似乎出自《西庸的囚徒》，他甚至感到害怕。（只要你一拿起《囚徒》，便立即会联想起莱蒙托夫的《童僧》那所有充满阳刚之气的步态。）

茹科夫斯基从沃韦前往弗莱堡，参观了卢塞恩，观看了《垂死的狮子》，然后前往苏黎世。沙夫豪森瀑布在他的描述中大放光彩（所有这些与在萨克森所写的信件一样，都寄给了亚历山德拉·费奥多罗夫娜。他所写的这些都是文学作品，后来被收录在文集中）。

旅行结束了。它滋养并增强了茹科夫斯基的力量，艺术家已经成熟，处于他的巅峰时期，这股力量赋予了他新的偏向。他结识了新朋友（其中包括歌德本人，尽管这段关系转瞬即逝）。他看到了新的国家，新的生活，体验了新的感受。在柏林的秋天，他翻译创作了最重要的两部作品——《奥尔良少女》和《西庸的囚徒》。[1] 他在别廖夫未必能写出这些作品。他的画作后来也被保存在专辑中。

他的这次旅行承蒙宫廷的资助。是宫廷指定他陪同亚历山德拉·费奥多罗夫娜，还允许他在柏林度过这一年余下的时间。但当时没有人能够想到，西方对茹科夫斯基产生了怎样的一种奇怪影响：他切实地感受到农奴制的不可能。他没有像屠格涅夫一样发出自己的"汉尼拔誓言"，但当他回国后，他释放了自己的四个"人"。因此，由他肩负起教导未来的沙皇——解放者的职责，并不是没有缘由的。

---

[1] 茹科夫斯基的很多作品都是翻译的，但他翻译的方式是边译边创作，加入了许多自己的理解，是一种再创作。

倾心的人

让我们回溯,再次回到多尔帕特。

从搬到这里之后,玛莎就开始与她的表姐杜妮亚(基列耶夫斯卡娅,后来的叶拉金娜夫人)通信。这些谦卑的信件保存了下来,实乃我们文学界之乐事。其中没有广阔的视野,鲜有提及历史事件。有的只是人,他的生活和烦恼,他的悄无声息的、仿佛苍白的存在,但其中却有一些动人而有意义的东西。

她从小就喜欢杜妮亚。杜妮亚住在离多尔帕特很远的地方——在遥远的米申斯科耶和穆拉托沃的多尔宾诺,她所有的思想和感受都留在了那里。

"当我有时感到非常忧伤,突然又变得轻松起来时,我会为此而感谢你;在我看来,在这些可怕的时刻,我的守护天使正在教你为我祈祷。"杜妮亚更富有激情,而且她也十分喜爱玛莎——一直都是如此。("你还记得吗?你是多么害怕没有在我之前得到救赎。")如果玛莎在疾病中死去了,对杜妮亚来说是难以承受的。而在为了玛莎与茹科夫斯基的婚姻进行的艰辛斗争中,她建议,如果他们因为有血缘关系而结合是一种罪过,那么她,杜妮亚,愿意去修道院赎罪。阿芙多季娅·基列耶夫斯卡娅就是这样一个人。没有任何的优柔寡断,热情但又苛刻。在她们的书信往来中,时有嫉妒、尖刺和阻碍,但她们之间的亲密精神是极美好的。玛莎有时被称为"格"——杜妮亚的孩子们(未来著名的斯拉夫主义者们)是如此称呼她的。

突然,出现了某个"克卢申"——像是一个姓氏,但这是一个代号,表达了内心的某种情绪("我今天感觉克卢申"),杜妮亚并不赞成玛莎嫁给莫耶的决定。

她对于茹科夫斯基的赞扬不亚于对玛莎的赞扬,她认为玛莎与莫耶结婚是某种"反对茹科夫斯基"的事情,并且可能认为,为了他们两人的幸福,玛莎必须更加努力地斗争——如果此事发生在她身上,她未必会屈服。但玛莎有着不同的性格,从很小的时候起,她就太多地被母亲所掌控,太多地顺从他人的意志,注定要牺牲自己。而且在多尔帕特,他们在精神上都陷入了困惑。

茹科夫斯基和莫耶成了朋友,两人都希望彼此幸福,都以崇高的辞藻高谈阔论。谁能抵抗谦卑的幻想家呢?"莫耶爱茹科夫斯基胜过爱世上的任何人,他说他会永远放弃幸福,没过多久他便想到,他们三个人并不都能得到幸福。"

三个人都将在玛莎和莫耶的婚姻中找到幸福——必须要想出法子来!就在第二天,她往多尔宾诺写信道:"杜尼雅莎,有时我心情沉重,非常沉重,但它会过去的。"两天后她又写道:"而你,我的宝贝,总是与我相伴,无论我的心情是好还是坏,无论是欢乐还是陷于困境。你与我所有的感觉相连,爱你就像呼吸一样。"(在其他地方,关于自己的心灵她又写道:"它是你的奴仆。")

不管从她的内心流露出什么话来,结婚——尽管是嫁给一个优秀的人，但还是爱着另一个……

"Je t'avoue, Eudoxie, que le moment ou je me suis decide a ete affreux, mais Dieu a tant fait pour moi, que je le remercie pour la resolution que j'ai prise."[1]

这是4月时的心情。整个夏天玛莎都忧愁地度过。

秋天的情况更糟。由于悲伤，一些写给杜妮亚的信根本没有寄出。而婚礼的时间也快到了。1816年12月，她与莫耶的婚讯已被公布——婚前的拜访和向莫耶数不清的亲友们发送的请柬足足有278封那么多！"今天人们给我们送来回帖，我们坐在后面的房间里，把客厅的灯都关掉了。""不管我对自己的幸福有多确信，我还是感到害怕，我会很高兴立即死去。"

在教堂里聆听了订婚者宣誓的某人公开向她表示祝贺，祝她未来幸福，即使她慨叹最好现在就死去。她差点儿由于他的祝福而哭泣——"为什么，我自己也不知道。杜妮亚，愿上帝赐予我幸福，不是吗？"莫耶的数不清的亲戚从不同的地方前来参加婚礼，甚至包括维堡的表弟和他的妻子、孩子，朋友兹克尔和其他各种各样的人。"我准备像瓦拉什卡[2]一样尖叫：'我害怕！'"

1817年1月，婚礼的一周后，玛莎给表姐写信说，她在婚姻中很幸福，并且她开始了另一种生活。与之前的生活相比的优势在于，她身边不再有肆意妄为的沃耶科夫，而是沉稳博学的医生、活动家、音乐家、慈善家，与其说

---

[1] 法语："阿芙多季娅，我向你承认，我下定决心的那一刻是可怕的，但上帝为我做了很多，我感谢他让我作出的决定。"
[2] 瓦拉什卡：老布宁家的家庭侍从丑角。

是丈夫，不如说是"兄弟"：伊凡·菲利波维奇·莫耶。

玛莎姐妹俩不住在一处。叶卡捷琳娜·阿凡纳西耶夫娜和以前一样，仍然留在斯维特兰娜和沃耶科夫身边。沃耶科夫对玛莎未获得他同意的婚姻大为恼火——这给了她独立性并削弱了他在穆拉托沃的家中的统治地位。不管怎样，他都发泄出来了。斯维特兰娜把自己关在家里默默忍受着，避免跟他吵架。但现在叶卡捷琳娜·阿凡纳西耶夫娜也明白了什么是侮辱：他也攻击她，索要钱财，还像对待仆人一样责骂她。

只有对于玛莎他什么也做不了。这激怒了他。玛莎现在是莫耶夫人，住在同一个多尔帕特，但在一个安全的庇护所中，在一个井然有序的房子里。他是不能在醉酒状态下冲进那里的，也不能撒泼耍赖。

莫耶的房子和生活都是按照德国—欧洲式的方式妥善安排的。一点儿也没有米申斯科耶和多尔宾诺的样子，也没有任何农奴制的缩影。在这个家庭里既没有辽阔和诗意，也没有贵族老爷的散漫放纵，有的只是秩序、劳动、小市民的幸福……当然还有些许的沉闷。

一大早莫耶就到大学诊所里去给病人看病。玛莎在家操持家务，去看望妈妈。两点多他们吃午饭，莫耶睡到三点，接诊时间持续到四点——房子里挤满了各种各样的人：男人、女人、孩子、商人、市民、楚洪特人、男爵、伯爵。"莫耶给一个人拔牙，给另一个写药方，给第三个切除肿瘤，给第四个人做白内障手术,每个人都在用不同的声音喊叫。"在四点到五点之间,莫耶将自己关在卧室里准备授课讲稿。

"五点钟雪橇准备好了，他坐上雪橇到大学里去，我回到卧室。"玛莎在这里根据早先在穆拉托沃制定的计划继续读书：还是茹科夫斯基的笔迹，一切都和以前一样。茹科夫斯基在哪里，哪里便有秩序，在某种程度上并不比莫耶的日程差。玛莎从小就习惯了这一点。

萨沙，亲爱的斯维特兰娜来了，"波士顿纸牌，辟开[1]，钢琴"。莫耶的姐姐倒茶，做饭，聊天。莫耶九点回到家。十点钟大家一起吃晚饭，十一点睡觉。

来到多尔帕特时，茹科夫斯基也进入到这一生活中。和以前一样，他是受大家喜爱的，是自己人，他一如既往地与别人以某种方式安排的生活"无关"。

无论是在社会上还是在大学里，他都受到了俄国人和德国人的尊敬和赞赏。（某位津夫特这样评价他："茹科夫斯基是位非同寻常之人，obgleich ein Russe[2]。"）莫耶也是这颗在此一闪而过的明星的朋友，这是有根据的。两者有着简单的相似之处。

有时这种相似之处会显现出来。

茹科夫斯基出来散步。正是寒冷的冬天。在拐角处，一个乞丐——腿被冻伤的库尔良人坐在一块石头上。茹科夫斯基给了他五卢布，然后继续前行。不，给少了。返回，再给五卢布，再次离开。平坦而宁静的多尔帕特飘起了雪花。校长坐在几匹沉重的马拉着的高高的雪橇上，茹科夫斯基恭敬地向他鞠了一躬。库尔良人早已远离，但一切都没有从他的脑海中消失。"我有两百卢布，而他只有十卢布。"他返回去，又给了他五十卢布。他继续向山坡上的教堂走去。

---

[1] 辟开：旧时一种纸牌游戏。三十二张牌，玩者二到四人。
[2] 德语："……虽然他是个俄国人。"

"是的,我的双腿完好,还能走路,口袋里还有一百五十卢布,可他呢?"他再次返回,又给了那人五十卢布。

库尔良人未必能经常遇到如此奇怪的行人。如果那个乞丐满心欢喜地坐在石头上不挪地方了,那么茹科夫斯基就不太可能走远(也许他担心行人会再把钱要回去:这实在是一笔非同寻常的数目)。库尔良人动身离开了那里,来到邮政助理兰格马赫尔的身边,此人出于怜悯给了他一个安身的角落。她每天晚上会记下他的收入。他把一切都告诉了她。今天的收入是惊人的。

库尔良人继续走运。过了一段时间,另一位绅士在他的石头前驻足。他戴着眼镜,有着一双充满善意的、视力模糊的眼睛,他的两颊上留着稀疏的胡子,嘴唇和下巴刮得光光的,系着高领结,穿着一件厚实的毛皮大衣——完全是一副仁慈的模样。他也给了钱,然后看着乞丐的腿,思索起来。

没过多久,库尔良人就进入了多尔帕特最好的诊所。是一位戴眼镜的好心的撒玛利亚人免费为他安排的。他不得不截掉乞丐的一条腿,但治愈了另一条腿。他的名字是伊凡·菲利波维奇·莫耶。他是玛莎的丈夫,也是茹科夫斯基的幸福的温柔窃取者,他希望为三个人都创造幸福。

不难预见这种幸福会带来什么,但是玛莎在丈夫那里的确找到了家庭的和日常生活的支持。

在同一个夏天和秋天,周围发生了许多变化:杜妮亚·基列耶夫斯卡娅在守寡五年后嫁给了阿·安·叶拉金。美丽的"尼娜"——"黑人"的妻子安娜·伊凡诺夫娜·普列谢耶娃去世了,1812年,她名字的首字母缩写曾被当地地主误认为是对拿破仑的纪念。沃耶科夫给叶拉金写了一封关于玛莎的卑鄙信件（大概是说她是茹科夫斯基的情妇），玛莎两个晚上没有睡觉，一直在哭，然后又责怪自己何必为了此种诽谤而痛苦。这些年来斯维特兰娜哭了多少次我们已经无法计算——她的性格是最内敛的，曾经欢乐的少女早已蜕变为一个受难者的严苛形象。

此时的茹科夫斯基有时在莫斯科，住在亚历山德拉·费奥多罗夫娜的宫廷中，有时在彼得堡，有时前往多尔帕特。一如既往地，在他奢华的宫廷生活背后隐藏着一颗隐秘而深邃的心。无论他和玛莎身处何处，无论他们在做什么，他们的心始终是紧密相连的。甚至即使相隔遥远，他们也在互相影响和鼓舞着对方——所有这些都经历了深深的忧郁，取而代之的是灵感，继而再陷入忧郁。

杜妮亚·叶拉金娜于1818年怀孕，玛莎写信给她："愿上帝保佑你的肚子。"玛莎自己很快也会陷入同样的境况，但现在她依然承认她对莫耶的依恋"并没有抵消她的情感"。他是她的"恩人"，多亏了他，她找到了某种"安宁"——但仅此而已。伊凡·菲利波维奇没有看到这封信。如果看到的话他会作何感想呢？

在下一年，玛莎写给茹科夫斯基本人的信已经是另一种调子了："有谁比我更了解完美的幸福呢？我现在的每一次呼吸都应该充满感激……你无法想象你对我来说是多么宝贵，我是多么珍惜对你的感情。"

而两天后，她又以另一种语调写信给杜妮亚。她的身体"坏掉了"，莫耶让她去乡下转转，休养一下，但她不相信，也不想去。这是我们第一次听到她简洁明了的声音。

("我只敢渴求一件事：尽快得到安宁……Une vie inutile est toujours trop longue.[1]")

最终，她还是来到了利夫良季亚村休息。但她并不开心。这里的一切并非俄罗斯地主的生活方式，都不合她的心意。穆拉托沃或多尔宾诺的女孩和年轻的女士们整日里沉迷于文学、诗歌、音乐——这是家里的常态。她在某种程度上超越了日常生活，日常的事情有人替她来做。但在那里，她必须在厨房做饭，还得随身带着地窖和谷仓的钥匙，她甚至"后悔"小时候学了那么多东西，却连肥皂和肉泥都不会做。总的来说，利夫良季亚这个无聊的德国乡村和穷乡僻壤并不适合她。

现在她的头脑中出现了关于即将到来的死亡的奇怪想法。以前她从未想过这些。在利夫良季亚她似乎被人们遗忘了，埋葬了。很少有信件。苦涩的想法出现了：以死亡使他们悲伤！但总的来说，她的语气还是顺从和谦卑的。

"Quand je pense que je dois mourir bientot, je suis d'une indifference etonnante pour le present, il n'y a que passe qui prend tout mon Coeur.[2] 有谁和我一样幸福吗？每一次呼吸，我怎能不感谢造物主赐予我的生命？的确，我的生活无益地逝去，没有留下一点儿痕迹，但每一个美好的思想，每一份美好的记忆不都是坟墓上的十字架吗？"

与此同时，不仅是杜妮亚·叶拉金娜，她自己也面临着创造新的生命。这是1820年3月的末尾，她写道："你

---

1 法语："生活充满病痛并漫长难耐。"
2 法语："当我想到自己应该快要死去的时候，我对当下的生活便有了一种奇怪的淡漠之感，只有过去支配着我全部的心灵。"

知道我的肚子里颤动着一个小小的生命吗?"

在等待新生命的这几个月里,她体验了神秘的谦卑。在她与婴儿的关系中有着某种圣洁和自我奉献的感情。确实,她极其虔诚地迎接这个秘密。"我让他无所畏惧地进入光明中,因为这个世界上有上帝,伟大的造物主,还有你们,我的明灯;你们会照亮他的生活!祝福我的孩子吧,并将他的心交给十字架……我把我的孩子托付给您,让他像您一样将全身心献给上帝,我将没有怨言、没有恐惧地把自己交给上帝的无限权力。再见了,祝福我,就像我在我生命中的每一刻都在祝福你一样!"

她有一种感觉,觉得自己就要离开人世了。在即将迎来新生儿的平静的喜悦中她似乎排除了自己——好像她没有被允许与婴儿生活在一起。她跨过了界限。但是茹科夫斯基,茹科夫斯基!这个人永远不会离开她的心灵。在最痛苦的时刻,在"极度悲伤"时她会躲进自己的"闺房",大声说出"茹科夫斯基!"——她总会变得轻松一些。

从很小的时候起,他就以一种超凡的形式根植于她的内心。也不可能有更好的方式了。这就是为什么他的名字具有魔力:只需说"茹科夫斯基",黑暗便会撤离——多么简单!在他身上闪耀着世间最美好的,但这一切也是她自己的,家常的,自小就钟爱的。他对她而言既是独一无二的,也是"小傻瓜""小脸蛋"。("再见了,小脸蛋!我爱你。")

1820年6月,当茹科夫斯基正准备跟随亚历山德拉·费奥多罗夫娜第一次游历欧洲,在巴甫洛夫斯克宫练习风景绘画时,玛莎即将迎来孩子出生的庄严日子,她在写给他的信中说:"现在我刚刚认识到了生命的全部美妙之处和爱的全部价值,现在我已经知道了什么是对天父真正的爱。我是否该向你坦白这一切呢?当我想到上帝时,想到他对我们(尤其是对我)所有的爱时,我很难不请求他带我一起随他而去。在生活如此美好的时刻,我感到抛开一切的想法具有某种超自然的魅力。当每一个声音都是和谐的,当没有一个悲伤的想法破坏当下的美好,当你等待着未来并看到未来只有欢乐时!我从来没有像现在这样爱上帝。我从他那里得到了如此多,我想把一切都献给他……我的宝贝!他的一举一动都令人愉悦、振奋。我想和他在一起,也想和你在一起,也想回到那个把你和他赐给我的上帝的身边。"

在这个1820年的秋天,她在分娩前几天写信给茹科夫斯基:"胎动……感觉强烈,但更多的时候我感到的是愉快,而不是痛苦。"

此时正是茹科夫斯基旅行的开始。在前往德国的途中他顺路去了一趟多尔帕特,他在那里住了几天并见到了心中思念之人。

10月12日,玛莎生下了女儿叶卡捷琳娜。

* * *

"上帝的国度就像一个人将种子撒到大地上……种子是如何发芽的他并不知道。"

但是当绿叶、麦穗和谷物出现时,一切就都清楚了。

在别廖夫、穆拉托沃的年代,茹科夫斯基并没有白白教导玛莎和亚历山德拉-斯维特兰娜姐妹。玛莎和斯维特兰娜是在爱的精神中长大的。茹科夫斯基的身上自然地散发出某种东西。他没有把自己的想法强加给她们，也没有强迫她们。但现在两个年轻的生命，两个茹科夫斯基的精神果实已经成熟了，她们既是独一无二的，又有着相似的外貌，同样地令人着迷。玛莎和斯维特兰娜各有千秋，但在她们身上始终有着茹科夫斯基的影子——他灿烂的光芒。因此她们的生活也是他的生活，她们的忧愁就是他的忧愁，她们的灵魂所受的"痛苦"也是他要承受的痛苦，就像她们的十字架也是他的十字架一样。当你谈论斯维特兰娜和玛莎时，你也在谈论茹科夫斯基。

茹科夫斯基是斯维特兰娜的教父，也是她女儿的教父，他永远温柔地爱着她（不同于对于玛莎的爱）——在她面前他总归是有罪的：促使她嫁给沃耶科夫的不仅仅是她的母亲。他自己也和玛莎一样曾经祝福他们的婚姻。玛莎是因少女般的无知而唯命是从。茹科夫斯基则一向对人不太了解，在这件事上，在一定程度上他是自己心地善良、好幻想的性格的牺牲品，不管怎么说他是一个成年人，他负有责任。

总是给他带来阳光与欢乐的斯维特兰娜天生便是阳光和欢乐的化身——沉重的负担却降临在她的头上。沃耶科夫的醉酒和胡作非为，他的丑闻（有时是自虐），他对玛莎的欺辱，对叶卡捷琳娜·阿凡纳西耶夫娜的侮辱，他在工作上的阻碍，财务上的困境——脚步轻快的，呼吸轻盈的少女斯维特兰娜（虽然她已经是一个母亲，但还是女孩）承担了这一切。她于1818年前往阿芙多季娅·叶拉金娜那里是为了喘口气。随后她又回到多尔帕特。茹科夫斯基和屠格涅夫终于在彼得堡为沃耶科夫安排了差事（先是为他找了一份工作，然后让他参与《俄罗斯残疾人》报的编辑工作）。是时候从多尔帕特离开了。然而，沃耶科夫背负着沉重的债务。放贷者整日里折磨他，他无法离开。斯维特兰娜必须独自前往莫斯科向她丈夫的兄弟要钱，以求至少支付一部分费用。放贷人让她坐上敞篷马车，以便她能尽快赶到那里。

她忍受着所有的屈辱去了彼得堡，后来又把丈夫和孩子们也叫了过去。在彼得堡，她带着一大家子人再次投奔茹科夫斯基——他正要动身离开，只来得及将她介绍给自己的朋友亚历山大·屠格涅夫。

从贵族寄宿学校到现在已经过去很多年了。屠格涅夫已经从一个给朋友们朗诵杰尔查文诗歌的年轻人变为一位显赫的官员（宗教事务部部长）。他体态丰满，充满热情，头脑灵活，容易沉迷，心地善良——总之是一个奇怪的官员。和茹科夫斯基一样，他也是普罗大众的庇护者。凭着其温柔的心灵和普遍的好感成为女性的好友。

茹科夫斯基在动身前往国外之前将斯维特兰娜托付给他。屠格涅夫立刻就喜欢上了她。"他的斯维特兰娜并不比他的诗歌差"——屠格涅夫也认为斯维特兰娜是茹科夫斯基本人的一部分。

在彼得堡，斯维特兰娜比在多尔帕特更自由：视野更广，朋友也更多。她第一次在自己身边看到一个才华横溢的男人，一个茹科夫斯基的朋友，一个亲切温柔又深情迷恋她的男人。（她在"爱情"方面的经验只是一个跛脚的沃耶科夫。）

在最初的几个月里一切都进行得很顺利。与德国的通信往来很活跃。茹科夫斯基对斯维特兰娜和屠格涅夫建立友谊感到非常高兴。他一如既往地欢迎心灵与心灵之间的崇高结合，想象着他所期望的那种感情，而不是现实中的实际情况。斯维特兰娜燃烧得还不够热烈，她还不懂什么是爱情。屠格涅夫懂得爱情，但他太容易被点燃了——他有着暴风雨般的、全身心投入的、易于激动的、深沉的感情。他开始频繁地拜访沃耶科夫家。关于斯维特兰娜他写道："斯维特兰娜的灵魂散发着光芒。""和她在一起时，我的灵魂在绽放。她是我在彼得堡生活中的快乐。"

爱情正如火如荼地进行着——显然，斯维特兰娜的心也在沸腾。1821年初，她到多尔帕特去看望玛莎，回来后就在彼得堡病倒了（这次生病使屠格涅夫十分担心，引起了恋爱中的温情和痛苦）。从他先前的来信中茹科夫斯基就察觉到，他与斯维特兰娜的关系不仅限于友谊，并预先警告他，让屠格涅夫为了他自己的幸福必须摧毁感情中一切"属于爱的东西"。屠格涅夫读完这封信后沉思片刻，随后一笑了之：茹科夫斯基将别人等同于自己，在根据自己的精神气质作出判断。毁灭爱情！那么幸福也会被毁掉。而且茹科夫斯基本人真的就可以战胜自己，建立幸福的生活吗？

对于斯维特兰娜来说，境况变得更加复杂：她是家庭的母亲和妻子，是叶卡捷琳娜·阿凡纳西耶夫娜的女儿，是在虔诚而高贵的家庭里长大的。她从小就活泼、爱玩爱闹，但她也是茹科夫斯基教导出来的学生，在她的恶作剧和耍闹嬉笑之余，在她少女时代的纪念册里也记载着禁欲主义者的语录。这意味着必须克制自己。她做了一些尝试（试图不去见屠格涅夫，但是失败了，两个人都渴望见到对方）。屠格涅夫仍然是他们一家的朋友，是家里的常客，他经常与斯维特兰娜一起阅读，与孩子们耍闹。但是沃耶科夫就在一旁。在某种程度上，他依赖屠格涅夫这一强大的庇护者，但嫉妒开始了。屠格涅夫由于其热情洋溢的性格并不总是能克制自己。他的自我控制能力很差。在客厅里，他突然用手捋了一下斯维特兰娜垂下的一绺鬈发，沃耶科夫勃然大怒。在城里，人们也开始谈论屠格涅夫与沃耶科夫妻子过于亲密的关系。

当茹科夫斯基从德国回来时（1822年2月），此事正进行得如火如荼。他没有看到离开时所希望看到的情景。正在进行的是一场真正的浪漫爱情，从屠格涅夫这边来说是裸露的、热烈的，斯维特兰娜在十字炮火的攻击之下处于永恒的撤退和防御之中。沃耶科夫总是向她挑起事端——现在他终于有了理由。屠格涅夫也受着折磨。

茹科夫斯基立即且相当坚定地说：友谊——可以，爱情——不行。当他确信这就是爱情的时候，他开始努力阻止它。在屠格涅夫看来，他是在和茹科夫斯基玩一场对决的游戏。一年过去了，在这场斗争中人人焦虑不安，有时甚至要醉酒解愁。他们的关系也陷入了混乱。但很明显，"法律"的范畴在斯维特兰娜心中占据了上风——她是母亲的女儿，也是受过严格心灵教育的孩子。（少女时代纪念册中的一则来自德国神秘主义者的摘抄如下："祈祷和工作吧。安静和忍耐吧。微笑着面对死亡吧。"）她开始对屠格涅夫采取另一种态度，他感到绝望，责备她，责备茹科夫斯基，说了一些粗鲁的话——这只会使事情变得更糟——然后乞求宽恕。

3月23日，斯维特兰娜前往多尔帕特看望即将临盆的玛莎——她的离开很大程度上是茹科夫斯基安排的。这一点屠格涅夫很清楚。他给茹科夫斯基写了一封怒气冲冲的信，指责他是沃耶科夫的同谋，指责他背叛友谊，出卖了他，认为他的立场"令人厌恶"并与他决裂。"永别，不再相见。"

茹科夫斯基之前未必收到过类似的信件。我们无从知晓他是怎样回复的。给斯维特兰娜带来的后果是，这只会使她与屠格涅夫疏远。他们现在很少见面。但在卡拉姆津家里，屠格涅夫开始责备她冷酷，她则指责他的自私行为，因为他，她在家里的境遇很糟糕——争吵不断。最后，她禁止他再到家里来：尽管她一向性情温和，但她还是突然采取了严厉的行动。

屠格涅夫彻底绝望了。我们可以听到他的一些哀怨。"我莫名其妙地爱她，我还像以前一样爱她，甚至比以前更爱她。""如果爱可以是一种罪过，我愿意匍匐在她的脚下祈求原谅。""我将永远爱她，永远记住她，直到坟墓，任何时候，从未有任何人像我这样爱她。"

斯维特兰娜在她的纪念册中写道："他对我所做的就像命运对麦克斯·皮克洛米尼[1]所做的一样。这种感觉在我的灵魂中是如此美妙。他唤醒了我内心深处的感情。我原谅了他，这不是我最好的感觉。"（令屠格涅夫特别痛苦

---

[1] 德国作家席勒的剧作《皮克洛米尼父子》中的人物。

的是，他不仅没有使他所爱的女人幸福，而且造成了她的不幸。）

然后他们之间发生了一些事情。她还是表现出和解与宽恕的意愿。这便是离别，但是和平的。她所写的那张纸条就像微缩肖像一样，现在被他天天挂在胸前。

他和茹科夫斯基的关系没有破裂。1825年夏初，屠格涅夫请了长假，去国外待了很长一段时间。临行前，他给茹科夫斯基写了两封信。信中的一切都是关于爱——对他和对斯维特兰娜的爱。一切都是请求宽恕和忘却。（"请原谅我生命中最近两年的所作所为……告诉她，请她完全原谅我并为了孩子们照顾好自己。"）一切都是关于她的，对于她的关心，关于她的经济状况，关于孩子们，甚至关于她的图书馆。

他再也没有见过斯维特兰娜。他相信他会爱她"直到他生命的尽头"，但显然他错了。他经历的这一切太过于猛烈了。他的激情如同沸腾之后的水，很快就干涸了。

他对于她和她的事情一直保持着高尚的关怀，但已经是远远地"从岸的另一边"。

* * *

1821年初，玛莎从多尔帕特给她的杜妮亚写信："去年3月，学生们向莫耶高呼万岁，然后给他们这些可怜的人带来了麻烦。"（也许他们太吵了，欢呼的掌声过火了——没有相关细节。）"其中两个最优秀的学生是其他人的领袖，由于校长的不公正，两个学生最终被关进了禁闭室。校方对此感到非常气愤，立即开除了几个学生和一位名为泽伊德利兹的在诊所中担任莫耶助手的医师，他可能会身无分文地站在马路中间，也无法完成他的考试，要不是莫耶领他回了自己家——他去年4月就住到了莫耶家里。"

这位医师便是茹科夫斯基很久之前在一次大学晚宴上认识的那位泽伊德利兹。他将伴随着玛莎和斯维特兰娜的人生轨迹直到坟墓。这位忠实的医生到了晚年会说，他一生中从未见过比这两位姐妹更高贵、更迷人的人。在他关于茹科夫斯基的回忆录中，他将赞美这三个人。

现在他是莫耶家中一个谦虚的房客，是玛莎的崇拜者。他称她为 Mutter Marie[1]，他什么都和她说，征求她的意见，分享他的计划，请她给自己缝补旧内衣，陪着她一起散步。当然，他还是个音乐家。（"我可爱的泽伊德利兹开始演奏 *Thekla*[2]. Geister Stimme[3]。"这是在1820年的秋天玛莎怀孕期间，他唤起了母亲和婴儿内心的安宁以及心灵的稚气。）应该认为，他只是深深地、纯洁地爱上了这位 Mutter Marie——他所遇到的最迷人的女人。

莫耶并不太喜欢这种情况。但泽伊德利兹不是屠格涅夫，他与莫耶也是另一种关系。为了不让莫耶烦心，也是出于谨慎，叶卡捷琳娜·阿凡纳西耶夫娜和玛莎决定采取行动：泽伊德利兹被派往他的家乡雷维尔。他在莫耶回到家的前几天从那里回来了。叶卡捷琳娜·阿凡纳西耶夫娜再次陷入焦虑，以至于她也动摇了玛莎。玛莎改变了对泽

---

1 德语："玛利亚妈妈"。
2 舒伯特根据席勒诗歌谱写的歌曲。
3 德语："神圣的声音流淌"。

伊德利兹的态度——他的悲伤甚至让她害怕。但是，她告诉了丈夫所有事情，泽伊德利兹最终也没有搅扰他们安稳平静的生活。

是的，也不要让他感到难堪。玛莎不被人所知的另一面是如此独立和深刻，与茹科夫斯基紧密地联系在一起，对她来说，泽伊德利兹当然只是一个可爱的孩子。

但另一个生命——刚出生的婴儿卡佳出现在玛莎的生活中。玛莎在怀着她的时候就神秘地体验着她，现在她更神秘地担忧着。"你相信吗，我没有向上帝祈求卡佳长寿，也没有向上帝祈求任何东西，既不求幸福，也不求健康，只求天国。"

周围的人都在期待一个儿子，并且已经给他取名为安德留沙。"九个月来，其他人一直叫她安德留沙，已经难以改变了。他们在祈祷时叫她萨沙，在洗礼时叫她卡佳，而在我的心中是杜尼雅莎或是塔莎。当我非常爱她时就叫她杜尼雅莎，而其余两个名字用于平日和节日，白天和黑夜，梦中和现实中。""……我还没有为她祈祷，我不敢亲自为她向天父祈求什么。我想，也许她与上帝更为亲近一些，我怎敢隔在中间呢？我相信上帝会听到每一个祈祷。"

现在的玛利亚·安德烈耶夫娜·莫耶和以前在穆拉托沃家中的那个玛莎·普罗塔索娃已经完全不同了：画面上描绘了一个稍显丰满的女人（她又怀孕了），安详地斜靠在扶手椅上。额头上遮挡着几缕卷发，脑后扎有一束大大的发髻，浅色的蕾丝花边领缠绕着脖颈。她穿着一件宽松的连衣裙。整个姿势和表情中展现了一个清秀的，有着细微面部特征的简单轮廓（由她妹妹亲手巧妙绘制——斯维特兰娜画得很好)——整个画面充满了平静和沉思。"你的意志会实现的。"

这个玛利亚·安德烈耶夫娜与丈夫一起阅读克洛普施托克的著作,谈论书中的内容,四手联弹(和莫耶有着私交的)贝多芬的曲子!和丈夫一样,玛莎在演奏乐器时也戴着眼镜。和他一样,她也安详又端庄。但她的内心是否也一样波澜不惊?

这是她1821年2月1日写给茹科夫斯基的信:"你理应如此,在平常日子和节日里都在我的心中;往事的回响更加汹涌澎湃,而蓝眼睛的卡佳并不总是能够平息风暴。"

1822年2月1日她写信给阿芙多季娅·叶拉金娜:"茹科夫斯基回来了……身体健康但苍老了不少。亲爱的,你可以想象,见到他并把卡佳抱给他是一种怎样的感觉!我忘乎所以地爱着他,在我与他相见的那一刻,我感受到了这种神圣的爱的全部力量,这是世界上任何的奇珍异宝都无法替换的。"

日常生活还在继续。莫耶照常去上课,治疗病人。泽伊德利兹为斯维特兰娜的儿子做了一个期待已久的摇篮,玛莎把它送到彼得堡的妹妹那里。夏天,玛莎回到家乡待了一段时间。这次旅行在某些方面来说很不错。

玛莎在黎明时分到达别廖夫——她立即跑到他们的老房子跟前,并对房子的破败感到惊讶。俯瞰奥卡河风景的茹科夫斯基的房子甚至情况更糟糕。整个院子里长满了荨麻,篱笆旁的柳树沙沙作响,这还是她在1806年亲自种下的。眼泪,激动……她扑倒在草地上哭了起来。楼上茹科夫斯基的房间的一扇窗户打开了:一个农民向窗外张望——

地方自治法院现在就设在这里。

她离开此地去了郊外的奥卡河，那个她曾经和茹科夫斯基一起走过的地方。她走近水边。太阳正在升起，牛群在附近吃草，鹬低低地飞过沙滩。这就是奥卡河，逝去的岁月！她没有未来，也没有生命，它行将结束。"我为茹科夫斯基祈祷，为我的孩子祈祷！哦，我的生命就快要结束了——但这种感觉在那里也会给我带来幸福。我已经和命运算清了账，我对自己已经无所期待，而且我完全是幸福的……"

她才二十九岁，却说自己"老"了，她的末日快到了。这种想法从何而来？为什么还在卡佳出生之前她就认为自己命不久矣？

家乡的一切都让她激动不已。在教堂里，她八年来第一次做斋戒祈祷，她晕倒了。在穆拉托沃，她在茹科夫斯基的房间里写作，去了普列谢耶夫的庄园——向"令人难以忘怀的朋友普列谢耶娃"的坟墓鞠躬，当然，她再次想到了死亡。但后来这一切都烟消云散了。她在穆拉托沃停留了足够长的一段时间，然后又回到多尔帕特，在那里度过了整个冬天。

悲 伤

不要为克罗伊茨逝去的心而悲伤。

——维吉尔《埃涅阿斯纪》

茹科夫斯基于1822年2月从德国返回。斯维特兰娜高兴地,几乎是欣喜地欢迎他的归来,他对她也是一样。他们一起安顿下来,不是住在阿尼奇科夫宫,而是住在了涅瓦大街。沃耶科夫通过茹科夫斯基获得了有利可图的职位——负责出版《俄罗斯残疾人》报。在财务上,斯维特兰娜现在已经做了妥善安排。精神上,则是复杂和困难的。但她面对丈夫和屠格涅夫的所有困难都被 "世界的美好装饰"——茹科夫斯基(玛莎的话)承担了。当他在斯维特兰娜身旁时,她便是根基稳固的——他给了她轻盈、光明和抵御沃耶科夫的掩护。他们怀着同源的遐想沉迷于回忆之中。往事、青春、穆拉托沃、别廖夫……一切都变得栩栩如生,一切都历历在目。

座上的宾朋着实让人惊讶:自茹科夫斯基身上散发出荣耀和艺术的权威,斯维特兰娜则具有温柔的女性气质、端庄的优雅和和蔼可亲的魅力。家里像是开办了沙龙一样,来的都是一流的人物:巴丘什科夫、格尼迪奇、克雷洛夫、卡拉姆津、维亚泽姆斯基。普希金没有来。在斯维特兰娜的纪念册中有着几乎所有名人的亲笔题词和诗歌，却没有主要的人物：普希金对她很冷淡。（斯维特兰娜的风格对他来说太脱离现实了。他被更简单的女人吸引着，比如凯恩。）

巴拉廷斯基和科兹洛夫都是常客。后来亚济科夫也加入其中。当然，还有永远的朋友屠格涅夫。斯维特兰娜将她那神奇的仙气、温柔和光芒洒向每个人。茹科夫斯基的老朋友科兹洛夫尤其感受到了这一点。科兹洛夫是一位不幸的诗人，先是失去了双腿，然后又失明了。在斯维特兰娜的沙龙里，他们让他坐在一张矮椅子上，他谦恭地进入这个卓越而精致的圈子，谦虚而又满怀热情地接受了斯维特兰娜的温柔爱抚。"白天是光明的，就像斯维特兰娜的心灵一样。"——这是他献给斯维特兰娜的诗句。科兹洛夫的写作源于悲伤，行进在一个很高的精神维度上，他也受到了她的支持和启发。他很崇拜她。她像天使一样在他的人生中倏然而过。

阴沉的沃耶科夫就在近旁，总是充满了尖刻、痛苦的感情，时而刻薄地讽刺，时而悔恨、嫉妒、羞辱，然后近乎勒索。对于这样的灵魂来说，隐秘的复仇是甜蜜的。当一个非常恶毒的嘲讽茹科夫斯基的讽刺短诗终于出现时，沃耶科夫高兴地把它读给茹科夫斯基听（其他人认为——也很有这种可能——这是他自己写的：私底下他当然憎恶茹科夫斯基，就像憎恶屠格涅夫一样）。

在1822年，除了与屠格涅夫相关的困难和麻烦纠葛之外，茹科夫斯基过着平静的甚至是幸福的生活：他自己也是这么认为的。叶卡捷琳娜·阿凡纳西耶夫娜从多尔帕特抵达彼得堡。夏天，大家都去了皇村，斯维特兰娜在那里生了一个儿子（安德烈）。表面上一切都很好。

文学创作上也是成功的。他从德国带回了不久前写就的《奥尔良少女》，愉快地读给其他人听，获得了当之无愧的成功。（在诗中他采用了五音步抑扬格，并首次放弃了结尾的押韵，这是一种革新。巴丘什科夫并不太喜欢它，认为其格律"野蛮而呆板"。但每个人都觉得这首诗中无论是音调、精神和内容的完整性，还是情节的适用性，都"非常符合茹科夫斯基的风格"。）

《奥尔良少女》立即进入了他的一流作品之列。

这部作品是1822年之前在国外写就的。在他抵达彼得堡，住进皇村的那一年，在秋天的多尔帕特之行期间，他写了另一些东西。从《埃涅阿斯纪》中，他摘取了即将灭亡的特洛伊的题材。战马，狡猾的希腊人，夜间的大火和杀戮，绝望的战斗。在这里，埃涅阿斯看到已经无法继续抵抗，便抬出了年迈的父亲安基塞斯。跟他在一起的是妻子克罗伊茨和儿子。在熊熊火焰的轰鸣声中，他们走向出口——在不远处的圣山上，幸存的特洛伊人聚集在一起。但在大门附近，在与希腊人的武装冲突中，埃涅阿斯失去了克罗伊茨——她死了。他回到城里，寻找着，痛心着……被杀害的女人的灵魂在正在发生的恐怖中模糊地出现在他面前，并温和地告诫他带着儿子和父亲永远离开，到一片遥远的土地去：

哦，埃涅阿斯，哦，亲爱的朋友……
……

在漫长的岁月里，你将流浪于无边无际的大海；

在那里，在赫斯珀里亚，台伯河的波涛汹涌澎湃

而在肥沃的，人口众多的平原河水缓慢地流淌，

灿烂的幸福，王冠，还有即将成为新娘的公主

都将由你收获。不要为克罗伊茨逝去的心而悲伤。

伟大的不朽的圣母的评判与我同在。

永别了；铭记你的妻子，爱你的儿子。

在被遗弃的特洛伊城永恒圣地的标志下，埃涅阿斯被神秘的力量一步步吸引到冒险的旅程，进入新生活中。克罗伊茨被永远地从他身边夺走了。

这就是维吉尔在两千年前写下的。而充满幻想的、安静的茹科夫斯基不知为何在1823年的末尾满怀爱意地关注这个故事。不是特洛伊的溃败，也不是杀戮，而是大火吸引了他。那个死去的女人来自冥界的声音最是动听："不要为克罗伊茨逝去的心而悲伤。"

新的一年来了。1月29日，茹科夫斯基欢愉地、喧闹地庆祝了自己的生日，仿佛什么事都没发生过。一个月后，他去了多尔帕特（与斯维特兰娜一起前去探望即将生产的玛莎，同时也是将斯维特兰娜从屠格涅夫身边带走）。

在多尔帕特他感到心平气和。过往已然尘封，他接受

了这一切。莫耶一家过着体面祥和的生活。没有激动不安的爱情，有的是工作、音乐、朗诵和小孩子。又一个新的生命即将在这个家庭中诞生。沃耶科夫一家与他们分开居住，沃耶科夫表现得十分温和。

对于茹科夫斯基来说，此地如家乡般舒适：每个人都爱他，他在多尔帕特有很多熟人——教授、艺术家、音乐家、大学生。傍晚的霞光笼罩着天空，已经是春天了，大街上覆盖着泥泞的雪，雪块被马蹄踏碎，伴随着令人欢畅的水坑和像乌云一样从路边掠过的麻雀，他走在城市宁静的街道上。浪漫的三月夕阳，宁静的晚霞。回来时他看到正在弹琴的玛莎和莫耶，他们在烛光下弹奏着莫耶的熟人贝多芬的作品。茹科夫斯基听了他们的演奏，然后自己大声朗读起来。

那些心怀爱意的人使他感到温暖，将他引入别廖夫、穆拉托沃和米申斯科耶的世界里。他停留得太久了，假期已经逾期了。他应该离开，但却不想。终于到了这一天，他无力改变什么。

马车早就订好了，晚上出发，从莫耶家里启程，大家都到齐了。东西都收拾好了，茹科夫斯基穿着旅行的大衣，戴着暖和的帽子。人们坐着等待。即将上路的人已经吃得饱饱的，俄罗斯人在出发前要喝的茶都喝完了，告别的话也翻来覆去说了许多次。但是马车却还没有到。他们开始感到疲倦。他们总是起得很早，也习惯了早睡。莫耶打了个哈欠。瘦弱的斯维特兰娜脸色变得苍白。玛莎穿着宽大长衫，体态臃肿——她也迷迷糊糊地脑袋发沉。

茹科夫斯基建议沃耶科夫一家回家并送他们离开。回来后,他坚持让莫耶夫妇上楼去睡觉,而他在楼下打个盹儿。说是马匹被送来后,他会去跟他们告别。他们听了他的话,相信他会上去告别。

他穿着大衣坐在楼下睡了一会儿——时间不长,大约半小时。马匹终于送到了。他站起来,走上楼梯,脚步声吱吱作响,他便想往下走——不想吵醒玛莎。但她没有睡觉。莫耶戴着睡帽打着鼾,玛莎没有睡着。他走进房间。玛莎想起身,他不让。他走过来亲吻了玛莎。玛莎让他画十字祝福。

他照做了。她向后仰,把头埋进枕头里。

就是这样。他们就是这样离别的。然后便是漆黑的夜晚,马车在坑坑洼洼的道路上颠簸,身上散发着潮湿的毛皮的气味,也许还夹杂着偷偷流下的眼泪——在亘古不变的俄罗斯钟声的伴随下,前方是一条漫长而寂寥的小路。车夫、车站、涨潮的河流、融化的雪堆——解冻开始了。

他的内心是平静的吗? 他预感到了什么吗?

他于 3 月 10 日返回彼得堡。19 日,一个不相干的人告诉他,玛利亚·安德烈耶夫娜·莫耶前一天在多尔帕特因难产去世。孩子生下来就死了。

* * *

玛莎·普罗塔索娃,他青春时代的"香堇花",并没有嫁给他。对他来说,她像是一个"无关紧要"的旁人。但从某种意义上说,他们又是永远相连的。当劳拉死后,彼特拉克继续自己的写作,只是十四行诗不再是"In vita di

Madonna Laura"[1]，而是开始被称为"In morte di Madonna Laura"[2]。茹科夫斯基只是沉默了下来。泽伊德利兹认为，随着玛莎的离开，他写作的抒情部分也就此结束了。

即使这种说法有所渲染，但也几乎是符合事实的。在她去世的前一年，他写下了关于克罗伊茨的诗。他现在是如何为"逝去"的心而"悲伤"的，我们不得而知。我们无法听到他孤独的哀怨。进入我们视野的已经是一个真正的"茹科夫斯基"，坚定不移，接受一切，并永远都是光明的。"亲爱的朋友，让我们一起接受玛莎的死，将其视为上帝对'生命是神圣的'之保证。""想到她，我对未来充满赞许，对过去充满感激，简而言之就是一种宗教的感情！"

当然，他又回到多尔帕特，他一接到消息就赶往那里。不清楚他是否参加了葬礼。应该是没有。

"今年的第一个春天的夜晚美丽而宁静，我是在她的棺材旁度过的。我在田野里吹着角笛。四周有一种出人意料的静默。这具棺材的样子并不会引起任何阴沉的想法。""在复活节后一周的星期五……人们来到她的坟墓前。"他们跪在地上——母亲、丈夫和孩子们，每个人都在哭泣。在晴朗的天空下，人们唱着"基督死而复生，以死战胜死"。"现在我知道了什么是死亡，但不朽已经变得更加清晰。生活不是为了幸福：在这个想法中蕴含着极大的慰藉。"

在他离开前的三天，人们都在墓前度过——他们种了一些花草树木。

---

1 意大利语："献给天使劳拉之生"。
2 意大利语："献给天使劳拉之死"。

新的命运

"亲爱的朋友,萨沙还活着,甚至没有生病……我们在一起——这不是一种安慰,而是一种解脱。至于她的健康,请放心,眼泪胜过任何药方。但她生命中最后的珍宝已经逝去了。对此任何人都无能为力。我们什么也没说,什么也没想,我们一起哭泣,就是这样。"

在玛莎死后不久,他便是这样写信给科兹洛夫的。很快他就写了一首诗——仿佛是给玛莎写的碑文:

> 你在我面前
> 安静地站着。
> 你忧郁的眼神里
> 充满了感情。
> 在向我诉说着
> 甜蜜的过去……
> 这是你留在这世上的
> 最后的记忆。
> 你离开了
> 像一个安静的天使;
> 你的坟墓

> 像天堂一样安宁！
> 那里有着尘世间的
> 所有回忆，
> 那里有着所有神圣的
> 关于天堂的思想。
> 天上的繁星，
> 宁静的夜晚！……

诗歌好像戛然而止。再没有什么可说的了。他只是和斯维特兰娜坐在一起哭泣。

他让自己的内心隐藏起来。他依然是茹科夫斯基：他什么都做，一如人们预期的那样，在交际中他甚至活泼洒脱，爱开玩笑。但是在心灵内部他变了。他仿佛远离了自己，远离了作为一个诗人的茹科夫斯基。他还不知道自己未来会面对什么，但他感觉到有些东西已经消逝了。

> 心灵中没有了过往的幻象，
> 竖琴的声音也已然沉寂。

灵感会回来吗？什么时候？ 一切都是未知的。现在有的只是沉默、静谧。

1823 年对他来说是半梦半醒、昏昏沉沉的，就像已经喝下了忘川[1]的河水。他去了几次多尔帕特，给大公夫人埃琳娜·帕夫洛夫娜教授俄语。这是一个过渡阶段。一个阶

---

[1] 忘川，希腊神话中的河流，为冥界的五条河之一，再次投生的亡者会被要求喝下忘川的河水，以忘却尘世间的事。

段结束了,另一个阶段尚未开始。他像往常一样继续生活,在等待未来中过着索然无味的日子。

他在生活中走得越远,就越习惯为别人操劳,照顾其他人:这几乎成了他的第二职业。普希金在1820年就已经得到了他的庇护(未来还会不止一次地需要他的帮助)。现在轮到关心巴丘什科夫了。

他与巴丘什科夫是老朋友了。早在1812年5月,巴丘什科夫就用诗歌向他描述了自己的庄园、房前的鲜花、池塘、"施瓦本鹅"和澡堂。巴丘什科夫是一位优雅而含蓄内敛的诗人。而且,就像茹科夫斯基一样,也是一位先驱者:普希金也从他那里汲取了营养。

巴丘什科夫年轻时被认为是幸福、美酒、多神教好心肠的歌颂者,但他的结局……

1818年,在茹科夫斯基的帮助下,他被派往那不勒斯,在俄罗斯大使馆待了一段时间,后又离开。在这期间他创作了《托尔夸托·塔索》,诗歌中几乎没有了欢乐。(而他是一个真正的歌手,性格内敛,高贵而严谨。)他热爱意大利,翻译了彼特拉克的诗歌,而且身处那不勒斯的大使馆里,维苏威火山近在眼前,活着就需要感谢上帝。但他被疾病吞噬了——一种严重的精神遗传病。种种迹象表明,他后来的处境由于他事先得知了十二月党人的预谋而变得复杂。据称,他的亲戚穆拉维约夫曾诱使他加入联盟。巴丘什科夫没有去,但他的精神变得紊乱不安,茹科夫斯基不得不好好地照看他。

1824年5月,他将巴丘什科夫带到了多尔帕特,将其送到他的医生朋友们那里。那里的医生建议将他送到德累斯顿著名的太阳石医院。他照做了。他带着爱和关心尽了最大的努力,妥善安排了巴丘什科夫在那里的生活,而后者的生命终将在多年无法治愈的精神病中结束。

在多尔帕特,茹科夫斯基住在玛莎的坟墓旁(他的"祭坛")。他在墓碑上立了一个铸铁的十字架,上面雕有青铜浮雕的耶稣受难像。玛莎最喜欢的福音书中的话现在庇佑着她:墓碑上刻着"你们心里不要忧愁……"(《约翰福音》[14:1])和"凡劳苦的人,都到我这里来……"(《马太福音》[11:28])。

四周安宁幽静。盛开的鲜花、朴素的栅栏、长凳。四周都是树木。附近有一条道路,后面是一片田野,这便是朴实无华的俄罗斯人的墓地(因此被称为"俄罗斯"墓地),五月的天空中有云雀飞过,弥漫着春天的阳光和芬芳。这很适合茹科夫斯基。当他离开多尔帕特时,马车驶过墓地,他命令马车停下来,下了车,向坟墓鞠了一躬,继续赶路。

这一次,在将巴丘什科夫送往德累斯顿后,他也做了同样的事情。随后他前往彼得堡迎接他的新命运。

* * *

沙皇亚历山大一世的身体日渐衰弱。此人的命运是奇异而神秘的。他战胜了拿破仑,拥有无限的力量,享有至高无上的荣耀、俄罗斯和欧洲的欢腾喜悦及前所未有的桂冠;与此同时,他也陷入缓慢将其毒化的苦涩之中,他对一切都感到失望,心情沉郁,抛弃了青春时闪耀着善良的灵魂。他是否经历得太多?是否对人类灵魂的黑暗面了解得太多了——也包括他自己的内心？

他身上的一切都是矛盾的：宗教，对极限的渴望，瓦拉姆之行和谦卑的苦行僧尼古拉的生萝卜。同时他又经历着一种本原的生活：阿拉克切耶夫与军事据点，体罚，马格尼茨基，福金，戈利岑的辞职……

宗教本身无法给他以安慰，或无法提供足够的安慰。临近晚年时他已经快要窒息了——他既是受万人敬仰的君主，又是弑父的帮凶，这一生可不是那么容易的事。

1824年秋天他前往南方。11月27日，他去世的消息便传到了彼得堡。皇室家族对所发生的事情深感悲痛。玛利亚·费奥多罗夫娜处于昏厥状态，茹科夫斯基的学生亚历山德拉·费奥多罗夫娜跪在她的床前哭泣（"Maman, calmez-vous"[1]）。乌瓦罗夫曾在这位皇后面前向茹科夫斯基介绍的那位高大英俊的尼古拉大公用颤抖的嘴唇对着十字架和福音书宣誓，继承了皇位。而在亚历山大沙皇临死前居住的塔甘罗格则诞生了一个神秘的传说：他根本没有死——对尘世绝望的沙皇以长者费奥多尔·库兹米奇的身份遁入深林和隐修院。

尘世的重担传到了尼古拉·帕夫罗维奇强壮的肩膀上。在四个兄弟中，他最不像他的父亲——保罗一世那张扭曲的脸一点儿也没有遗传给他。他健康，强壮有力，英俊……他满腔热血，耐力十足，目光坚毅——在画像中他总是被描绘得十分英俊，但有时又令人望而生畏。（后来，从宫中政要到谦虚的茹科夫斯基，每个人都害怕这双眼睛。）

---

1 法语："妈妈，请冷静……"

一切都按照预期进行。不是继承人康斯坦丁成为沙皇（尼古拉第一时间就在宫廷教堂宣誓效忠于他），而是尼古拉成了沙皇：康斯坦丁坚持拒绝继承皇位。

双方都没有为继承皇位做好准备。但尼古拉更适合那个时代的精神和当时的境况：他用他强大有力的形象表达了一些东西。他神秘地对待帝王的权力。他认为接受王位是一个十字架，虽然是伟大的，但也很沉重。他劝说了康斯坦丁很长时间，但在没有出路之时，他毫不动摇地接受了权力。

从第一天起，他的道路就很艰难。与12月14日在参议院广场捍卫自己的王位、自己和家人的生命相比，以大公的头衔或某个近卫军的头衔指挥部下会更平稳，也更容易。尽管如此，既然已经掌权，那么就只能全力以赴。

想要爱尼古拉一世是很难的。无论是生前还是死后，他都没有得到多少爱。但即使是那些不爱他的人也不能否认，在12月14日那天，他表现出了自己是一位真正的统治者。他凭借个人的勇气和权力的神秘光环作用于群众：他是权力的化身。"这就是沙皇！"起义军的首领们可能比他受过更好的教育，他们所提出的要求可能很多都是正确的，但他们当中没有一个"决定性"的人物，即领袖。而尼古拉是一个真正的领袖。所以他胜利了。

12月14日这一天对他来说并不容易，对于茹科夫斯基的学生亚历山德拉·费奥多罗夫娜来说就更不容易了。直到晚上，她都不知道丈夫是否还活着。如果新沙皇已不在人世，那么她自己和孩子们的死期便也临近了。

骑在马背上的丈夫正在尽其职责。她在宫殿里不停地祈祷——面肌抽搐症作为这几个小时的记忆永远留在了她的脸上。

不仅如此，应当认为，茹科夫斯基也经历了这些事件，而且同时是在两个方面：他毫不犹疑地、神圣地相信君主制。阴谋对他来说是疯狂的，阴谋者都是"恶棍"。（一个富有戏剧性的特征是在同伙中还有尼古拉·屠格涅夫——已故好友安德烈和还活着的亚历山大的弟弟，幸运的是，他当时身在国外。茹科夫斯基当然不能认为这也是一个"恶棍"，他后来还为他颇为操劳。）

另一个方面是在家庭的层面。他从1817年起就认识了亚历山德拉·费奥多罗夫娜，给她上课，和她一起在莫斯科迎接亚历山大的出生，后来又和她一起去了一趟柏林——尼古拉和亚历山德拉·费奥多罗夫娜已经是他人生的一部分，当然与在普罗塔索夫家的感觉有所不同，但他已然身处皇室闪耀的迷雾中。在克里姆林宫，他给男孩亚历山大写贺诗，给亚历山大一世写贺词，每逢皇室成员人生的重要事件他都会奉上贺辞。他身处皇室，他们生命中的光彩和辉煌既蒙蔽也鼓舞了他。他就像这个家庭中的一员。他处于一个谦虚的位置，凭借其温和而迷人的性格，总的来说，这对他并不难（而且他没有谋取任何官职，也没有暗中危害任何人）。他与王室的关系愈发亲密，他们的不幸必然也会成为他的不幸。

尼古拉获胜，成为沙皇。亚历山德拉·费奥多罗夫娜面部的神经抽搐症永远留了下来，但她也成了皇后，她的儿子成了继承人。

这一切都直接影响到了茹科夫斯基的命运——玛莎之

死和沙皇亚历山大的离世决定了他很长一段时间的人生。玛莎在世时，他是一位诗人，他歌唱过也爱过。虽然他说过"没有幸福"的生活也是美好的，但他想要的恰恰是幸福。诗歌、创作对他来说也是一种幸福。他是诗人，也是处于恋爱中的人。诗歌自发地从他身上散发出来，就像爱一样。

但是这一阶段已经结束，另一个人生阶段开始了。现在他不是为了自己，而是为了俄罗斯而活。当这个男孩出生在克里姆林宫时，他便注定将成为未来的沙皇。谁来帮助他做好继位的准备？任务是艰巨的。男孩的父母和茹科夫斯基都意识到了这一点。他们选中了茹科夫斯基。他犹豫了，因为责任重大和准备不足而感到犹豫不决。他推荐了卡波季斯特里亚伯爵来代替他自己。但是皇帝不喜欢卡波季斯特里亚。决定保持不变：让茹科夫斯基担任继承人的首席导师。

所以，他不是为了自己，也不再是为了文学和诗歌，而是为了俄罗斯而活下去。那时他还不知道，他所教导的学生将成为未来的解放者，也将是未来的受难者。

茹科夫斯基此时的心情与尼古拉接受王位时的心情相似。规模不同，但本质是一样的：职责所在，无法拒绝。

* * *

这段时间的悲伤和焦虑引发了不好的结果：1826年春天，茹科夫斯基开始感到不适。

他现在住在冬宫，但他住的房间很高——有一百级楼梯。他总是气喘吁吁艰难地爬上楼梯。他的脸庞浮肿，变得蜡黄，腿也肿得厉害。由于痔疮和失血，他变得虚弱不堪。他的肝脏也不太好，医生让他去德国的巴德艾姆斯接受治疗。5月，他开始了自己的第二次西欧之旅。在履行新职位之前，他必须增强体质。

忠实的泽伊德利兹和他一起前往巴德艾姆斯。茹科夫斯基每天喝四大杯水，泡澡，坚持了六周，对身体产生了很好的效果。想要拒绝旅游是很难的，治完病后，他乘着马车沿莱茵河而行，"欣赏悬崖边的山羊"。（毕竟他还很虚弱，步行太累了。）

在俄罗斯，十二月党人的悲惨事件已经结束。整个春天尼古拉都在亲自组织审讯，而后进行了审判，他们被判了刑。夏天，五个人被绞死（王室对此深感痛心），其余的人被流放。尼古拉在秋天举行了加冕仪式。亚历山德拉·费奥多罗夫娜成为皇后。加冕典礼前不久，茹科夫斯基被直接任命为储君的老师（男孩已经年满八岁了）。

但茹科夫斯基当时还在德累斯顿，他与皇后保持着通信——她向他描述了加冕典礼的盛况。她还允许他继续在国外度过冬天以恢复健康。

茹科夫斯基与皇后的关系很特别：当然，他依靠于她。他是个无家可归的诗人，而她是一座强有力的靠山。但她也是他昔日的学生，他也比她年长得多。在写给她的书信中，他的语气是恭敬的，但在某些地方也具有一些教导性。例如，他担心对于继承人来说，加冕典礼、庆祝活动和朝拜的场面并不是完全有益的。"他可能会很容易获得一些关于'崇高性'的不成熟的概念。"必须给他灌输这样一种观点，"为了不使'崇高性'成为幻影，需要让他认识到这不是他的权力,而是他的责任,是一种神圣的宗教"。

在随后的一封信中,有一些放在当下听起来尤其令人难过的话:"对于您的孩子,对于他未来的命运来说,需要内心的宗教。"内心的宗教!这就是他们在想到他将成为统治者时谈论的话题。"他必须要对'上帝的旨意'有高度的理解,这样他才能指导自己的一生。"

尼古拉取得了胜利。在不久前他刚刚经历了斗争的动荡。是的,他是沙皇,但也付出了沉重的代价。而茹科夫斯基此时在给他妻子的信中写道,"沙皇的权力来自上帝"——是的,意思是"在最高审判面前的责任",但并不是"我什么都可以做,因为我只听从于上帝"。——当然,茹科夫斯基在尼古拉面前既毕恭毕敬又战战兢兢,但他仍然无法改变自己:什么是真理他便说什么。(后来,当他为君主的敌人求情时,所面临的情况要更加困难。)

在给皇后的一封信中,他非常简洁明了地交给她一项任务,将其当作一个平等的甚至是年轻的对话者对待。他在冬宫分得一套新住宅,过去纳雷什金住在那里。所以,他让皇后留意,以确保纳雷什金能够准时离开。而且他对自己的东西也很挂念:曾与他一起生活的沃耶科娃(斯维特兰娜)也正在搬家,很多东西都无人照看,最好能将这些东西寄存在宫殿中,"由诚实的人看管"。其实这与他直接给身在多尔宾诺的阿芙多季娅·叶拉金娜和在彼得堡的斯维特兰娜所写的信是差不多的!

在眼下的这次旅程中,他很幸运地遇到了一些艺术家。还在巴德艾姆斯的时候,他便遇到了来自多尔帕特的熟人赖腾。(赖腾曾是位军官。在莱比锡战役中他的右手被炮弹炸断了。他开始用左手画画，他擅长油彩画，当时颇有名气。他娶了一个德国女人，现在住在国外，主要是杜塞尔多夫。）茹科夫斯基喜欢他的画。赖腾本人也对茹科夫斯基很是赞赏。但当然，他无法想象多年后这个"无臂美男子"的家庭会在他的生活中扮演什么样的角色。

在德累斯顿，他拜访了画家弗里德里希，在第一次西欧旅行时茹科夫斯基就结识了他。他们的心绪十分相似。玛莎死后，神秘和忧郁的动机主导了茹科夫斯基。这在他自己的画作中得到了表达：玛莎的坟墓上立着一个十字架——他不止一次描绘了此物。弗里德里希与此相接近，他也在本着同样的精神进行创作。在茹科夫斯基的生活中，他加入了一种浪漫又可悲的感人的音符，像是一些和音。（例如，他的一幅画描绘了傍晚的墓地。嘈杂的松树林，一个孩子的坟墓，父亲和母亲的身影等。）茹科夫斯基很喜欢这样的画。他在某种意义上甚至成了弗里德里希的赞助人和顾客。他从后者那里订购了《棺材上的死亡》和《棺材上的生命》。

不管怎样，当健康状况得到改善以后，他现在的主要任务并不是探究艺术，而是为培养继承人做准备。各种各样的计划、日程表、表格开始了——茹科夫斯基始终忠于自己。还年轻的时候，他就喜欢做这些表格。但现在要教的不是斯维特兰娜，也不是玛莎，而是全俄罗斯未来的君主。他是这样在1827年初从德累斯顿写信给阿芙多季娅·叶拉金娜的："我有很多工作要做，我手头有一项重要的任务！我不仅要教课，还需要自我学习，这样我就没有办法也没有机会花一分钟在别的事情上。……如果您能看到我在忙什么，我所做功课的领域有多么广泛，并且它必将不断地散播……"这就是新生活的苦行，一种新的"职分"。当他必须要制定一个精确的计划时，便没有时间专心从事诗歌或艺术，一切都要在他的课程中汇聚，课程是其他一切的中心。但是，他也有精打细算的一面。与往常一样，他在这方面是准确、谨慎和细心的。需要给继承人购买书籍，建造一个私人图书馆。还需要教学用具、版画、地图、教学计划、地球仪。所有这些东西在国外都比较便宜，现在他便在莱比锡和柏林购买德文书籍，他还打算去巴黎购买法文和英文书籍。

他在德累斯顿度过了冬天。亚历山大·屠格涅夫和他患有精神疾病的弟弟谢尔盖也在这里，这里还有在太阳石医院照看不幸的巴丘什科夫的普希金娜。茹科夫斯基总是活在人间的各种不幸之中，并尽可能多地融入其中，这是他的特点。德累斯顿的冬天很安静。在这里他有着一个由朋友、熟人、艺术家组成的小圈子。他要工作，还要照顾谢尔盖和巴丘什科夫。1827年春天，他与生病的和健康的屠格涅夫两兄弟一起前往巴黎。他已经在德国为继承人购买了四千马克银币的书籍。此外，他还汇编了历史、哲学、文学、教育学、军事艺术、立法、法学等方面的书籍目录——这让人们回想起贵族寄宿学校需要学习三十六个科目的日子。

所有这些知识都会被系统地学习，不同的同心圆将引领小亚历山大走向真理的中心。

而当下的5月份，茹科夫斯基还在巴黎。

俄罗斯作家向来不太喜欢法国，也不喜欢巴黎。他们对此地的评价往往是傲慢的，同时也说到对这里的情况不太了解（果戈理、托尔斯泰、陀思妥耶夫斯基、屠格涅夫是熟知此地的，但他们仍然不喜欢这里）。如果说茹科夫斯基是倾心于巴黎的，那也未免有些言过其实了。但他对待自己在巴黎一个半月的逗留却是非常用心和认真的。他对很多事物都感兴趣，看到了很多，结识了一些一流的人，并留下了认真的评论。他甚至喜欢当地人——他发现他们生活得富有朝气，多愁善感，虽然比俄罗斯人更琐碎。他还参观了众议院。令人惊讶的是，他甚至称赞这里的某些东西。在尼古拉一世的苛政之后，他对他们谈论权利和自由本身的自由感到惊讶——本质上来说，这就是被囚禁在西伯利亚监狱里的十二月党人所渴望的。他去了法国的法庭和剧院，在谈到歌剧时他说，在听过意大利人的演唱之后，法国人的歌声"就像在喊叫"。他还参观了各种慈善机构，但奇怪的是，巴黎的艺术家们在他身上几乎没有留下任何痕迹。

他会见了夏多布里昂、居维叶、慈善家德格兰多。他与基佐及其妻子，以及伯爵夫人拉祖莫夫斯卡娅成为非常亲密的朋友。

巴黎出乎意料地热情接待了茹科夫斯基——他在这里找到了对自己心绪的某种回应：基佐和拉祖莫夫斯卡娅、亚历山大·屠格涅夫……这些人都是他的同类，同样富于幻想，有着崇高的理想主义，笃信宗教，但不太接近教堂，有着一种倾向于宁静与和解，接受生与死，并为其辩护的精神定位。

死神四处游走。在亚历山大·屠格涅夫的怀抱中，他的弟弟谢尔盖于那年春天在巴黎去世。死神也在逼近基佐夫人，离拉祖莫夫斯卡娅伯爵夫人也近在咫尺，那时她还在瓦斯街二十七号组织着沙龙聚会，此地后来因夏多布里昂和雷卡米耶夫人而大为出名。

巴黎也给茹科夫斯基留下了一丝忧伤。与基佐、屠格涅夫兄弟和拉祖莫夫斯卡娅夫人的相处让他感到轻松愉快，但脆弱的印记，即将到来的离别始终压倒了这一切。

7月，他再次来到巴德艾姆斯。可怕的消息在这里等待着他，也是同样的不幸：斯维特兰娜病得很重，阿伦特医生命令她立即出国治疗。（斯维特兰娜长期患有肺结核，现在她的病情彻底恶化了。）

在巴德艾姆斯，茹科夫斯基完成了第二个疗程。他从拉祖莫夫斯卡娅夫人的信中得知，基佐夫人在她和基佐先生的怀抱中于巴黎去世——这种死亡是具有高度宗教性的，也非常符合茹科夫斯基本人的精神和格调。（"你高尚的天才会在这里找到它应有的灵感。"）

9月，他特地前往柏林，在那里见到了即将前往法国南部的斯维特兰娜。这次会面很短暂。他正向东出发，奔向自己的新事业。她则前往西方。在他们之间相隔着永恒。

斯维特兰娜

曾几何时,在穆拉托沃,还是小女孩的萨沙跑来跑去,后来她出落为一个苗条的少女,有着轻盈、阳光的外表,是茹科夫斯基可爱的挚友和活泼的天才,同时也是一个崇拜者和勤奋的诗歌抄写员。1827年8月,这位迷人的年轻女子、三个孩子的母亲和不幸的妻子亚历山德拉·沃耶科娃,"斯维特兰娜",从彼得堡前往国外——她身患重病,十分不幸。

他们乘坐了几辆马车:车上坐着斯维特兰娜和三个孩子,家庭教师帕里什小姐,仆人丽莎、莉莎特、卢基安——一大家子人一起出动。旅程漫长,让病人疲惫不堪。到达里加需要十天的时间,那里有柯尼斯堡和德国平坦的道路,两旁种着意大利白杨树。这次旅程中也有诗意的时刻:在奥得河大桥上的某个地方,夜色笼罩,星辰在水面上微微闪烁,迎面吹来温暖的微风,混合着河水的味道和收割后田野的芬芳。在黑暗中可以看到迎面而来的人们提着的灯笼,又是阴郁的道路,星光透过树叶的图案落在白杨树上。孩子们在睡觉。英国女人打着鼾。前面便是柏林,然后是斯特拉斯堡、里昂和法国南部:这将是她人生最后的赌注。

他们于9月中旬抵达柏林。茹科夫斯基在这里恭候已久!这说明了一切。斯维特兰娜没有看错人——没有人会看错茹科夫斯基。他平等地对待她,温柔而充满关切地给她展示柏林,领着他们去了波茨坦和夏洛滕堡宫。和他在一起的每一天都是休息,都充满了阳光。不是五天,而是十天过去了,但终归到了结束的日子。路程很远,斯维特兰娜必须离开了。

旅途并不轻松。10月初在斯特拉斯堡,她的儿子安德留沙病倒了,得了猩红热!需要休养一个月。他们住在一家破旧的旅馆里,风从四面八方吹进来,冷得难以忍受——很明显,这加剧了斯维特兰娜的咳嗽和发烧,以及肋骨的疼痛。同样地,法国阴沉的11月,白雪覆盖的山脉,幽暗和寒冷,里昂(斯维特兰娜出于某种原因喜欢这座城市),也都起到了恶劣的影响——应当认为,这次旅行本身缩短了她的生命。

尽管如此,他们还是在12月初到达了土伦附近的耶尔。在这里他们可以休息一下了。凭着斯特罗加诺夫伯爵的推荐信,伯爵夫人博勒加德将她在橄榄园的一座"小"房子(一座古罗马式的塔楼)的两层租给了斯维特兰娜。从此处可以远眺群山和大海,院子里种着橘子树,凉亭里满是玫瑰和茉莉花。主人很热情,一切都是现成的,普罗旺斯宁静又繁华,温暖宜人。斯维特兰娜拿出她的书——蒙田、拜伦、费纳隆、歌德、席勒、莎士比亚……以及俄罗斯的杂志和年鉴。泽伊德利兹也出现在此地,展现了高尚的品格:他正在国外完成他的医学学业,但他不能让玛莎生病的妹妹在异国他乡无人照料。

斯维特兰娜从耶尔给故乡的亲人——母亲和茹科夫斯

基以及朋友们写了很多信。她用细腻的笔触在相册中勾勒出耶尔的景色。她的信件和画作都被保存了下来。它们给人一种清澈、优雅和孤独生活的感觉，仿佛远处有一线炫光，带着悲伤的调子，时而怀着希望，时而又是忧愁和不祥的预感。19世纪20年代的普罗旺斯，复辟时期的侯爵夫人、小老头、革命移民、橘子树林的芬芳，给斯维特兰娜治疗的阿莱格里医生让人在她的卧室里塞满了香草，给她喝驴奶，有时还强迫她睡在牛棚里——这有助于治疗肺结核……大海诉说着广阔、光明和幸福。起初，斯维特兰娜的身体状况真的变好了。

但是到了春天，无论是驴还是牛都帮不上忙了。她感觉不太好。炎热的夏天即将来临，威胁着肺结核患者。她们不得不继续前行：下一站是瑞士。还是那个泽伊德利兹把一大家子人带到了日内瓦，帮他们安排妥当并安顿下来。希望再次闪现：可能是由于清新的山间空气或凉爽的天气，斯维特兰娜又感觉好多了。在日内瓦的生活又给了她一线希望。优雅与宁静的日子，与书籍相伴，与杰出人物的交流——经济学家西斯蒙第、年迈的邦施泰滕（最终爱上了她）经常来探望她。远在俄国的茹科夫斯基也挂念着她。

但是在瑞士他们也没有停留很长时间。秋天，他们不得不再次撤退到意大利，又是在泽伊德利兹的指挥下乘着几辆马车，带着孩子们、仆人们和家庭教师踏上路程（很明显，他这次完全放弃了自己的学业）。

起初，意大利给了他们一个迷人的问候。"孩子们步行去了博罗梅安群岛，由于我不习惯走远路，所以我坐在船上，但在马德尔岛上我们又遇到了最初的那几棵橘子树。

想象一个最无与伦比的夜晚,湖面光滑如镜;我躺在船上,泽伊德利兹用单簧管吹奏了所有古老而熟悉的乐曲!太阳下山了,无数星星闪烁,孩子们安静下来,音乐也停息了,我们怀着某种神奇的心绪到达了阿罗纳。"

在米兰有美好的时刻,但也有致命的疲劳。10月28日,她已身在比萨。

斯维特兰娜为何选择了这座古老而骄傲,在其阴森的宏伟中隐藏着诸多悲剧的城市?可能是因为赫柳斯蒂娜、泽维尔·德·梅斯特伯爵和其他几个朋友住在这里。她似乎也没有那么孤单了。是的,在她不知情的情况下,命运将她送到了这里。比萨冬日连绵的雨水,所租住的宽敞雅致的房间里的潮湿、寒冷……还有比萨斜塔,但丁笔下的乌戈利诺就饿死在塔楼的监狱里。

她在这里难以控制地日渐衰弱。在彼得堡的茹科夫斯基本以为她已经准备好了,会乐观地、静静地走进那个世界。但现实中的情况更糟。哦,当然,作为一个基督徒,斯维特兰娜很长一段时间都怀着对于另一个世界的思考而生活——她从小就接受茹科夫斯基的教导。他所有的关于和解和接受的理念都稳固地存在于她的内心。但她也是一个热爱生活、爱美和渴望爱(却从未获得过幸福)的年轻女子。她在三十三岁的年纪慢慢地、无可挽回地接近坟墓——这不是十字架吗?她并没有抱怨。但每个人都要经受苦难。

"我一直在哭泣,我没有力气了;特别是在晚上,ce n'est pas volontaire et cela dure des heures quelquefois.[1]"

---

[1] 法语:"……这不取决于我,并且经常要持续数个钟头"。

《斯维特兰娜猜想她的未来》,布留洛夫绘,1836年

这是出自她之手的一幅画：比萨的一个宽敞明亮的房间，房顶上装饰着水晶吊灯，墙上挂着古老的壁画——石柱、花纹、架子上的古董花瓶和小雕像。病人戴着睡帽躺在床上。在一张桌子前坐着一位家庭教师和一个大一点的女孩，在另一张桌子前坐着保姆和一个小女孩。在这盏吊灯的光亮下，在夜晚的荒漠中，人们等待着她生命的最后时辰。

新年前夕，她为孩子们装饰了一棵圣诞树，孩子们为收到的礼物而欣喜若狂，她也感到高兴，这一切都让她想起了自己的童年和故乡——这就是比萨的俄罗斯。他们甚至安排了新年占卜。但曾几何时，斯维特兰娜占卜出来的只是以辉煌结局而告终的一场可怕的梦。在这里新郎没有来，哪里有什么新郎呢？还有很长的路要走。斯维特兰娜明白并低下了头。

情况变得越来越糟。2月，茹科夫斯基收到泽伊德利兹的消息，说最后的日子即将来临。他给斯维特兰娜寄去了一封不寻常的信，但对于像他这样的人来说，这并不奇怪。"……我们不得不失去你；我甚至不知道我在给谁写信，你是否还活着，你会读这封信吗？……成为天使，接受另一种生活的平静，抛下对此世生活的恐惧，真的有那么难吗？你的生命是纯洁的。奔赴你的目的地吧！我祝福你！"

他为死亡而祝福，直接谈到了它的必然性。他让她不要担心孩子们。无论是他、佩罗夫斯基、波琳娜·托尔斯塔娅，还是皇后，都不会忘记他们。一切都很好。最后他又说道："我祝福你，顺从于失去你的必然性。"

几天后他写了另一封信："萨沙，我的天使，也许你已经在各个方面都成了天使……难道你要离开我吗？不，对于我来说,你已成为此岸世界和彼岸世界之间的切实联系。"

斯维特兰娜已经看不到这些信件了——她没有活着等到来信。他同时写信给泽伊德利兹:"你生命的最近一年是一个美好的神圣的时期:对玛莎的承诺得到了忠实的履行,在她妹妹的坟墓旁你再次见到了她。你们都是她身边最好的人物;她是不可见的,来自另一个世界——前来赴约,而你在这一世界的出口处——与她告别。"

在彼得堡,他在音乐中诗意地感受着斯维特兰娜的离去。"此刻,当你陷入想象中时,会听到某种纯粹的音乐。对我来说,现在一切美丽的事物都将成为死亡的代名词。"

最后一句话听起来可能有点吓人,但对于日常生活来说,茹科夫斯基在这一情况下的整个感受都是可怕的。茹科夫斯基并非圣人,但他正在接近可以直接谈论死亡甚至祝福死亡的边界:为此,他必须对那个精神与光明的世界具有一种不可动摇的深刻的感觉,从此在的世界进入那个世界不仅不是悲伤的,而且是欢乐的。(炽天使撒拉弗"指定"一个完全健康的年轻女孩死去,因为他相信这对她来说是更好的命运——她便很快死去了。)茹科夫斯基觉得这已经足够了,斯维特兰娜回到了她真正的家。

她临终前的快乐来自俄罗斯的来信,此地的朋友们,还有总是放在旁边桌子上的茹科夫斯基的肖像。

死神庄严地走进比萨寂静的家中。(茹科夫斯基知道他在给谁写信。)2月27日早上,斯维特兰娜感觉到这是她的最后一天。九点钟,她剪下自己的辫子,留给了孩子们。从里窝那请来一位神父:她想要领圣餐。在神父到达前的半小时,她吩咐将圣母像摆在她面前。赫柳斯京娜朗诵《圣经》中的《诗篇》。全家老小都跪在地上祈祷。

在领圣餐和涂圣油之后,她与孩子们告别并祝福他们,她祝福了不在身边的丈夫,祝福了她在俄罗斯的所有亲人和朋友……她只是在等待结束。孩子们紧紧地依偎在她身旁。她完全清醒,只是很虚弱。她听到了两点的钟声。她的手里握着一根点燃的蜡烛,用嘴唇亲吻了圣母像。房间里传来强忍住的低声抽泣。

从此时以后,她变得越来越虚弱。孩子们因眼泪和疲劳而打瞌睡。她听到钟声敲了五下。"我会在两个小时内死去吗?"她只猜错了半个时辰。七点半,她说她感觉很冷。"保护我",——但已经没有人能保护她免受这种寒冷的侵袭。几分钟后,她离世了。

她被安葬在里窝那。茹科夫斯基这样描述玛莎和萨沙的死:"她们的墓地与她们各自的生活相似:一个坟墓旁是朴素深沉、野花盛开的寂静,开阔的天空,小路和傍晚的太阳;另一座坟墓旁则是欢快的意大利天空,芬芳的意大利花朵。"

教导者

1827年秋天，茹科夫斯基从国外归来后，一个人住在彼得堡的冬宫里。房间布置得非常舒适、雅致。公寓优雅、明亮而温馨。书房里有一张大书桌——他站着写作——墙上挂着王室成员的半身像，房间的角落里摆放着古代圣者的雕塑头像。还挂着许多亲人和朋友的肖像画。在其他几个房间里有一个图书馆（藏书很多），还有一个摆放着许多大扶手椅的客厅，可以接待朋友，安排文学会议（后来果戈理就是在这里朗读了《钦差大臣》。普希金、维亚泽姆斯基——那个时代所有闪耀的文学之星都曾汇聚于此）。

像往常一样，房间里的一切都井然有序——从很小的时候起，茹科夫斯基就这样。

他现在很平静，有发胖的倾向，在发黄的脸庞上有着一双不是很大，但灵动有神的眼睛。他每天都要在这个宽敞舒适的房间中工作数小时。然而，他并没有写诗。"灵魂中已没有了过去的幻象"——现在重要的不是四音步抑扬格（普希金擅长于此），而是完全不同的东西：计划、教材、对继承人学业的监督。

职位已接受，需要去履行自己的职责了。茹科夫斯基打算按照由三部分组成的复杂计划教导亚历山大。第一部分（从八岁到十三岁），"为人生旅程做准备"（毕竟，这是诗人拟定的计划！）：关于世界、人的简要信息，宗教观念、外语。第二部分（从十三岁到十八岁），更具体地阐述科学：是第一部分种子的生根发芽。按照茹科夫斯基自己的意愿，科学被分为"人类学"（历史、政治地理学、政治和哲学等与人及其文化有关的科学）和"本体论"（关于人以外事物的科学：数学、自然历史、自然地理、物理学）。最后，第三部分，"旅程的终点"：带着道德精神的目标阅读"几本真正经典的著作"，形成一个"完美的人"。

所有的复杂性和责任心，高尚的意图和一些教条之处，再次展现了茹科夫斯基的内心本质。其中的某些东西来自他自己的青年时代。在开设了三十六门学科，以培养"品德高尚"的青年为己任的贵族寄宿学校的学习经历给他打下了深深的烙印。

皇帝和皇后批准了这个计划。君主只补充了些许自己的观点：他下令摒弃古代语言，他无法忍受这些陈词滥调，童年时就曾被它痛苦而毫无意义地折磨着。

就像曾经的茹科夫斯基本人一样，继承人的每一天都是按小时安排的。做作业、上课、休息、体操，晚上"回顾过去的一天，记日记"。星期日是父母为其挑选的同龄小伙伴们的来访，游戏、跳舞、音乐（继承人对此很有兴趣）。

军事教育由梅尔杰尔将军，这位由沙皇尼古拉亲自任命，符合其格调的"战士"来负责。（他必须让未来的沙皇适应行军野营般艰苦的生活——男孩的床板很硬，食物简单，所做的游戏经常是军事游戏，等等）。

在梅尔杰尔的背后是君主，在茹科夫斯基的背后则可以看到皇后——从茹科夫斯基那里应当延伸出一条心灵的发展路线,使他能够企及更高层次的世界。(从等级上讲,梅尔杰尔从属于茹科夫斯基。)

当然,从国外运来了整整一个图书馆的藏书:各种地图、计划、地球仪、教参。还从最出色的教师和学者中选聘了一批人员。其中包括像科尔林斯(数学家)这样的院士,以及后来非常著名的彼·亚·普列特涅夫(语法和俄罗斯文学领域的专家)。上帝律法由一位学识渊博的、圣安德鲁大教堂的大司祭格拉西姆·帕夫斯基神父传授,他也是由沙皇亲自任命的。

茹科夫斯基掌管所有这些事务,一切都由他负责。他自己坐在课堂上,参与到所有的细碎小事当中。两位家长也在监督观察。皇后会出席每月的考核。每半年一次更重要的考核时,君主也会现身。自然,他们对儿子的教育和成长过程了如指掌。

夏天,所有人都在皇村。当然,这里对孩子们来说更自由自在。亚历山大、康斯坦丁和玛利亚被分到池塘中的一个小岛上居住。他们自己在那里种树种花,盖了一座砖房,还为它做了家具。后来,已经成年的亚历山大在那里放置了一尊茹科夫斯基的半身像,以纪念他童年的快乐时光。

可以看得出来,继承人是一个活泼机灵、爱玩闹、有天分的男孩,有时过于急躁。他必须与自己的傲慢自负作斗争。

但既然茹科夫斯基已经进入了这个家庭,那么他就会坚定地留在这里,以他的沉稳、阳光和温情来赢得人们的好感。现在他又在年轻一辈中站稳了脚跟。从后来他与在皇村盖房子的三个孩子的通信来看，他对他们来说就像是一个叔父，不是真正的血缘关系上的，但也许比真正的叔父还要更好。一方面，他是一个忠诚的臣子（"至死忠诚的茹科夫斯基"，"亲吻您可爱的手"——给继承人的话，1844年），另一方面，他也是一位有着无可争议的权威的导师。这位继承人被教导说，果戈理不应被赠予两千卢布，而应以借给茹科夫斯基本人的形式提供给他四千卢布。（"很明显，您没有看懂我的信"——茹科夫斯基和果戈理都会安定下来，继承人也没有损失自己的钱。这封信的语气很客气，但让过去的学生无法拒绝。他甚至从未想过要拒绝茹科夫斯基。）

即便如此，即使他们还只是孩子，对他们的担忧——主要是对亚历山大的担忧——还是占据了他的全部心灵。在最初的几年里，他无法在自己的领域写任何东西——不仅是因为忙碌，还因为心灵内部的变化。无论是玛莎还是斯维特兰娜都已经离世。他也跟原来不一样了。他变得体态臃肿，更肥胖了。闲暇时，他像个土耳其总督似的坐在沙发上，在他优雅明亮的住宅里，他长时间地抽着烟斗，也许是陷入了遐想中。但是诗意的尖锐、紧张不安、力求将感情倾泻成诗句、韵律和韵脚则是没有的。曾经他把《奥尔良少女》翻译成无韵诗，随后他又写出了感情强烈的押韵诗。现在这种激情已经消失了。

"永别了，押韵的诗歌！一种别样的诗歌与我同在，只有我熟悉，只有我可以理解，而对世界沉默不语。我的余生都应该献给她。"

即使不是全部的余生，那么也是一个完整的生活阶段。

在这一时期他不仅没有创作,甚至还减少了与朋友们的通信,请求他们给他一个"书信沉默的假期"。

现在,1831年即将到来。茹科夫斯基重读了玛莎的信,独自迎接新的一年。("这是玛莎在临终前写给他的信,1823年。")

"现在五点钟了,街上的一切都那么安静,我周围的一切都在沉睡,我的心在跳动,但平静而充满着对上帝的感恩。我怀着一种特别的心情跨入了新的一年。我身上充满了活力,仿佛我必须为自己开始新的生活。"

就好像曾经令人着迷的、忧愁的、折磨人的,但也充满生命、滋养创造力的灵感现在已经消失了,仿佛被封存在了水晶石棺中,而他的人生道路,也包括创作道路,则有着自己的规律,不受过去的控制。

新一年的精神焕发并非没有结果。1831年创造力的突然飞涨可与1814年的多尔宾诺之秋相提并论。但它的内容完全不同。那里有着尖锐的、感人的音乐律动,复杂的构造,闪耀着节奏和韵律的光辉,而这里是平静的,是自信的艺术家的成熟,在幕后也不再有流血的心。他只是在进行创作:有民谣和史诗片段,《选自席勒》《选自戈培尔》《选自乌兰特》这些熟悉的名字。还有俄罗斯题材的作品:童话故事——这对他来说是个新鲜事物(《沙皇贝伦迪》和《沉睡的公主》)。这一时期他告别了年轻时惯用的韵律,常用六音步扬抑抑格。这预示着内容丰富的作品,如《温蒂妮》《纳利和达玛扬季》以及后来的《奥德赛》的问世。

《老鼠与青蛙之战》正是用六音步扬抑抑格写成的。这首诗的灵感来自一个德国童话,改编自一首古希腊民谣。

《老鼠与青蛙之战》——或者更确切地说是其中的节选——是由生命已过正午的茹科夫斯基感情充沛、满怀温情地写下的。这部作品写得很出色，也获得了成功，但这部作品对他来说并不重要，这并非茹科夫斯基不可或缺的。俄罗斯童话对他来说可有可无：他可以写，也可以不写。看起来，在他1831年问世的所有作品中，席勒的《潜水者》似乎是最贴近他内心的一部。爱情是无法控制的。她为了酒杯而奔赴死亡——其中的声音强劲而饱满，这是无可争议的成功。总而言之，现在的作品展现出他是一个极具天赋的作家，思路清晰而冷静，但更像是年轻人的导师。这是《上帝对主教的审判》（我们从小就熟悉的"加顿主教就是这样被惩罚的"），之后还有《沙皇贝伦迪》《席德》《老鼠与青蛙之战》——这些作品就像是给继承人写的一样，想要等到继承人长大后读一读这些写得很好的，带有"青春文集"印记的作品。后来正如他所愿。

而且，不仅是继承人，学校也在许多方面使用了他的这些作品。

* * *

从很久以前开始，普希金就出现在茹科夫斯基的地平线上，并且直到最后也没有离开他的视线。早年间，他们的关系就是学生和老师。普希金年轻，茹科夫斯基年长——两者相差十六岁。普希金上中学时，茹科夫斯基正处于创作和声名的辉煌时期。但是很快这位老师就承认自己被学生打败了——从中可以看到茹科夫斯基伟大的谦虚、智慧

亚历山大·普希金肖像，1827年

和公正。然而，学生也害怕"偶然"的巧合，尤其是在节奏和短语上（他是在茹科夫斯基的影响下成长的）。直到最后，他都对茹科夫斯基保持着崇敬之情，虽然有时大胆的言辞会破坏这种恭敬的态度。尽管如此，这仍是长辈和年轻人之间友谊的一个很好的例子。在艺术上有着完整的等级，两者之间没有任何的嫉妒。有时他们彼此不满意，但他们总觉得不满意是次要的，还有更重要的东西。

"你富有的不是才华，而是天才。"他给这位二十五岁的"浪子"这样写道。"他惊人的天堂般纯洁的灵魂是多么迷人。"这是"浪子"对于老师的评价。

到了1831年，艺术上的形势已经明朗：普希金已然是一位成熟的、伟大的艺术家，一位了不起的音乐家和语言的魔术师，想要追赶他的步伐是不可能的——而且他还在不断成长。而茹科夫斯基则早已完全确定下来，进入了他艺术道路的后半程。现在在艺术上已经没有什么可以教普希金的了。可以向前辈学习，但最主要的东西是学不到的。就像年轻时一样，他仍然不得不转向茹科夫斯基寻求庇护，这一习惯一直保留了下来。在生活中，茹科夫斯基直到最后都没有离开老师、导师的位置。"天资算不了什么，最重要的是道德上的伟大。"很久以前，他就给普希金写了这封信，并一直坚持这一观点。在这里还有着完全不同的观点："如果你可以将崇高的天才与崇高的目标结合起来，俄罗斯帕尔纳索斯山的首位将非你莫属。"（很长一段时间他都害怕普希金会在琐事上耗费精力，担心作为一个人的他无法达到诗人的高度,害怕他会毁掉自己内心的诗性。）

对于普希金来说，最高的价值是艺术。对于茹科夫斯基来说，艺术之上还有着别的东西。

1831年，两人都住在皇村躲避霍乱，两人友好地见面并交谈，甚至同时开始创作童话故事并相互比拼。但是在生活中，普希金对茹科夫斯基来说仍然永远都是一个学生，作为老师的茹科夫斯基总是要为他担惊受怕，有时也会生学生的气，苛责他要好好反省。不是在1831年，而是在后来——但这并没有改变现状——茹科夫斯基将会写信给他："……要知道，你是一个愚蠢的人，现在我十分确定这一点。""我真的不明白你是怎么一回事儿；你绝对是愚蠢的；你要么应该住进精神病院，要么应该好好抽自己几鞭子，以使你的血液流动起来。"（根据茹科夫斯基的说法，此事件的要害是普希金对君主的无礼行为——茹科夫斯基一如既往地要为此付出代价）。

1831年夏天更引人注目的是，在普希金的身边出现了一个新的"人物"，他同样在茹科夫斯基这里寻求庇护，同样非常出色："天才"这个称谓后来也附加在他的头上，他在莫斯科的纪念碑离普希金的纪念碑不远。

果戈理从乌克兰的穷乡僻壤之地出现在茹科夫斯基面前是早些时候。"作为一个刚刚踏入社会的年轻人，我第一次来找你——这个已经在文学舞台上走过一半路程的人。"显然，这发生在1830年。"你向我伸出手，充满了帮助未来战友的愿望！你赞许的目光充满着爱意！"（摘自果戈理在后来的信件中的回忆。）茹科夫斯基立刻感觉到他身上有着不寻常的东西——早在1831年初，普列特涅夫就写信给普希金，让他注意果戈理："茹科夫斯基对他十分赞赏。"

果戈理当时几乎没发表过什么，但已经写了一些东西。他声情并茂地朗诵自己的作品，也很乐意这样做。在文学界他已经有了一些名气。可能他也将自己的早期作品读给茹科夫斯基听过（或者给了他手稿，但这种可能性不大）。不管怎样，他自1831年初以来一直在发表作品，到了5月，他已经写好了未来的《狄康卡近乡夜话》中的几篇故事。也是在这一年的5月，他在普列特涅夫家的一个晚宴上被介绍给普希金认识。

这一时期，果戈理生活中所有重要事件的背后都可以看到茹科夫斯基的身影。茹科夫斯基还把他介绍给普列特涅夫，果戈理正是通过他在爱国女子学院找到了一份历史老师的工作。茹科夫斯基还将他推荐给隆金诺夫家做家庭教师——茹科夫斯基为他创造了良好的媒介，在生活上大力支持和帮助了他。（在文学方面，他早期的导师是普希金。）

1831年夏天，果戈理住在巴甫洛夫斯克，居住条件简陋——当时他在瓦西利奇科夫家担任家庭教师和教导员，他穷困潦倒，衣着寒酸，时常把自己写的故事读给食客们听。但不仅仅是读给那些食客！茹科夫斯基和普希金住得不远——当然，他们也听了他的故事。几乎每天晚上他们都聚集在一起："茹科夫斯基、普希金和我"——即使不是每天晚上，这个奇怪的夏天他们也始终在一起，当霍乱肆虐时，当三位俄罗斯诗人在皇村和巴甫洛夫斯克的寂静中避难时，每个人都在努力工作，每个人的社会地位和年龄都不同，他们都因同样的事情而联系在一起——那就是艺术。果戈理破旧的大衣和寄人篱下的生活在这里并不重要，重要的是，俄罗斯文学史将为这两人竖立永恒的纪念碑，而关于第三个人则会说道：

> 他的诗有着醉人的甜蜜
>
> 将会走过长远的令人嫉羡的世纪……[1]

对茹科夫斯基来说，两人都是"青年作家"，一个天赋异禀，但是没有任何精神上的控制，另一个简直是个才华横溢的乌克兰人（在他看来是这样），他能让你笑到流泪，但仍然还是"戈戈廖克"[2]，到目前为止仅此而已。这位戈戈廖克对两位前辈都十分恭敬。普希金对他非常友善和关心（这在年轻作家中是很少见的），但无论是茹科夫斯基还是普希金，都没有预感到这位穿着破旧大衣和色彩鲜艳的背心，长着长鼻子的家庭教师未来内心的混乱、复杂和悲剧性。九月，《狄康卡近乡夜话》问世。普希金读了之后赞叹不已，但除了"欢乐"他并没有注意到其他的方面。果戈理的"恶魔"味道被完全忽略了。茹科夫斯基当然被这些充满诗意的故事和乌克兰的旋律所吸引，而内心的沮丧和分裂、悲惨的折磨，还有罪恶、邪恶的元素对他来说则是完全陌生的。诚然，在果戈理这一时期的作品中，这种声音仍然是微弱的。

在这一切思想当中，普希金更接近多神教。光明的日神阿波罗的属性遮住了他身上的魔鬼。茹科夫斯基作为基督徒比普希金看得更远。对他来说，一个人的使命、职分、

---

1 引自普希金1818年所作的短诗《题茹科夫斯基肖像》。
2 果戈理的昵称。

自我完善和死后的命运是最重要的。对于普希金来说最重要的是诗歌。对于茹科夫斯基来说，则是上帝和诗歌。

在茹科夫斯基身上，完全没有魔鬼的混沌不清和令人恐惧的成分，他的本性并非如此，但他对生活、艺术、宗教的整个态度更接近于——后来甚至更加强烈——其貌不扬的戈戈廖克，而不是辉煌灿烂的普希金。那年夏天，在茹科夫斯基面前以尚未充分发展的形式显现了俄罗斯文学的两条主要道路：普希金的和果戈理的。从艺术上讲，他没有走其中的任何一条路。但果戈理的道路更贴近他的灵魂。从"推荐""戈戈廖克"开始的关系变成了牢固而深厚的友谊，变成了一种内在的联系，这并非巧合。

普希金很早就去世了。茹科夫斯基父亲般陪在他身旁。但如果普希金活得更久一些，你就能看到他们之间的关系并不牢固。

1832年，茹科夫斯基的生活中出现了短暂的停顿。不知是因为过度劳累，还是因为在单调的工作中坐得太久，他的健康出问题了。肝脏出了毛病，也影响了视力：他开始抱怨自己的眼睛。和六年前一样，他不得不出国接受治疗。

这次又是去德国，接受水疗。现在他太虚弱了，没有像往常一样去多尔帕特，而是走海路到吕贝克，从那里去巴德艾姆斯。他在那里接受了治疗并得以康复，但他仍然很虚弱，所以他买了一头白毛驴骑着散步。接下来，他又去了法兰克福附近无聊的维尔巴赫接受硫黄水温泉的治疗。

俄罗斯画家赖腾和他的家人从威灵豪森的城堡来到他身边——就是那个独臂上校赖腾，早在1826年就和他一起住在巴德艾姆斯，并在宫廷中被他庇护（订购画作、资助）。

茹科夫斯基喜欢这个赖腾，对他很热情。在维尔巴赫，他们在同一个"小酒馆"落脚，这给茹科夫斯基的"隐居生活"增添了些许乐趣。

在维尔巴赫之后，他的下一站是瑞士——用葡萄治疗。赖腾将家人送回了威灵豪森，自己则和茹科夫斯基一起住在沃韦附近日内瓦湖畔的韦尔讷。据推测，茹科夫斯基应该是想从那里出发前往意大利。但是到时间了，他又改变了主意。

独自待在瑞士似乎也令人害怕，所以赖腾决定把全家人都叫到这里来跟他们住在一起。这让茹科夫斯基非常满意。赖腾夫人带着三个女儿（大女儿当时十三岁）和一个儿子来到了这里。他们都"隐居"在了韦尔讷。

这样的生活非常适合茹科夫斯基。朋友们，瑞士的美丽和宁静，蓝色的勒芒城，连绵的山脉，漫步其中……从彼得堡教育的"职分"，关心继承人课业、书籍和纲目的老师，他回归了自己真正的使命：诗人。

赖腾一家人非常崇拜他。可爱的小女孩丽莎恭敬地看着他。她不懂俄语，对她来说他是 ein beruhmte russische Dichter[1]，但他本人现在德语也讲得很流利，而且，特别是当他和孩子们谈论什么的时候，单凭他轻松而富有诗意的存在就已经足够了。

茹科夫斯基过着孤独的生活：两个月内他只参加了一次社交界的聚会。他日常所处的环境是赖腾一家、书籍、山脉和湖泊。他每天都独自散步。他从韦尔讷沿着大路走

---

[1] 德语：一位著名的俄罗斯诗人。

到可兰,再从另一条路走到西庸,每隔三公里都标有他潦草地写在石头上的名字。我们所熟悉的那个茹科夫斯基在这里复苏。就像他在之前的旅程中用文字描述了康斯坦茨湖一样,现在他也以同样的方式描绘勒芒。

> 晴朗而温暖的一天,阳光从美丽的蓝天洒落下来,蔚蓝色的日内瓦湖在我眼前铺展开来,没有一丝波浪……——湖泊呼吸着。蓝色的山峦从蓝色的蒸汽中冉冉升起,白雪皑皑的山峰在阳光下熠熠生辉。小船漂浮在湖面上,银色的溪流紧随其后,渔民们在阳光的照耀下盘旋在水面上,他们的船桨像明亮的火花一样闪耀。

四周一片寂静。时而响起钟声,但声音轻柔和谐。偶有行人走过,山峦空寂,清新的空气流向蹒跚而行的茹科夫斯基——即使传来远方的狗吠声,山间孤独寂寥的人语声,这些声响也并不会破坏伟大、无声的大自然,而是会让人陷入沉思。茹科夫斯基越来越倾向于沉思。多年来,哲学家一直在他身上成长——后来朝着宗教—神秘主义的方向发展,现在自然哲学占了上风。

在这种瑞士式的隐居生活中,他阅读、冥想、思考了很多。各民族的历史和世界的历史……他在各处的生活都是双重的。有时是缓慢而持久的创造性工作,有时是风暴和灾难。某种东西在不知不觉地生长,然后是爆炸、"急变"和死亡。他在这里看到了大山的废墟——它倒塌了,压垮了几个村庄。这发生在宇宙层面的意义上,然后野草会在废墟上重新生长，生命将重新开始。但是，不要让人类的生活出现滑坡——要进行平稳、平静的改进。"在不停的、孜孜不倦的工作中，随着时间的流逝你已经与生活分离，并滋养了孕育着生命的胚芽，你将安全地，没有受到任何灾难性的冲击地，或是产生新的必要之物，或是毁灭无结果的或有害的旧事物。总而言之，让我们活下去；最重要的是要遵守上帝的真理。"

他将这些情绪称为他的"山地哲学"——对于他的内在发展来说，对于一个已然成熟但尚未僵化的人来说，与赖腾一家一起度过的瑞士的冬天被证明是有益的。他生活在祝福和恩典之下。他不只是在写信。

他的内心完全被乌兰特占据，他之前曾翻译过其作品。但最重要的是，他又拿起了《温蒂妮》。

《温蒂妮》是拉·莫特·富凯的中篇小说，该作者出生于法国，在德国长大，是一位写奇幻小说的三流浪漫主义作家。他的作品中只有一部脱颖而出：《温蒂妮》。茹科夫斯基早就被这部作品所吸引。早在1817年，他就尝试翻译此作，但一无所获。在1821—1822年间，他结识了该书的作者，但《温蒂妮》还是没有丝毫进展：他自己还没有准备好，他不得不写点别的东西，经历和体验另一种生活。

诗人永远不知道这种相遇会在何时并怎样发生。这是在暗中隐秘地发展的。原因是从外部给出的。

茹科夫斯基当下的生活是如此顺利，以至于过去那尖锐的刺耳声、痉挛、心律不齐都消失了，诗歌节奏的复杂性与生活的复杂性一样，都成为过去。本质上，生活本身就是对玛莎的爱和她的死——都已成为过去，剩下的只是记忆。在瑞士山区慢节奏的日子里,一切都是透明、平静而忧伤的!一个古老的童话故事《温蒂妮》再次深入他的内心,吸引了他。那无边无际、波浪般均匀起伏的六音步扬抑抑格如梦似幻。而在《温蒂妮》的背后则是玛莎——是对她渐渐模糊了的记忆。

只有一部分内容是在瑞士写成的,但当然,在蓝色的湖面之前,在白雪皑皑的山峰之下,在大自然原始的寂静和威严中,整个《温蒂妮》已然成熟了——带着所有透明的蓝色和悲伤。(他后来回到俄罗斯,1835—1836年在离多尔帕特不远的埃利斯特费尔完成了这部作品。在阳光明媚的日子里,他在大厅里踱着步,为斯维特兰娜的女儿们口述了最后的章节。)

他所曾经爱过的记忆不会消失,但现在他在改变,周围的环境也在改变:

怎么说呢,读者朋友:到底是不幸还是幸运,
我们在人间的悲伤是短暂的?在这里,我指的是
内心的悲伤,深深的悲伤,
摧毁了我们整个一生的悲伤……
……但是,有许多世界上卓越的
灵魂,他们有着神圣的悲伤,就像圣像前的蜡烛,
明亮地燃烧,直到耗尽所有;但她对于人们来说
燃尽时已不像开始时那样的,

完整，纯洁；许许多多其他的，异己的
渗入到我们已逝去的岁月和我们之间；
最后，在我们的悲伤之中我们看到
此生所有一切的变幻莫测……

是的，他会把他的六音步扬抑抑格口述给下一代。《温蒂妮》并非无故出现在瑞士并长期占据他的心灵。这绝不是偶然的——它与对玛莎褪色的记忆有着内在的联系。那时，在韦尔讷的茹科夫斯基是否意识到了所构想的著作的重要性？无论如何，在他内心深处与这个《温蒂妮》一起生活的三年中，他投入了如此多的魅力和诗意，温柔和情感，引入了如此多的思想、回忆和遗憾，以至于来自可怜的拉·莫特·富凯本身的，事实上只剩下了名字和情节。而来自茹科夫斯基的则是作品所有的丰满和魅力之处。

* * *

他在1833年的春天与赖腾一起来到了意大利——这是他与意大利的第一次相遇。他在这里度过了非常愉快的两个月后回到瑞士，然后他又与赖腾一家在韦尔讷度过了两个月安宁幸福的生活，他们几乎成了他最亲近的人。"最后我们不得不分别。他们像天堂里明亮的影子，从我身边飞走了。"

在他最终启程前往俄罗斯之前，他承诺会去威灵豪森探望他们，赖腾一家和岳父施韦泽尔就住在那里。他顺路来到此地，在古老的城堡里待了三天——这几天过得非常愉快。临别时，令他有些吃惊的是，丽莎扑上去拥抱他，"以非同寻常的温柔依偎着他"。她那时十三岁，似乎他是要与赖腾一家永远分开了。赖腾"应该拿着他的画笔留在莱茵河上，但却被禁锢在一个大家庭中；命运把我指派给宫廷，我的整个生命都无条件地致力于一件最重要的事情。我们之间似乎没有任何共同之处，就像莱茵河永远无法与涅瓦河汇合一样"。"好像一切都结束了。"少女突如其来的柔情让他感到意外，但并没有在他的心中留下任何痕迹。

那时他还不知道自己的全部命运。1833年9月，他已经身处彼得堡一座舒适、宁静的宫殿里。文学创作再次中断了。继承人的事情已经够他忙的了。

随着成年的年龄越来越临近，继承人的学习性质也发生了变化。从1834年起，大公利文被任命为他的"督学"，斯佩兰斯基讲授法律课程，外国政治则由布伦诺夫男爵讲授。现在他的周围都是成年人——部长、将军、副将、科学和文学界的代表——这些人组成了他的社交圈子，当然，茹科夫斯基是居于首位的。对于他来说，对继承人的关心和操劳增加得如此之多，以至于已经无暇顾及康斯坦丁·尼古拉耶维奇大公了。

格里姆被邀请到他那里。（在都主教费拉雷特的坚持下，帕夫斯基被免去了教授法律的职务。）茹科夫斯基和皇帝本人一样，对格拉西姆·帕夫斯基神父极为赞赏。但是和费拉雷特争辩是很难的。茹科夫斯基不得不做出让步：都主教指责帕夫斯基教学中的"历史主义"、各种"闪烁其词"以及不准确的定义，等等。

1835年，这一切彻底结束了。继承人已经成年，以往半年一次的考试已经不再有了。在整个皇室家庭的面前，在许多受邀至此的教授、将军、朝臣的见证下，一位高大英俊、五官鲜明、热情洋溢又容易沉迷的、带有些许浪漫主义和骑士精神、脾气火爆的年轻人顺利通过了最后一关，可以说是最终的测试。再没有什么可以教他的了。然而，茹科夫斯基不止一年地继续留在了他的身边，仿佛一个"灵魂的守护者"——一个最高意义上的教育者。

与俄罗斯告别

茹科夫斯基在1831年写了几部俄罗斯童话。后来他又写了几部。有一段时间果戈理认为,茹科夫斯基正在远离西方,成为俄罗斯人民的诗人。然而,尽管他出身于别廖夫,茹科夫斯基并没有成为俄罗斯的歌手。他是俄罗斯人,但不是阿克萨科夫[1]。

然而,他的整个1837年都在俄罗斯的标志下度过——不是在创作上,而是在生活中。在这几个月里,俄罗斯以各种广泛、深刻和庄严的形式呈现在他面前。然而,他的生活在急剧地转向西方。

1837年1月29日,他被邀请至维尔戈尔斯基家参加午餐宴会,人们为他庆祝生日。许多人都在受邀之列。普希金本应带领作家们出席,但他无法赶来——他在这一天去世了。茹科夫斯基在他临死的前一天亲吻了他冰冷的手。午餐那天的下午三点左右,普希金去世了,茹科夫斯基在死去的普希金身旁待了很久,凝视着他那张变得如此美丽的脸庞。

这个离别的场景或许有着深远的意义。在死亡的秘密

---

[1] 俄罗斯宗教哲学家、历史学家,斯拉夫派创始人之一。该派主张俄罗斯应基于本国历史和文化,走自己的发展道路,与西化派相对。

中，在茹科夫斯基面前，俄罗斯最后一次展现了她的样子，她的天才，她的精华。永别了！"他产生了一些重要的、令人惊奇的想法：类似于一种愿景，就像某种完整的、令人满意的知识。"再见！

午宴吃得很压抑。茹科夫斯基的生日是忧伤的。

随后的一切应该是：祭祷、安魂弥撒和奇怪的葬礼。茹科夫斯基始终忠于他逝去的爱情和逝去的俄罗斯：作为家庭和君主之间的中间人，他尽己所能地捍卫和支持普希金，并整理了他的文稿。2月3日午夜，在亚历山大·屠格涅夫的陪同下，一辆雪橇从大门口出发，将普希金的棺材抬往圣山。那晚的月光很亮。茹科夫斯基的目光跟随着他们一直到街角。他们在拐角处消失了。"而普希金在人世间的一切，都从我的眼中永远消失了。"

普希金被埋葬了，但生活还在继续。君主的命令是要无条件服从的。茹科夫斯基在宫廷里负责继承人的教育，现在他被指派与未来的沙皇一起，"陪伴"他在俄罗斯各地旅行——一次在空间和时间上都很辽阔的旅程。

沙皇尼古拉正值壮年。他还将统治很长一段时间。俄罗斯拥有非凡的力量。一切都站稳了脚跟，12月党人在流放，国界无边，田野肥沃，森林不可逾越，农民顺从。向未来的沙皇展示所有这一切，为的是让他既感到任务的艰巨，又意识到在上帝面前的责任（正如茹科夫斯基一向教导他的那样）。

5月2日，一队马车从彼得堡出发——在继承人的随行人员中除了茹科夫斯基、卡维林、阿尔谢涅夫、尤里耶维奇，还有一些继承人的同龄人和同学（如维尔戈尔斯基伯

茹科夫斯基像，1837 年

爵)。他们坐在高大的马车上,尽可能快速地行驶。俄罗斯向他们展示了她所有的多样性和复杂性。托尔若克、特维尔、雅罗斯拉夫尔……到处都是"欢呼雀跃",灯火通明,不停息的"欢呼声"——旅行者们最后为此深受折磨,以至于即使完全安静的时候,他们也能听到噩梦般的声音。隆重的欢迎仪式一个接着一个:各个省长、主教、贵族长轮番而至,数不清的晚宴、贺词——当然,这一切都令人难以忍受。茹科夫斯基由于其谦逊的本性也始终耐心地"在场"。现在,在另一些政治场合下,人们也还在说着这种庄重的庸俗话。但那时候的人们更为淳朴和率真,有时甚至更感人。毫无疑问:王者的魅力依旧具有神秘的力量。在科斯特罗马,成千上万的人挤在伏尔加河的岸边想要亲眼见见继承人的真容,许多人在齐腰深的水里站了几个小时,就为了能更清楚地看到船上的他。

他们行进得非常快。画面、印象不断变化着,所有人都非常疲劳,但继承人却并非如此,他举止坚毅。茹科夫斯基经常和病病歪歪的维尔戈尔斯基坐在马车里打瞌睡。在短暂的停留中,他几乎没有时间写信给皇后报告事件的所有进展。尽管如此,他还是设法作了简要的描述。

俄罗斯提供了很多美妙的东西。在乌格利奇,他们看到了沙皇米哈伊尔·费奥多罗维奇时代建造的大教堂,皇子德米特里[1]的宅邸,以及为纪念他的死去而建造的滴血教堂[2]。在科斯特罗马,他们参观了罗曼诺夫王朝的摇篮——

---

[1] 德米特里·伊凡诺维奇:伊凡雷帝最小的儿子,死于乌格利奇。
[2] 俄罗斯有的教堂被称为滴血教堂,一般是为纪念某个在此地灾难性死去的受难者。

伊帕季耶夫修道院。从那里通向森林、荒野和俄罗斯东北部的蛮荒之地,即通往乌拉尔。他们参观了维亚特卡、伊热夫斯克和博特金的工厂——检查各地工业生产的情况。在彼尔姆,最初的和"反面的"印象不仅是一些"欢呼声",在这里流亡的波兰人提交了返回家园的请愿书。还有分裂分子们向他们控诉受到的迫害。

5月26日,在距叶卡捷琳堡三十俄里的列舍特站的不远处,他们到达了乌拉尔山脉的最高点。亚洲的起点,西伯利亚!尚没有一位俄罗斯沙皇亲眼见过这片土地。未来的亚历山大二世看到了。这就是叶卡捷琳堡。在这里,俄罗斯展示了她取之不尽的地下资源——一块巨大的绿宝石,还有用碧玉、孔雀石、大理石等制成的各种精美的艺术品都被呈送到继承人的手中。但在他们平静的梦乡中,旅行者们并没有看到八十年后在这里,在茹科夫斯基学生的孙子身上将会发生怎样的悲剧。

从叶卡捷琳堡到西伯利亚的托博尔斯克,那里的一切都是辽阔、强大、富足的。无论是在科斯特罗马还是在雅罗斯拉夫尔省,继承人都没有看到过这里的农民(以及小市民、商人)的那种生活方式:一切都无比充实、自由、富裕。诚然,居住在这里的人少,空间更多,而且他们也更慷慨,更富足。但是,这位走遍了自己领地的受过教育的年轻人是否能够想到,这个地区似乎超越了欧洲部分的俄罗斯,因为这里从来没有过农奴制。自由的人民,自由的劳动!对于未来的解放者来说,这些印象具有教育意义,都成了他平生经历的一部分。

他与茹科夫斯基一起度过了数年并不是没有原因的。

在一个军营和棍棒盛行的时代,他把目光投向了更远的地方,即自由和仁慈。"播种者出去播种……"——茹科夫斯基播下的种子开始发芽。在西伯利亚,他们看到了许多流放者,其中包括十二月党人。在这里,茹科夫斯基跟往常一样,是无数请愿的说情者和中间调节人。从托博尔斯克,皇储写信向他在彼得堡的父亲请愿,要求减轻对流放者的刑罚。

从兹拉托乌斯特他们前往奥伦堡——此地充满着异国情调:吉尔吉斯部落生活在这里。半裸的吉尔吉斯人骑着马和骆驼在草原上奔跑。当地人念咒驱蛇,赤脚踩在军刀上。他们还欣赏了当地人在笛子伴奏下的热舞以及喉音唱法的民歌。

在喀山他们对大学产生了兴趣。但他们在各处停留的时间都不长。此后他们又乘车前往辛比尔斯克,在车站他们吃点东西继续上路。同行者们分成了"茶客派"和"酸奶派"——两个敌对的派别。一派人在车站点茶,另一派点酸奶。茹科夫斯基对馅饼更加青睐,但最为重要的是,他已经疲惫不堪。

喜讯在辛比尔斯克附近等待着他们。在离城市几俄里的地方,一个从彼得堡狂奔至此的信使赶上了他们。火车停了下来。继承人打开了父亲的信——他为流放者的请愿得到了尊重。他立即把茹科夫斯基和卡维林叫到身边,在路上就告诉了他们这个消息。"三个人相拥在一起——庆祝沙皇向他们宣布对受难者的仁慈。""这是我人生中最快乐的时刻之一。"茹科夫斯基说。

7月初,他们到达了物产丰富、地域辽阔的沃罗涅日。

在那里，茹科夫斯基终于找到了一个适合自己的朋友。

在继承人到来的当天，宪兵出现在科利措夫的家中：省长请诗人到他那里去。一开始，大家都惊惶不安起来。但传唤是友好的，甚至对科利措夫来说是有益的：是茹科夫斯基邀请阿列克谢·瓦西里耶维奇到他那里。他在沃罗涅日的两天都是与科利措夫一起度过的——科利措夫和沃罗涅日也是俄罗斯的一部分，是她浓稠而强烈的成分。他们在商人的家里喝茶，一起在城市里散步，从奥斯特罗日纳亚山俯瞰广阔的景色——草地、远处的森林，欣赏着那种在沃罗涅日及其附近地区所感受到的俄罗斯的广阔和强大。还有古旧的建筑，教堂，沃罗涅日教区的大主教圣米特罗凡，扎东斯克的圣吉洪大主教……山下是彼得罗夫斯克自由居民村庄的老房子：这是另一个世界，但有着丰富的历史，彼得一世，造船……

茹科夫斯基使这里的所有人都感到愉快的惊奇：一个与君主十分亲近的朝臣平易近人地带着一个商人的儿子在城市里散步，还在他那里喝茶。（科利措夫本人也对此感到十分惊讶，并完全被茹科夫斯基迷住了。后来在信中他是这样称呼他的："阁下，大人，一位善良的达官显贵和一位和蔼可亲的诗人。"）

而这位善良的达官显贵也很高兴见到的终于不再是省长，而是自己的同行——诗人，他可以和他谈论诗歌，给他提供友好的文学建议，例如收集民谣。（在当时很多人认为这是奇怪之举。）

在沃罗涅日之后，他们开始接近茹科夫斯基的故乡，图拉—奥尔洛夫一带。在图拉，他们参观了军工厂。也许他们也看到了（当然，并没有注意到）列斯科夫的左撇子在铸造手艺精湛的铁掌。然后他们转向别廖夫。

学生和老师都与此地有所关联。对于茹科夫斯基来说，这是他的童年和青年时代；亚历山大从未去过别廖夫，但他的伯母，伊丽莎白·阿列克谢耶夫娜皇后却死在那里。因此他在别廖夫给她举行了一个祭祷仪式。亚历山大本着朝圣的精神参观了"他心爱的导师"成长的地方。他还去了茹科夫斯基在别廖夫的房子。1806年玛莎·普罗塔索娃在这个院子里种下了柳树，而1822年的黎明时分，她独自在院子的草地上哭泣。

在这里，茹科夫斯基与继承人暂时分开了，他申请了短暂的假期去看望亲戚。他去了米申斯科耶。他很担心回忆起过去——他最美好的时光时，自己会哭泣。这里有许多破败和变化之处，但是旧的还在，新的也出现了。在不远处的布宁家住着叶卡捷琳娜·阿凡纳西耶夫娜·普罗塔索娃，她又从多尔帕特搬回了这里。和她住在一起的是三个外孙女，玛莎和斯维特兰娜的女儿们，现在她们正值她们的母亲们当年的年龄。在这群年轻人当中，茹科夫斯基可以说是多年后重回故宅探望的拉夫列茨基[1]的前身。

继承人从卡卢加前往奥卡河下游约十俄里的阿夫丘里诺。在那里，位于奥卡河畔的波尔托拉茨基庄园以其堪称典范的农业生产而闻名——人们向亚历山大展示了"用机器进行脱粒和簸谷"，他还亲自"尝试了英国耕犁"。无论如何，他应该为明亮如镜的奥卡河、广阔的公园和美妙

---

[1] 屠格涅夫长篇小说《贵族之家》的主人公。

宁静的庄园而感到欣喜。(至少对于在奥卡河斜对面的不起眼的庄园里长大的茹科夫斯基来说,这就是他感觉到的样子,他从没想过半个多世纪以后他会不得不在自己的生平简介中写下这些地方。)

在继承人的旅程中还有小雅罗斯拉维茨、塔鲁蒂诺、博罗季诺这些卫国战争的朝圣之地。所有这些地域是俄罗斯,又是不同的俄罗斯。而在7月底,莫斯科是他们停留时间最长的一站,或许也是最艰难的一站。

莫斯科当时是著名的都主教费拉雷特的领地。显然,继承人在此地的整个逗留期间都是在教会的旗帜下和与过去的联系下度过的。他们在克里姆林宫住了下来。亚历山大住在他出生的尼古拉耶夫宫的房间里。尤里耶维奇寸步不离地陪在他身边,就睡在奶娘曾经睡过的同一张沙发上。茹科夫斯基也住在曾经住过的房间里,十九年前他在那里举起一杯香槟酒祝贺继承人的诞生,现在他所欣赏的也是同样的那些民众。

抵达当天,圣母升天大教堂举行了欢迎仪式。在入口处,隆重地穿着神职人员法衣的都主教费拉雷特会见了皇储。可以想象得到,克里姆林宫的钟声是如何响起的,有多少主教的礼冠、法衣以及文职人员和军人的制服闪闪发光,有多少神幡随风飘动,有多少人呼喊着"愿上帝保佑长寿和平安"的祝语!老师自己也很兴奋。捕捉到了这一时刻,他这样写信给皇后亚历山德拉:"当我们进入大教堂时——在我一生中已经见证了在那里举行的三次加冕典礼,这是彼得大帝加冕的地方,是近四百年来所有的俄罗斯大公、沙皇和皇帝的加冕之地,他们在此地使自己的权力神圣化,并且在此庆祝所有伟大的全民族事件,当四周的墙壁已经无数次听到的'愿上帝保佑长寿和平安'的呼声响起时,他被带领恭敬地亲吻那些圣像和神迹,随后他再次穿过拥挤的人群,进入天使报喜大教堂和阿尔汉格尔斯克大教堂,最后去了红门廊,他在那里驻足,向莫斯科人民鞠躬,他们雷鸣般的'欢呼'与钟声融为一体,然后我处于灵魂的强烈颤动中——遗憾的是您和君主都无法享受这一时刻。"

然而,糟糕的是,莫斯科的高温令人难以忍受:在阴凉处也高达二十八度(列氏度)[1]。而且必须不时地参观圣地。他们参观了丘多夫、顿斯科伊、西蒙诺夫和其他修道院。他们去了圣萨瓦附近的兹韦尼哥罗德。当然,他们还去了圣三一修道院。(在那里,茹科夫斯基被绘画吸引住了,躲在一棵树下临摹,甚至错过了继承人的到来。)

"在整个旅程中,没有任何地方像在莫斯科那样让人疲倦。"但这还不是结束。他们从莫斯科继续向南移动——来到敖德萨、克里米亚、顿河哥萨克的土地,然后又是莫斯科,直到12月初才回到皇村。他们走过了四千五百俄里,访问了三十个省份,在途中收到了一万六千份请愿书。

茹科夫斯基认为这次旅程太快了,继承人"只来得及读到伟大著作的目录",但仍将这次旅行称为"他与俄罗斯的订婚礼"。

当然,他自己也厌倦了光怪陆离、零零碎碎的各种印象以及所有这一切的官僚属性。信函中很少有他的个人评价,但是("淳朴而聪明的")人民他是喜欢的。尽管如此,

---

[1] 历史上对温度测定的一个单位,1列氏度=0.8摄氏度。

在茹科夫斯基身上还是可以感受到一个文明人和西方派的气质——俄罗斯人对艺术的无知让他感到沮丧（他只高兴地记得苏兹达尔的商人基谢列夫，他拥有一个大图书馆和一个艺术画廊——即便如此在他那神龛盒子上还是镶着粗劣的镀金，蟑螂在画作四周跑来跑去）。

尽管如此，无论早年还是后来，茹科夫斯基都没再看到这样一幅祖国的全景图。如果对继承人来说这是与俄罗斯的订婚，那么对他来说，这就是与俄罗斯的告别。

回来的旅程有些奇怪。从远处，甚至还在托斯诺，他们就在暮色中看到了彼得堡上空的火光。冬宫着火了。茹科夫斯基本人就住在那里，现在他又回到了失火的地方。很多地方都被烧毁了，但他的房间未遭火灾，得以保全。他很尴尬，在交谈中似乎为没有受到损伤而抱歉。

伊丽莎白·赖腾

在彼得堡的休息是短暂的。春天他又开始了新的旅程，又是与继承人同行，现在是要穿越西欧。这已经是他连续第二年在旅途中度过了——马车、旅馆、宫殿、外国人、招待会、交谈……他们参观了柏林，住在波罗的海边的斯维内明德，然后去了瑞典——山岩、湖泊、花岗岩、格里普斯霍尔姆古老而神秘的城堡，像是跟随着茹科夫斯基青年时代的足迹。在瑞典之后又是德国，然后继承人生病了。他被指定在巴德艾姆斯接受治疗，他们便去了那里。

杜塞尔多夫离巴德艾姆斯不远，茹科夫斯基的老朋友赖腾就在杜塞尔多夫，1833年那个甜蜜的冬天一直让他念念不忘。他去找他，在"家庭的怀抱里"找到了他。事实证明，这个家庭的规模又壮大了：除了以前的孩子，现在又增加了三个。年长的两个女儿，伊丽莎白和米娅"像纯洁的玫瑰一样绽放"。他在沃韦所认识的伊丽莎白还是个孩子，现在她则是一个十八岁的"罗蕾莱"式的金发少女，充满幻想而神情紧张——诗意、纯洁、谦虚……

他与他们在一起度过了几天，然后再次启程：现在继承人的健康是最重要的。他们去了意大利，住在科莫。然后是威尼斯。茹科夫斯基觉得身体不太舒服。老迈的年纪再加上疲惫,使得忧郁控制了他。在威尼斯,他感到很伤心。

当时就已经开始翻译《纳利和达玛扬季》了,但不太可能走得很远。这首印度诗与他当时的心情不太相符。哈尔姆的《卡蒙斯》正是他喜欢的。他便开始着手翻译这部作品,他在别人的诗中表达着自己的感情,并根据自己的内心进行增添和删减。

巴丘什科夫当时受到了塔索的启发,茹科夫斯基现在则是受到了卡蒙斯的启发——卡蒙斯不幸的一生是伟大的,不被世人理解的,最终在里斯本医院的陋室结束了自己的生命。商人克韦多——卡蒙斯变得富有和自以为是的过去的中学同学,把他的儿子领到卡蒙斯这里——这位新手诗人狂热地热爱诗歌,钦佩卡蒙斯。克韦多想要以这个贫穷而孤独的诗人作为例子,让他的儿子远离诗歌:看看热爱诗歌导致了什么结果!

年长和年轻的诗人聚在一起。长者预先提醒年轻人。他真的适合这一命运吗?道路是痛苦的,荣耀是虚幻的。有必要背负这个十字架吗?但是那个狂热的爱好者:

> 哦,卡蒙斯!天堂的诗
> 尘世的姐妹;
> 光明的灯塔,
> 由造物主亲自点燃……

接下来:

> 殉难者,你的乌荊子比月桂树更美丽!

然后卡蒙斯改变了:是的,如果在他面前的是一个真正的诗人,那么就让他带着自己的誓言进入可怕的世界吧,一切都很好,即使是苦难。因为:

> 诗人的灵魂因苦难而成熟,
> 苦难——神圣的恩典……

克韦多没有达到目的。卡蒙斯没能劝阻他的儿子瓦斯科。相反,卡蒙斯祝福了瓦斯科。他无法忍受在兴奋、狂喜中生活——身体太累了。卡蒙斯垂死时看到的景象是一个容光焕发的少女,像是人世间最美好的一切:诗歌。他要死了。他最后的一句话:

> 诗歌是人间神圣梦想中的上帝。

现在这一切都出现在茹科夫斯基本人面前,为诗歌,也为生命中所有的崇高而写的一切都消失了。但这些感情是与他永恒相伴的。诗歌、宗教——已经融合了,而这生动的心灵景象不就是久已尘封的、逝去的爱吗?

茹科夫斯基的《卡蒙斯》并没有受到颂扬。世人对其知之甚少,但这部作品很好地表达了茹科夫斯基的内心。

带着这个可能还没有完成的《卡蒙斯》,他来到了罗马。他与果戈理一起度过了整个1839年1月。

果戈理已不再是30年代初那个把他不知名的作品读给食客们听的"乌克兰人""戈戈廖克"了。在那之后他又创作了《密尔格拉得》《塔拉斯·布尔巴》和《钦差大臣》。在罗马的菲利斯路他写下《死魂灵》，那时他还不知道自己的命运，但已经感觉到了它的伟大、令人可畏的荣耀及其昂贵的代价，卡蒙斯所面临的也呈现在他的面前。

对于茹科夫斯基来说，他就像家人一样。三年前在彼得堡，在他的星期六聚会上果戈理读了《钦差大臣》，一年前他将果戈理从经济困难中解救出来。果戈理是他的朋友，也是与他同类的诗人。果戈理认为意大利是他的故乡（其余的只是"梦"），茹科夫斯基也仰慕此地（"我为意大利感到难过"）。

他们1839年1月在罗马度过了愉快的一个月。为了罗马，茹科夫斯基甚至"抛弃"了继承人——当然，与果戈理一起在罗马的圣地和伟大的地方徜徉比待在宫廷千篇一律、沉闷乏味的气氛中更有趣，也更富有成效。

他与果戈理一起钻进圣彼得大教堂的圆顶里，一起牵着牛在集会广场上漫步，走过米尔维奥桥，凝视着无言的坎帕尼亚。两人同时在此作画。（茹科夫斯基一向喜爱绘画，他将其视为"诗歌的姐妹"，此时他自己的绘画也进入了成熟、平稳的时期：玛莎死后，他在绘画中非常倾向于神秘主义和象征主义，现在他离生活更近了。他的眼睛一直很敏锐，现在他尤其被视觉的魅力所吸引——风景，日常生活的场景。罗马在这方面给了他多少灵感！神父，赶着山羊的老妇人，沃尔孔斯基别墅花园露台的景色……）果戈理画得也不错。茹科夫斯基的绘画技巧和速度都令他感到惊讶。"他一分钟就画了几十幅（'罗马最好的景色'），而且非常逼真和美妙"——果戈理总是热情地夸张，但在这里你应该相信他的热情：茹科夫斯基和罗马——结合在一起会闪烁着光芒。这是果戈理的话："罗马，美丽的罗马！现在我又开始阅读罗马了，上帝啊！对我来说有多少新的东西……现在阅读这本书有了双重的乐趣，因为我有了一个好朋友。我每天都和茹科夫斯基一起散步，他已经完全爱上了这里，唉，两天后他就要离开此地了。没有他，我将会多么空虚啊！他对于我来说就像一位天堂的使者……"

天堂的使者！这不是第一次有人对茹科夫斯基有这种感觉，人们就是如此理解与他的交流的。（"他那非凡的天堂般的灵魂是多么迷人"——普希金的话。他们俩现在都在为普希金而伤心。）

但天堂般的灵魂不会在罗马逗留太久。茹科夫斯基与果戈理一起闲逛，画画，在饭馆吃早餐，喝着卡斯特利罗马尼葡萄酒，吃着烤羊肉和意大利烩饭。突然，命运的声音响起——尼古拉·帕夫罗维奇从彼得堡来信：继承人不会像预先计划的那样在罗马和那不勒斯过冬，而是北上。他立即动身启程。

对于这种事情谁都无能为力——他们都走了。果戈理再次成为孤儿，独自一人留在他的菲利斯路上。在放置着《死魂灵》的折叠桌的上空已经盘旋着永生不朽。他从巴黎带着两百法郎住进的那间房子也被他赋予了荣耀。（自1902年以来，此房间便装饰着一块纪念牌匾："II grande scrittore russo Nicolo Gogol in questa casa, doveabito

1838—1842, penso escrisse il suocapolavoro."[1]——现在这条街被称为西斯提那大街。)

茹科夫斯基离开此地去迎接他的新命运。但是在意大利的土地上,他总在诗人的圈子里打转。《卡蒙斯》在他的手提箱里,果戈理留在了罗马。"我睡眼惺忪地来到基亚瓦里,在那里我见到了保卢奇和丘特切夫"——茹科夫斯基于1839年2月4日/16日在日记中这样记述。也就是说,他们是经过塞斯特里、卡维,再到基亚瓦里、奈尔维和热那亚,沿着这样一条迷人的路线旅行的(许多俄罗斯的旅行者从年轻时就十分熟悉这条路线)。

在热那亚,他与俄罗斯驻都灵大使馆的秘书,外交官费多尔·伊凡诺维奇·丘特切夫在一起。

当时谁知道丘特切夫是个诗人呢?他发表了什么作品吗?他只在普希金创办的杂志上发表过几首诗,而且还没署真名。但是茹科夫斯基慧眼识珠。他曾毫无保留地称年轻的普希金为"天才"。他认识丘特切夫时后者还是个年轻人。在普希金的《现代人》杂志中,丘特切夫的同事加加林通过茹科夫斯基刊发了他的诗歌。现在,在基亚瓦里,站在他面前的是一位刚刚失去妻子的三十六岁男子。"命运似乎对他不太友好,"茹科夫斯基说,"在我心中,他有着非同寻常的才华,也是一个很善良的人。"

---

[1] 意大利语:"伟大的俄罗斯作家尼古拉·果戈理曾在1838—1842年间下榻于此,创作其举世闻名的杰作。"

* * *

之后发生在他和继承人身上的一切，茹科夫斯基完全将其归因于上帝的旨意。他对自己的未来一无所知，就像继承人也什么都没有预料到一样。继承人被命令返回德国，他们便立即启程。他们不会像现在惯常的路线一样从罗马直接到维也纳，而是绕道而行，穿过利古里亚——他们也许是害怕博洛尼亚附近高耸的亚平宁山脉。

在维也纳之后是慕尼黑、斯图加特，然后是巴德艾姆斯、杜塞尔多夫，从那里他们又去了海牙、英国，然后又回到德国——在达姆施塔特，继承人认识了大公的女儿，茹科夫斯基再次来到威灵豪森城堡，六年前他在那里度过了在他看来像是"一个美好的梦"的三天——临别之际，女孩丽莎扑到他的脖子上吻了他。现在这个丽莎已经成年了。她受过很好的教育，朴实端庄，在一个严格而虔诚的家庭中长大：她的母亲原姓施韦泽尔，是一个天主教徒。多亏了茹科夫斯基，她的父亲成为俄罗斯宫廷资助的画家——当然，他以此提升了自己的生活状况。而现在他们和伊丽莎白的外祖父老施韦泽尔就住在威灵豪森。

这一次茹科夫斯基没能在城堡里久住，只停留了两天。他的心情有些难过，也有些感慨。他被伊丽莎白的温柔和纯洁打动，某种温暖他的东西也许是隐约的，好像是在梦中一样，让他想起了年轻时的玛莎（尽管外表上她们并不相似）。悲伤还在于他为自己的年龄感到尴尬：五十六岁！一切都已经过去了。在这两天里，茹科夫斯基再次扮演了屠格涅夫未来小说里的角色。

每天晚上，他们都像一家人一样坐在一起，伊丽莎白做着针线活。茹科夫斯基一生见识了如此多的国家和各种各样的人，他在艺术和文学方面所知甚多，他自己就是一座文学的奥林匹斯山——他的故事令人着迷，尤其是当他在温柔的爱抚下作为一个成熟的人对年轻人讲话时。

可以想象，伊丽莎白是怎样仰慕地聆听他的故事的。

"每一次，当她的双眼离开自己的针线活（她把它捧在手里），抬起头来看着我的时候，那眼神里都有一种说不出的感觉，直抵我的灵魂深处，我会以有利于我的幸福的方式理解这种眼神，她可以立即决定我的命运，只要我允许自己怀有这种希望。"

他在悲伤的遐想中离开了威灵豪森城堡和赖腾家。伊丽莎白对他来说就像一个光明的从身边倏然而过的天使——这一切都是一场梦：他们什么时候才能再次见面呢？几天后作为继承人的随员，他在斯德丁登上了一艘轮船返回彼得堡。他确信他永远不会再回到德国和莱茵河畔了，却在心里带走了一些东西。（赖腾和他一同前往彼得堡出差，茹科夫斯基称他为"我的断臂先生"。）

他自己说，这次在威灵豪森与伊丽莎白的会面，就像意大利和莱茵河一样，只是一段美好的回忆。然而，这似乎是一个轻描淡写的说法。有什么东西进入了他的心灵，并在其中不断得到巩固。一天在彼得霍夫，"记忆"又涌上心头。他向"贝兹鲁基"提起了在威灵豪森的那个晚上：

"在那里我看到了对我来说本是幸福的东西，但我看到它的时候太晚了，我的年龄已经不允许我去寻求什么或抱有希望了。"

对此，赖腾回答说，尽管年龄上的差距很大，但一切都将取决于伊丽莎白本人。

"去寻找自己的幸福吧，"他补充道，"如果她自己愿意献身于你，那我就提前答应一切。她不会从我或她母亲那里听到任何关于此事的消息。"

谈话到此为止。这在生活中没有任何意义。茹科夫斯基现在身在俄罗斯，要负责监督大公孩子们的学习，此外，他还忙于建造自己的"梅耶尔斯戈夫避难所"（他将要搬到这一庄园居住）。怎么去"寻找"对莱茵河畔的伊丽莎白的爱呢？

但一切都出乎意料地安排好了。在这一时期，他固执地坚持天意，深信天意，并以自己的信念将其征服。的确，这就像是一位神秘导演排演的作品，他梦游般地扮演他的角色——并不知道自己在扮演什么。

秋天，他从一年一度的纪念博罗季诺战役的活动归来，在那里他曾经是民兵预备队的一员。他去看望了亲人们。"我又走遍了所有的故乡；亲爱的活着的人和亲爱的死去的人都同时与我相会。"——好像在他过去的生活和他的新生活之间画上了一条"界线"。

但最令人惊讶的是当他回到彼得堡之后。春天，他再次被派往德国，与继承人一起前往达姆施塔特，亚历山大与意外相遇的玛利亚公主的婚事已经确定。茹科夫斯基要教她俄语。

新的旅程开始了。他在整件事中的个人意愿是很少的。突如其来的调整使他有了很多与伊丽莎白会面的机会：要么是她的父亲生病，要么是普鲁士的国王病倒，继承人为他前往柏林,而茹科夫斯基的女学生要去慕尼黑,他无事可做地待在达姆施塔特,他当然要去杜塞尔多夫找赖腾一家。他带着告别的想法去那里:玛利亚公主已经无暇顾及上课,她忙于爱情和即将到来的婚姻。宫廷的随行人员都要从此地离开了。

在赖腾家度过的两个星期是令人迷醉的。晚上十一点从杜塞尔多夫码头的出发也同样令人难忘。"贝兹鲁基"送别茹科夫斯基。他们在起航前半小时到达了港口。月光,寂静,莱茵河平静的河面上没有一丝涟漪。他们一起在甲板上踱步。星星高悬在他们的头顶上,也倒映在莱茵河中。杜塞尔多夫昏沉的灯光,古老而浪漫的德国——仿佛屠格涅夫《阿霞》中的景象。

人迹稀少,只有他们两个人,大自然的美丽给了茹科夫斯基勇气。在这里,他对赖腾说:

"你还记得我在彼得堡对你说的话吗?现在,我比以往任何时候都更能感受到我当时所说的话的全部真相。如果我认为生活会给我幸福,我当然知道从哪里获得这种幸福。但是,虽然我看到幸福近在咫尺,我却不能让自己抱有任何希望。我会将这种希望视为一个美丽的愿景,在欣赏它之后离开,并为无法拥有它而感到遗憾。"

令他惊讶的是,赖腾回答说这完全不是那么不可能的。根据他自己的观察和他妻子所说的,他知道伊丽莎白对茹科夫斯基怀有好感,而且已经很长时间了。

"这对我来说已经足够了,从现在开始,如果您赞成她对我的感情的话,我将属于她。"

他们立即握手达成共识,茹科夫斯基只提了一个条件:

伊丽莎白·赖腾像

无论父亲还是母亲，都不能告诉她任何事情。一切都必须交给天意，伊丽莎白不应该受到任何影响。如果她的心在自由的状态下说"是"，那么他的命运将会被决定。

铃声响起，轮船起航了。赖腾与他告别，现在只剩下他一个人了。在同一个星空下，在渐渐远去的杜塞尔多夫昏黄的灯光下，他在甲板上踱来踱去，难以入睡！轮船缓缓地逆流而上，经过古老的科隆和有着两座塔楼的大教堂，又经由波恩到达科布伦茨，在6月宁静的夜晚路过城堡、山丘和葡萄藤。

命运真是变幻莫测啊！当他还在杜塞尔多夫的时候，当轮船还没有出发的时候，他是一个孤独的旅行者，一个没有特定目的地的轮船乘客。"突然，在一瞬间，天意从命运之杯中为我抓了阄，将我渴望已久的一切一下子都给了我。"

但是他并没有激动不安。四周寂静无声，他的头脑很清晰，就像大病初愈一样。"那天晚上我半宿没睡，第二天早上醒来，我就像一个焕然一新的人一样"——他已经在科布伦茨了。

现在剩下的就是向伊丽莎白求婚了。

他获得君主的允许，可以在国外多逗留两个月，他便前往杜塞尔多夫。

8月来了。住在杜塞尔多夫的茹科夫斯基仍然犹豫不决。越过这一界线让他感到可怕。如果她的感情是模糊不清、不够明朗的呢？最令他感到尴尬的是自己的年龄：他的年龄几乎是她的三倍。最好还是拖着，继续幻想……

早上，他通常和赖腾一起散步，还是谈论着同样的事情。

茹科夫斯基想着：也许给她写信？优柔寡断占了上风。最后，在8月3日一次平常的散步中，赖腾告诉他，没有什么可再犹豫的了：昨天晚饭后，伊丽莎白扑到母亲的怀里，几乎承认了她对茹科夫斯基的爱。

当他们回到家时，伊丽莎白和母亲正在门厅里叠床单。

"伊丽莎白，亲爱的，请把您的墨水瓶和羽毛笔带到我的书房里。"

几分钟后她走进房间，胆怯地放下墨水瓶和笔。她已经准备要离开。茹科夫斯基站在桌边。他的手里拿着一块小手表。他用由于激动而有些低沉的声音说道：

"等等，伊丽莎白，请过来……请允许我把这只表送给您。时钟代表时间，时间就是生命。与这只表一起，我将为您献上我的生命。您接受它吗？现在不要回答我，请仔细想想，但不要与任何人商量。您的父亲和母亲什么都知道，但他们不会给你建议。"

回答是简短的，毫不迟疑的。

"我没有什么可考虑的。"

她扑向他的怀抱。剩下的就是叫来父母了。他们立即祝福了他们。

* * *

但是，距离婚礼还有很长的路要走：他还要回一趟俄罗斯，安排好各项事情，最后才能在西方定居下来。

茹科夫斯基就是这样做的。秋天，他前往彼得堡，1841年1月，他拜访了在莫斯科的亲人们。

现在一切都发生了一些变化。此前，他梦想着在最近购置的梅耶尔斯戈夫庄园结束自己生命最后的日子。该庄园距离多尔帕特不远，离莫耶家和叶卡捷琳娜·阿凡纳西耶夫娜的住处都很近。但莫耶已经退休，并定居在了自己孩子们继承的布宁家的庄园，茹科夫斯基曾住过的地方。叶卡捷琳娜·阿凡纳西耶夫娜也和他们一起住在那里。这意味着梅耶尔斯戈夫庄园在各个方面都对他失去了吸引力：他本人将移居国外，他过去的亲戚和朋友们也都距离此地遥远。

他把它卖给了泽伊德利兹。泽伊德利兹就是泽伊德利兹：他给出的价格高于庄园本身的价值。但茹科夫斯基也还是那个茹科夫斯基：他将全部收益——十一万五千卢布——留给了斯维特兰娜的三个女儿。

春天，在彼得堡，他参加了自己的学生，皇储亚历山大的婚礼。

两人有着相似的命运。在杜塞尔多夫，在达姆施塔特，他们的生活都发生了骤变。

1841年4月16日，亚历山大与黑森-达姆施塔特大公的女儿玛利亚公主成婚。一切都进行得隆重而辉煌。茹科夫斯基将永远远离宫廷和沙皇。他未来的生活有着很好的保障，完全可以不必为了金钱而担忧。

不知道他的内心是否平静。伊丽莎白很有魅力，赖腾一家很喜欢他，一个宁静、温柔的港湾就在眼前。但他也要与过去告别。在他的一生中，他为过去付出了太多太多。是否能将多年以来对玛莎的神圣之爱、对斯维特兰娜父亲般的关怀与跟伊丽莎白的偶然邂逅相提并论呢？是的，那时是朝气蓬勃的青春，第一次强烈的感情，现在则总是在回首往事，解释着什么，似乎想要在他这个年纪向最亲密的朋友，如泽伊德利兹，证明他没有背叛自己的过去，并且也不会背弃任何东西。泽伊德利兹像莫耶一样（直到生命的最后他一直待在"普罗塔索娃"这一边），丝毫没有责怪茹科夫斯基的意思。但在泽伊德利兹谈论茹科夫斯基婚姻的所有方式中，你会感到一种隐隐的苦涩。如果根本没有这一婚姻会更好。

而现在他正在为茹科夫斯基的新生活安排一切。他不仅买下了梅耶尔斯戈夫庄园（埃利斯特费尔），而且还得到了——显然在他的记忆中是非常宝贵的——所有的家具。（但藏书和画作在搬到德国之前一直存放在大理石宫。）

在出国前的最后一天，茹科夫斯基在泽伊德利兹那里用餐。泽伊德利兹让他美餐了一顿——请他吃的是他最喜欢的荞麦粥。但茹科夫斯基并不高兴。四周都是他自己的家具，墙上挂着三幅他决定不送去大理石宫（不带到德国）的画作。一幅是玛利亚·安德烈耶夫娜·莫耶的肖像，是津夫特在多尔帕特的作品，另两幅是坟墓景观：在多尔帕特的是玛利亚的坟墓，在利沃纳的是斯维特兰娜的坟墓。

晚餐结束，茹科夫斯基若有所思地走到他以前的办公桌前。"这里是我在写《温蒂妮》第五章时被蜡烛烧坏的地方。这里是我洒上的墨水，那时我刚写完丽诺尔的遗言：'忍耐，忍耐，即使你的胸口在疼痛！'"

"他的眼里含着泪水。他从侧兜里掏出一张纸，说：'老朋友，在这里，在这个地方签名，以证明我承诺将在东正教的怀抱中施洗和养育我的孩子们。我的孩子们！多么奇怪！'泽伊德利兹在签字的时候，茹科夫斯基一直用手托着腮，仰望着玛莎的肖像和坟墓的景色。他顿时激动起来。"

"不，我不会和你们分开的！"

他站起身来，将它们从画框里取出，吩咐将其抬到马车上。赠送给泽伊德利兹的是他自己的肖像，这幅肖像画是1833年在罗马绘制的。下方的签名是："对于心灵而言，过去是永恒的。"

婚礼于1841年5月21日在斯图加特的俄罗斯大使馆教堂举行。然后在路德教的教堂又举办了一次婚礼仪式。

家庭,果戈理,《奥德赛》

他们和老赖腾一家一起在杜塞尔多夫的郊区租了一栋房子。所有人住在一起,十分宽敞:有十二个房间,都布置得十分典雅。房间里有很多书籍、绘画和雕塑。这里光线充足,从楼上的阳台可以看到莱茵河。还有花园和菜园,旁边就是公园。春天,夜莺的啾鸣声不绝于耳。

从保留下来的茹科夫斯基本人的画作来看——此地给人一种明亮与纯净的印象。大自然仿佛进入了这栋房子,并与它紧密相连。甚至还有一个露天门廊,天气好的时候人们可以在那里用餐。花园里有一个种满鲜花的凉亭,就像是房子的一部分,人们可以在那里一连待上几个小时。

远处的莱茵河明亮轻盈,像是茹科夫斯基走向日落的日子。这便是这些薄薄的、几乎是颜料稀疏的画作给人的感受。在杜塞尔多夫宽敞明亮的房间里,在亲爱的伊丽莎白的身旁,颂扬忠实的女性爱情的《纳利和达玛扬季》终于完成了。不久之后,他写下了给他的女大公亚历山德拉·尼古拉耶夫娜的献诗。

在这一献诗中,有着夜晚的寂静,似乎是和平的家庭生活的幸福,但也渗透着忧郁的情调。他最喜欢的两个身影不会消失。

> 我听到一个声音
> 可以安抚尘世的一切焦虑：
> 不要让你的灵魂不安，
> 他告诉我，相信上帝吧，相信
> 我吧。我命中注定
> 与两个亲人难舍难分，
> 神圣的救世主写下的
> 散落在坟墓里的那些话……

在生命的最后阶段，某些东西在茹科夫斯基的内心了结了。以前，曾有梦想和痛苦，分离，无能为力。现在他在梦中看到一所房子，在门槛上

> 在他家的门口，站着一位年轻的女人
> 她的怀里抱着一个熟睡的婴儿……
> 那是我的妻子和我的
> 小女儿……我醒了。

这和对玛莎的爱是一样的吗？在浪漫主义者这里有时会有重复，他们像诺瓦利斯一样相信这样的事情：心爱的女人死去，另一个人出现了，但还是同样的神秘，第一个……也许，存在着以诺瓦利斯的精神描绘茹科夫斯基的婚姻的诱惑，但这只是一种诱惑。玛莎就是玛莎，并且是独一无二的，她永远不会是伊丽莎白，这些病态的把戏对于茹科夫斯基（以及一般的基督徒）来说是异己的。

他们婚后第一年是最幸福的。1842年11月4日，伊丽莎白·阿列克谢耶夫娜生下了女儿萨莎。从那时起，困难就开始了。显然，孩子的出现削弱了她的力量和健康。究竟发生了什么不得而知，当时的医学诊断也不是很精确。毫无疑问的是，她的身体出现了损伤。自从1845年儿子帕维尔出生后，情况变得更糟了。神经疾病的加剧使伊丽莎白·阿列克谢耶夫娜十分痛苦，也折磨着她周围的人。她被不存在的罪恶折磨着，似乎黑暗的力量压制着她，让她陷入绝望。对于茹科夫斯基来说，一个新的、奇怪的、可怕的时刻已经到来，这可能是他在结婚时最不希望看到的。他是这样说的："家庭生活就是不断的自我牺牲，而在这种自我牺牲中隐藏着它隐秘的魅力，只要灵魂知道它的价值并有力量投身于它。"再后来，他说："1846年下半年不仅是这两年中最艰难的，而且是我的整个一生中最艰难的！可怜的妻子骨瘦如柴，我却无能为力，无法减轻她的痛苦：没有任何可以抵抗她阴郁思想的力量！意志在这里是微不足道的，理性是沉默的。"

无休止的治疗，医生，搬家——要么搬到美因河畔的法兰克福，要么搬到河边，到度假村去，一切都在疾病和抑郁的笼罩之下。在施瓦尔巴赫，伊丽莎白·阿列克谢耶夫娜被地震吓坏了——一切又再次恶化，回到法兰克福后，她患上了"神经热"，其后果是残酷的。"一种神经紊乱，"茹科夫斯基写道，"这个可怕至极的怪物已经用它所有的爪子啃噬我妻子的身体，甚至是灵魂：精神上的悲伤替换了她从前头脑中的一切想法和她内心所有过去的情感，以至于她在任何事情上都找不到任何道德上的支持，并感到自己被所有人抛弃了。我非常痛苦,有时我想用头撞墙!"

茹科夫斯基如是说。茹科夫斯基终其一生都在追求和平与和谐,他的内心既安静又祥和,在他晚年时,仿佛找到了一个真正的避难所——只是仿佛找到了。用头撞墙!不,即使在晚年,他也没有得到休息。年少时,他一直在为心中的幸福而努力。幸福却顺从上天的旨意,远离了他,他在"没有幸福"的生活中度过。现在,仿佛他已有所成就,建立、巩固了家庭,而在这个家庭中又出现了新的不幸——对他来说,这是克服灾难的新的历练。

甚至在他的儿子出生之前,在一个不太艰难但已经处于风暴前的时期,他在给彼得堡的皇后的信中写道:"相信,相信,相信!"好像他已经做了最坏的打算,在为自己鼓劲儿。

现在,当困难已经显现之时,他写信给俄罗斯的叶卡捷琳娜·阿凡纳西耶夫娜:"我深信,完全相信灵魂的主要宝藏在于苦难。"——曾几何时,叶卡捷琳娜·阿凡纳西耶夫娜给了他彻底探究苦难的机会。现在她在家乡的故居过着最后的日子。他继续说道:"……但这是理智的一种信念——不是内心的感觉,不是谦卑,也不是祈祷。没有它们,我们所有的条约又是什么呢?我们所能控制的只有不发牢骚,上帝已经使我摆脱了这种不幸!"那么,至少谦卑地忍受是很好的。而他所承受的一切是不言而喻的。

然后,在病痛中,饱受折磨和精神痛苦的伊丽莎白·阿列克谢耶夫娜突然决定皈依天主教(她是一名路德派教徒)。毫无疑问,这种意图是在痛苦中产生的。在她看来,她快要死了,所以也许拯救会来自天主教?

可想而知，对于茹科夫斯基来说这是多么痛苦。他表现出强硬的反对态度。赖腾站在他这一边。不知是他们努力的结果还是她自己的意愿发生了改变（她的热望病态地燃起，又很快熄灭），伊丽莎白·阿列克谢耶夫娜最终并未皈依天主教。

* * *

茹科夫斯基和果戈理在罗马的蜜月并没有重演。但是他们的生活和命运却越来越接近了。果戈理未来在罗马还会享有幸福，即写作《死魂灵》这一伟大著作时的幸福——然而，这一创作中已经潜藏着逐渐毒害他的毒药。后来的某个时候他离开了罗马，在日益焦虑、疾病缠身和内心的荒漠中他开始了无法抑制和无法满足的流浪，就像他同样无法排除忧郁一样。

许多欧洲城市、疗养地和河畔都见证了这一痛苦的生命。在他的心中，被遴选的感觉越来越深。他被托付给了真理，他必须提升、教导、拯救……而且，他自己也刚刚开始走向死亡。旅行时，他试图选择有适合他的俄罗斯人的地方。茹科夫斯基对于他来说尤其珍贵。

茹科夫斯基当时正在翻译《奥德赛》。写作并没有折磨他，相反，减轻了他的痛苦。诚然，写作对于他来说是属于第二等级的，而不是果戈理式的疯狂写作。《奥德赛》的翻译十分可行。这是一项简单的工作，尽管茹科夫斯基非常严肃地对待它，几乎是在神圣地祈祷（他相信，这部《奥德赛》将是他留下的主要作品）。果戈理与他的《死魂灵》——尤其是第二部——完全像是在进行宗教仪式，而且，他设定了一个无法实现的目标。可以事先判定，他正在坠入深渊。

这些年来，两人都以不同的方式遭受了很多痛苦。茹科夫斯基恭顺地背负着家庭的十字架（除上述作品之外，他还写了《十字架的选择》）。文学鼓舞了他，使他变得更加坚强。果戈理没有家庭，也没有家庭的负担。文学是他的生命，是他伟大的事业，也是他的苦刑。他和福楼拜一样都是文学中的修道士，也是生活的导师。一种悲剧的气氛笼罩着他。悲剧并不适合茹科夫斯基。

此时我们看到的茹科夫斯基是体态臃肿的，他的脸庞有些浮肿，但还是那样俊美，善良和若有所思的双眸——他已经在疾病的边缘，开始萎靡不振。他戴着眼镜，深深地弯着腰，在明亮的办公室里，他像以前一样站在办公桌前写作，仍然不知疲倦地专注于工作，他也同样尽职尽责地守护在伊丽莎白·阿列克谢耶夫娜的病床边。《奥德赛》虽然写得断断续续，但也在稳步推进——这是一项有益健康而正确的事业。

果戈理身材消瘦，尖尖的鼻子，总是穿着花里胡哨的马甲，脸是土黄色的，略带光泽。他的身上散发出一股霉味。他永远匆匆忙忙，总是急着赶往某个地方，焦虑的恶魔在追赶他。一项伟大的事业落在他的肩上，他感到任务的艰巨、使命的艰巨和自己力量的弱小。他越来越虚弱，他的手渐渐变凉，胃总是出各种问题。（他相信自己的消化器官与其他人不同，是以特殊的方式排列的。总的来说，他认为自己很特别——在某些方面来说，他是对的。）

他时而住在巴登、格赖芬贝格、卡尔斯巴德，时而跑去巴黎、法兰克福，然后又回到罗马，但现在那个曾经光明、富有创造力的罗马对于他来说已经不复存在了。在法兰克福，他住在了茹科夫斯基的住处。茹科夫斯基从继承人那里为果戈理申请到了资助经费，茹科夫斯基当然会照顾他——对他来说，他还是原来的那个"戈戈廖克"，但毫无疑问，果戈理的困难现在又加重了他妻子的烦恼和折磨。

无论是在俄罗斯还是国外，果戈理都经常住在他的朋友那里。他用自己填满一切。他是世界的中心，每个人都应该为他而努力，为他服务。他早就被称为天才，这意味着一切都是被允许的。现在，教导的热情也加入其中。在他的《与友人书简选》（下称《书简选》）中，在这本令人赞叹的，情绪激动的书中，孩童般幼稚的部分穿插着天才般绝妙的言辞，这一切都来自他的灵魂，一切都意义非凡，甚至有些荒谬。

茹科夫斯基就在他身边。他正在写自己的《奥德赛》，时常大声朗读给果戈理听，后者非常赞赏这一作品——他甚至在《书简选》中写了一篇关于《奥德赛》的文章，期望朋友的作品能产生巨大的影响。但他也想教导一下茹科夫斯基。在占有了房子里很多日常生活中的东西之后，再把主人收服就更好了。他现在最喜欢的方法是写信。住在茹科夫斯基的家里，并给他写信。在这封信中，他责备茹科夫斯基虽然得到了上帝如此丰厚的奖赏（才华、名声、晚年的家庭），但仍然"不能忍受哪怕是最轻微的对立和艰辛"。果戈理想着，那么就让茹科夫斯基在焦虑和苦闷的时刻来到餐桌旁，拿起这封信，向上帝祈祷——带着请求，含着泪水……"而且——你定能击败它们。"用果戈理的信祈求上帝就足够了——一切都会好起来的。(在教会看来,这种自我欺骗被称为"妄想",是一种病态的现象:这不是真实的。)

应当认为,茹科夫斯基耐心地接受了这一切。至少,他们的关系不仅没有恶化,反而得到了加强。两人的处境都很艰难,从某种意义上来说,他们在互相支持。

茹科夫斯基当时在文学上是很孤独的。他年纪老迈,客居异乡……《奥德赛》只是写给少数人的,对公众来说是陌生的。而他最亲密的灵魂伊丽莎白·阿列克谢耶夫娜,却一点儿也不懂俄语。也有些能够超越大众读者的真正的听众——霍米亚科夫、丘特切夫,但他们是偶然相遇的,相处不长。果戈理就在他的身旁,不仅在《奥德赛》这部作品上,而且在最重要的方面,他们都很接近。

当《与友人书简选》出版后,果戈理的孤独感也随之增加。每个人都批评这部作品,甚至是神职人员,但茹科夫斯基没有。人们在其中发现了一种傲慢的姿态、训导和蒙昧的思想。茹科夫斯基接受了它。他的一生中不止一次地在物质上接济果戈理。现在,在这个满是责备、诽谤的苦涩时期,他又孤独而忠实地为他辩护。他再一次展示了自己的判断是多么正确和有远见。当时已经不再流行的作家本人与普遍的看法背道而驰(即使是那些志同道合的人),在对于《书简选》的判断上远超那个时代。果戈理心中的所有内容并没有都向他坦露,但已经坦露了很多。他比其他人都了解果戈理。

* * *

初读《奥德赛》，让人感受到了青春、俄罗斯村庄的6月时节、盛开的菩提树和割草的气味，仿佛在吊床上摇摆，在充满音乐性的六音步扬抑抑格中荡漾。诗歌是轻盈的——古老的诗歌在新时代的气息中变得柔和了。

这"不完全是荷马"，读后我回想起不久前学生般地阅读原文片段的记忆。但是茹科夫斯基的版本很迷人，而且翻译得很准确。有很多可怕、原始的，但几乎察觉不到的词的变化，作者通过它们的音乐性，通过某些地方的添加和减缓，给整体赋予了不同的色调。事实证明，它比荷马的原著更悲伤，更感人，更具有"精神"属性，因为它深入了基督徒的内心。

所有这一切都得到了证实，四十年后，我不得不在一个明媚的秋天在巴黎附近重读同一部《奥德赛》，也是在乡村——有些诗句已经与原作的字面形象融合在一起了。

茹科夫斯基不懂希腊语。德国教授逐字逐句地为他翻译了《奥德赛》——事实上，他甚至不是翻译，而是在荷马所写的每个单词上都写下了相应的德语。

茹科夫斯基试图通过这种野生的多样辞藻来"猜测"荷马的真意。更准确的说法是：既猜测荷马所说的话，也借用荷马说出自己的话——就像他以前所做的那样。在这里，他仍然还是成熟的茹科夫斯基。在《奥德赛》中，有什么是现在如此吸引他的呢？不是其中的多神教思想，也不是奥德修斯在流浪中一会儿和一个女神，一会儿又和另一个女神"同眠"。当然，"诗歌的精神"也很接近荷马对生命的那种"奇妙"感知,以及这种方式的稳固性:这在《奥德赛》和果戈理的作品中很接近。一切都是"正确的",有充分理由的,古朴的。可以让他们感到深受折磨的恰恰是符合他们内心的。社会的建制,权力的无可争辩和"被选中者"的权力——一切都很好。果戈理在《书简选》里写下关于《奥德赛》的文章并非没有意义——他相信对于俄罗斯社会来说,这将是一个启示和教导。在他看来,他自己用"书信",茹科夫斯基用《奥德赛》引领着这个社会向上发展。但两者都没有起到作用。这两本书都很出色,但它们对同时代人的影响是:茹科夫斯基为零,果戈理为负。("施恩的"地主果戈理的理想距离"关心家事"的奥德修斯并没有多么遥远,两者都没有扎根到俄罗斯。《奥德赛》没有在俄罗斯教育到任何人。《书简选》只是点燃了愤怒的情绪。对于它的价值的评价是后来才出现的。)

《奥德赛》写了七年,从1842年到1849年。最后十二首诗的创作异常迅速,在一个冬天的几个月里就完成了。

《奥德赛》对茹科夫斯基来说是一种生活方式。即使在休息时,他也生活在其中。他赋予其以重要的意义,认为这将是自己留下的主要东西。(在某些方面他的想法并不对,尽管从某种意义上来说,《奥德赛》的确是一部杰作。)但如果他身后只留下了这一部作品,我们会像现在从抒情和亲切的诗歌中所了解的那样,去认识茹科夫斯基吗?

这部作品遭到冷遇。很少有人注意到它。《书简选》激怒了人们,《奥德赛》则似乎从未存在过。即使是熟人,甚至是那些收到他亲笔签名的副本的朋友也没有回应。有的只是沉默。"几乎没有人告诉我,他们收到了副本。如果朋友们和文学家们都是这样的反应,那么纯粹的读者们呢?"

但在这之下,土壤是坚实的。"我不是为了任何人的喜欢(无论这是多么令人愉快)而创作《奥德赛》,我的内心、思想和话语都与神圣的诗意同在——这已经足够了。""我写作是为了什么?当然,已经不是为了荣耀,而是因为创作本身的美好。"(后来给泽伊德利兹的信)"在六十八岁,我已经无暇顾及荣耀;但让我感到欣慰的是,在我身后,一座坚固的纪念碑将留在俄罗斯,我的子孙们将留下对于我的美好回忆。"

* * *

甚至更早的时候,在他完成《奥德赛》之前,他最亲近的几个人的命运就已经在家乡结束了。对他来说,多尔帕特现在已经完全终结了。甚至莫耶也已经退休并住在奥尔洛夫省的布宁家,他通过已故的妻子玛利亚·安德烈夫娜继承了这片土地。他的女儿卡佳和岳母叶卡捷琳娜·阿凡纳西耶夫娜和他住在一起。杜妮亚·基列耶夫斯卡娅,他青春的挚友,现在的叶拉金娜,早已上了年纪,但依旧开明聪慧——她在莫斯科开办了颇有文学色彩的沙龙聚会。

她的第一次婚姻生了两个孩子,基列耶夫斯基家族的彼得和伊凡,俄罗斯民族精神文化的精华。在第二次婚姻中诞生了儿子瓦西里,名字当然是为了纪念另一个瓦西里——"我心中的朱庇特"。而在1845年,瓦西里·茹科夫斯基获悉卡佳·莫耶嫁给瓦西里·叶拉金的消息——瓦夏和卡佳也是远房亲戚,他们都有着外曾祖父布宁的血脉。想必,得知这一消息的茹科夫斯基可以从自己的青年时代回想起很多。

"我用救世主的画像祝福她,这幅画应该位于叶卡捷琳娜·阿凡纳西耶夫娜的画像之间,也是父亲祝福我的画像。"他对待婚姻本身是很严肃的,与他当时的整体精神状态是一致的。他知道婚礼在哪一天举行。按照他的想法,在婚礼开始的那一刻,他应该与妻子和孩子们开始祈祷。他们跪着为新婚夫妇的幸福祈祷,"他们读了圣礼仪式中朗诵的那段经文,然后又读了几行德语祷告书中的段落"。

年轻一辈人组建着自己的生活,老人们渐渐远离。他年少时的朋友,他们的友谊跨越了一生——肥胖、活泼、善良、多情的亚历山大·屠格涅夫在莫斯科去世了。1848年,叶卡捷琳娜·阿凡纳西耶夫娜离开人世。茹科夫斯基本人的一生也即将完结。

1848年对他来说并不容易。他发自内心厌恶的东西——革命——正在席卷欧洲,主风暴一如既往地发生在巴黎。这一切都让他感到沮丧。再加上妻子的状况更差了,他自己的眼睛开始生病,他不得不口述要写的东西。

"我的境遇一直很悲哀:我妻子的顽疾并不危险,却是最令人痛苦的,因为它同时折磨着我的灵魂和肉体,早已毁掉了我的生活并破坏了所有的家庭幸福。"

法兰克福周围动荡不安。他们前往哈瑙看医生。哈瑙正处于无政府状态。伊丽莎白·阿列克谢耶夫娜受了惊吓,激动不安导致她又病倒了。尽管如此,他还是把她带到了巴德艾姆斯。

他打算去俄罗斯,甚至已经做了一些准备。但是因为俄罗斯当时爆发的霍乱(7月底),他还是不敢贸然前往。他便去了巴登。两人在这里都好了一些:伊丽莎白·阿列克谢耶夫娜的病情好转了,他的眼睛也康复了——从这一年的10月到1849年4月,他完成了《奥德赛》的写作。

他没有去彼得堡,但是在1月底的彼得堡,维亚泽姆斯基和(几个不多的)朋友庆祝了他的文学创作五十周年纪念。这是在维亚泽姆斯基的家中进行的私人性的庆祝活动——如果公开庆祝的话,"已经过时"的茹科夫斯基在俄罗斯未免显得太过于孤单了。

主人朗诵了他自己写给茹科夫斯基的颂诗,还有另一首配上音乐的诗歌被唱了出来。继承人也来了。他们收集了在场人员的签名——问候被寄送到德国,并附有庆祝活动的描述。君主授予受贺者白鹰勋章。

茹科夫斯基本人也在德国饱受动乱之苦。春天,由于政治动荡和"叛乱",他不得不匆忙迁往斯特拉斯堡,在布里恩茨湖和图恩湖之间"靠近少女峰的安静的避难所因特拉肯"度过夏天。根据泽伊德利兹的说法,那里的气候对两人都造成了伤害。在1849年秋天,茹科夫斯基写道:"我在国外的生活完全不快乐,因为停留在此并不是我自愿的;让我留在这里的原因是最悲伤的——它破坏了我的整个生活,夺走了现在,让我对未来感到恐惧:妻子的病(神经病是所有可能的疾病中最灾难性的),家庭的母亲和女主人的病从根本上破坏了家庭幸福。"(10月11日)

随着《奥德赛》的结束,他体验到了艺术家通常的双重感受:第一,首先是完成一项事业的意识。是欣喜的慨叹,自己终于解放了。但随之而来的就是焦虑。接下来干什么呢？因为艺术家是如此设定的：他总是要把巨石推上山。他会到达一个平坦的地方，炼狱山的某个平台，他欢欣鼓舞，安息片刻，担子已经交给需要交给的人，但很快他便会渴望新的负担：他的道路是劳动和向上攀登的道路；只要这个人和他的精神还活着，他就会等待下一项新的任务。

他现在通过教女儿（亚历山德拉）来解闷。他发明了自己的教学方法，就像他总是在琐事中想象自己创造了什么重要的东西。在孩子的事情上，他当然没有成功，但在暮年的生活中，他被赋予了更重要的任务。

值得注意的是，眼部疾病与茹科夫斯基最后的《天鹅之歌》在时间上是相吻合的。（事实上，不是一首，而是两首天鹅之歌，第一首甚至被称为《皇村的天鹅》，是以七十行六音步扬抑格写成的对皇村真正的天鹅的记忆，它从叶卡捷琳娜时代活到亚历山大一世时代。孤独，疏离……在一群年轻人中间，一只孤独的天鹅在水面游弋，然后突然有一天，它重新焕发活力，欣喜若狂地鸣叫着冲上天空——然后坠落下来死去。）

但是在《奥德赛》之后，占据茹科夫斯基内心的是一个更为宏大的构思——长诗《流浪的犹太人》（《亚哈随鲁》）。他滋养了这个孩子很长时间，与其一起生活了很久，直到他咽下最后一口气。《亚哈随鲁》最终没有写完。它是由已经失明的诗人写的，一部分靠口授，一部分是在他自己发明的打字机的帮助下写下的：字母写得很大，就像是印刷体。

基本情节是一个关于亚哈随鲁的古老传说，当筋疲力尽的救世主耶稣路过一个犹太人的家门口想要歇息一下时，这个犹太人敲打耶稣后背并吆喝他快走开。

他悲伤地抬起头看着亚哈随鲁，平静地说："我走，不过你必须等到我再次回来。"然后起身离开了。

亚哈随鲁的流浪开始了——可怕的、愤怒的、狂暴的、绝望的旅程。但茹科夫斯基也开始了自己的流浪。在亚哈随鲁的苦难中没有绝望。他不怜悯的那个人怜悯着他——在无尽的流浪、忧愁和折磨中，在罗马斗兽场的舞台上，他见到了安提阿的主教，殉道者伊格内修斯。

殉道者的一瞥仿佛穿过缝隙，将一滴恩典倾注到他身上：他开始明白，开始悔改，而不是诅咒，这就是他的救赎。接下来他来到拔摩岛，找到神学家约翰，后者进一步加强了他的思想，教导他。而耶路撒冷已经被烧毁了，人们死去了（唯有各各他满是青翠的绿植和鲜花）。在那里，在他自己的家门口，永恒流浪的犹太人悔恨地痛哭流涕，他跑到各各他，那里仍然保留着三个十字架的凹痕——他在那里再次祈祷宽恕。现在他明白了惩罚是如何引导他获得救赎的。在精神上的痛苦折磨中，他似乎获得了重生。

这首诗的最后一句只写了半行。标注的日期是1852年4月——茹科夫斯基逝世的年月。

失明的弥尔顿写下了《失乐园》。茹科夫斯基在一片黑暗中可能构想出了某些超出他能力范围的东西。他的行为部分地类似于果戈理（之前他总是承担力所能及的任务）。然而，《亚哈随鲁》写得多么好！

《流浪的犹太人》引起了人们对他的不同态度。有些人不仅在茹科夫斯基的诗歌中，而且也在总体上把它放在很高的位置。另一些人则认为,作为文学作品,它是很薄弱的。

直接的吸引力,文字、形象、声音的魅力在《亚哈随鲁》中是不够的。思想和精神则是崇高的。并不需要将其视为艺术作品——更准确地说,它是茹科夫斯基本人的一种存在形式,是他在临死之前以庄严的语气写下的一首对上帝赞美的颂歌。

"他的心灵开始上升了……"

在晚年,押韵诗早已离开了茹科夫斯基。但他并未远离文学(《纳利和达玛扬季》《鲁斯特姆》《奥德赛》《亚哈随鲁》),他在艺术上采取了其他的形式。激动和敏感,音乐性和精神上的穿透性不再出现在他的创作中。在流畅的六音步扬抑抑格中,他现在的叙述变得更轻松、更平静。重要的是,在这一切之下,已经形成和加强了另一种东西,这不与艺术相矛盾,这种更重要、更深刻的东西照亮了艺术本身。"尤其重要的是寻找上帝的国度"——从果戈理开始席卷俄罗斯文学的古老而伟大的呼唤,仅在茹科夫斯基身上就和谐地完成了。艺术就是艺术,但还有更高价值的东西。这种更崇高的东西从他年轻时起就使其遭受折磨,有时也引起了他的犹豫和怀疑,但随着时间的推移,它像芥菜种子一样在他的内心生长。"它渐渐长大,成为一棵大树,空中的飞鸟躲在它的枝叶下。"如果这样的生命没有通向上帝的国度,那就太奇怪了。

光明一直蕴含于茹科夫斯基身上。他以其对生活谦卑、恭顺的接受,对上帝和身边人的爱,以及他所有的自我奉献培育出了这道光芒。生活在很多方面都不容易,常年的心脏疾病,一直持续到晚年的孤独,以及并不孤单但仍然艰难的晚年生活……他的心灵始终高尚而无瑕。回想一下，有谁是没有被他救于危难中，没有被他在囚禁中赋予自由，没有被他给予金钱的资助的；哪一次他不是要在当权者面前卑躬屈膝，甚至为了那些他并不喜欢的十二月党人而向尼古拉·帕夫罗维奇求情……如果您记得，这是一个纯洁完美的，有着"天堂般"灵魂的人，那么您会说：在我们的文学中，他是圣徒的唯一候选人。

> 他像鸽子一样，真正有着
> 纯洁完美的灵魂；虽然他并不鄙视
> 蛇的智慧，知道如何理解它，
> 但在他的身上散发着纯粹的鸽子精神。

他本人一直深爱的丘特切夫高声缅怀他的死去。

果戈理的境况更为艰难。茹科夫斯基的道路是没有阻碍的。他的内在主题一直是：荣耀归于造物主，我虚心接受生活，我服从一切，因为天意无处不在。悲伤，艰辛，一切都无所谓，"靠您的耐心拯救您的灵魂"。从《席恩和伊斯奇尼斯》到他最后的一口气都是如此。但在年轻时这一意识是模糊的，在成熟时期他则饱受煎熬。

像果戈理一样，他现在将大量精力投入到《圣经》和有关宗教的书籍中，他自己也在本着这种精神写作——关于内在的基督徒生活，关于罪恶、天意。《给果戈理的三封信》——讲述的都是关于死亡、祈祷以及诗人的言行。可以说，这些写作终于让他明白了什么才是最重要的。

他的一生与其说是在教堂中，不如说是围绕着教堂而度过的。他与霍米亚科夫、基列耶夫斯基、阿克萨科夫不同，没有他们的那种根源。他年轻时的宗教性带有浪漫色彩，后来则更加坚定和平静，但总是十分个性化。就像在文学中一样，有着对于德国的向往。对教会的"灵魂的宗教""心灵的宗教"他有些害怕，好像感到害羞一样，是的，也许当时的教会并没有很好地向他展示出来。

不管怎样，他结束了自己作为一个虔诚的东正教作家的一生。通过他，伊丽莎白·阿列克谢耶夫娜后来也接受了东正教。孩子们也在东正教的滋养中长大。

他结识的神职人员不多。在30年代，他曾一度接近格拉西姆·帕夫斯基神父——这似乎是他的人生道路上唯一一位杰出的神职人员。即便如此，这种亲密关系也是相对的。而现在，在50年代初，他在国外与斯图加特教区的修道院院长，大司祭约翰·巴扎罗夫的联系越来越紧密。

果戈理身边有一个马特维神父，他们的关系众所周知。在茹科夫斯基这里，一切都有所不同：没有紧张的关系，没有斗争，没有戏剧性。约翰神父只是帮助他，使其平稳、平静地发展。他监督他的宗教自修，给他书籍，与之通信，也开始为伊丽莎白·阿列克谢耶夫娜接受东正教做准备。在两人的交往中没有过度的激动和兴奋，也没有任何的风暴。茹科夫斯基的成熟很缓慢，但也很和谐。

果戈理于1852年2月21日在莫斯科的尼基茨基大道去世。茹科夫斯基从普列特涅夫的信中得知了这一消息，3月5日，几乎已经失明的茹科夫斯基写信给他："你的消息令我震惊——对我来说这是多么的出乎意料！……我为他感到难以言喻的遗憾；我失去了文学创作生涯中最富有同情心的参与者之一,并在这方面感受到了自己的孤独处境。"

他也爱丘特切夫,但对他所知不多。现在他的文学世界,他自己的和与之相近的作家,是维亚泽姆斯基、普列特涅夫、阿芙多季娅·叶拉金娜和年幼时的玩伴安雅·尤什科娃,现在已是老妇人的安娜·彼得罗夫娜·宗塔格。

同年2月,他计划邀请约翰神父到他在巴登的住处,他想在大斋戒的第六周和孩子们一起领圣餐。但在约定的时间到来之前,他告知神父要将其推迟到复活节后的第二周。

约翰神父于4月7日抵达。茹科夫斯基的状况很糟糕。伊丽莎白·阿列克谢耶夫娜唤走约翰神父,告诉他,丈夫又在犹豫,他想将日期推迟到彼得四旬斋。

已经是晚上了。约翰神父没有打扰病人,他一直等到第二天。早上,当他进入他的房间后,茹科夫斯基又开始要求推迟。

"您看到了,我是什么状态……彻底崩溃了……脑子里没有一个念头……我怎么能这样出现在他面前?"

约翰神父不同意。他的论据是这样的:不仅是茹科夫斯基正在向基督走去,而且基督也以神圣的恩赐来到他的身边。

"如果上帝耶和华想来亲自找您呢?您会回答他说您不在家吗?"

茹科夫斯基哭了起来。他们商量好了,第二天他将与孩子们一起进圣餐。并且他的内心平静了下来。表面上,他又恢复了生机,向约翰神父讲述了很多他是如何教孩子们的趣事,再次回忆起他的历史表格,并命令人们拿来表格,展示给神父看……但他的双手已经不听使唤了。

9日早上，他又感到忧伤：想到他的家人和孩子们的未来，他感到痛苦。约翰神父再次安慰他：无论是上帝还是君主都不会允许这样的事情发生（恐惧是完全没有根据的）。

他忏悔，与孩子们一起进圣餐，彻底平静了下来——开始了整个生命中最崇高的精神状态，他庄严地垂死——过渡状态——安息。他像斯维特兰娜和玛莎一样，以神秘的端庄仪表离开了人世——就像他在世时一般。是的，他启程了。

他于12日黎明前去世。

1947—1949

译后记

瓦西里·茹科夫斯基是俄罗斯第一位真正的抒情诗人，别林斯基说他"使俄国诗歌获得了心灵"。他的诗歌语言纯正，韵律优美，在抒发感情、描写内心、作诗技法等方面对俄国诗歌的发展有着重要的影响。可能是普希金及后来的一大批黄金时代的作家盖过了茹科夫斯基的光芒，抑或是他朦胧神秘、消极浪漫的风格没有太大的受众，总之一直以来，我国对这位在俄罗斯家喻户晓的诗人的译介和研究虽有一些，但并不多见。只有上海译文出版社在20世纪80年代出版过两部《茹科夫斯基诗选》（黄成来、金留春译），再加上几篇对其诗歌作品的赏析，零零散散，未成气候。可以说，茹科夫斯基是一位尚未进入我国读者公共视野的外国诗人。在此背景之下，引进俄罗斯作家鲍里斯·扎伊采夫所作的《茹科夫斯基传》可谓一项填补空白之举。

扎伊采夫的《茹科夫斯基传》最初分章发表于纽约的《新杂志》（1947年至1949年）和巴黎的《俄罗斯思想》（1947年至1949年）上，并于1951年在茹科夫斯基逝世100周年到来之前在巴黎以单行本的形式出版。

在这部文学传记中，作者以史实为基础，按照时间顺序描述了茹科夫斯基一生的主要经历：诗人出生在图拉省的一个地主家庭，自幼受到了良好的教育，1797年进入莫斯科大学附属贵族寄宿中学学习，发表了早期诗作《五月的早晨》《乡村公墓》《黄昏》《柳德米拉》，1808年至1810年他担任《欧洲导报》的主编，1812年参加博罗季诺战役，写了充满爱国主义激情的颂诗《俄罗斯军营的歌手》，在俄罗斯一举成名。1815年起茹科夫斯基进宫廷任职，先为保罗一世皇后的伴读，1825年起皇位继承人即后来的亚历山大二世的导师。他在宫廷生活了25年，这期间创作较少。1839年诗人放弃宫廷职务，去德国定居，晚年与德国画家赖腾之女步入婚姻。

纵观茹科夫斯基的一生，可以用"诗歌、爱情、教育"三个词来概括，茹科夫斯基天生是一位诗人，有着诗人独具的纯粹心灵和细腻感情，这让他的诗歌文笔纯正、轻快明朗，富有十足的美感。在感情生活上，茹科夫斯基一生挚爱一人，未能如愿，始终牵绊，这段感情却也成了他创作灵感的源泉。同时，教育生涯在茹科夫斯基的一生中也占有重要的分量，他重视全科教育和品德教育，尽职尽责，富有爱心和高尚的理想，是一位受人敬仰的教导者。

在传记中，扎伊采夫对诗人的创作遗产和文学技巧的刻画总是伴随着对其精神本质的反思。除了茹科夫斯基早期创作的《乡村公墓》《柳德米拉》《斯维特兰娜》等重要诗作，作者还对其晚期诗歌作品《席恩和伊斯奇尼斯》、译作《奥德赛》予以了很高评价，对诗人的"绝唱"《流浪的犹太人》进行了深入的剖析，认为这首诗就是"茹科夫斯基本人的存在方式"。在对茹科夫斯基作品的论述上，扎伊采夫并没有夸大他在艺术创作上的成就，而是强调了他诗歌创作的天赋："轻盈悠扬"，有着"诗意流畅的自然力和音乐性"。并将茹科夫斯基比作俄罗斯的佩鲁吉诺："俄罗斯的拉斐尔（即普希金）将通过他显现……"

在某种程度上，茹科夫斯基无可挑剔的道德品质更受到传记作者的关注。在扎伊采夫的描述中，茹科夫斯基以其与生俱来的纯洁心灵、谦逊品行、对命运的坦然接受和面对困境的非凡耐心，接近于宗教意义上的圣徒，如传记中所述：

> 光明一直蕴含于茹科夫斯基身上。他以其对生活谦卑、恭顺的接受，对上帝和身边人的爱，以及他所有的自我奉献培育出了这道光芒。生活在很多方面都不容易，常年的心脏疾病，一直持续到晚年的孤独，以及并不孤单但仍然艰难的晚年生活……他的心灵始终高尚而无瑕。如果回想一下，有谁是没有被他救于危难中，没有被他在囚禁中赋予自由，没有被他给予金钱的资助的，哪一次他不是要在当权者面前卑躬屈膝，甚至为了那些他并不喜欢的十二月党人而向尼古拉·帕夫罗维奇求情……如果您记得，这是一个纯洁完美的，有着"天堂般"灵魂的人，那么您会说：在我们的文学中，他是圣徒的唯一候选人。

读到此处，不禁为茹科夫斯基美好的心灵品质所折服。

我想，也正是这样的心灵才滋养出了灿若星河的俄罗斯文学。

在接手《茹科夫斯基传》的翻译工作后，我深感忐忑。一是我对茹科夫斯基了解甚微，大概只存有诗歌史课上的一点印象，因此唯恐对书中的一些史实和细节翻译得不准确。二是书中引用了不少茹科夫斯基的诗歌，也让我这个先天缺乏诗意的人颇为犯难。其中的大部分诗歌之前都未曾被译介到国内，我也只能硬着头皮译了过来，能否传达美感，只有留给读者评判了。

最后，还要感谢我的导师王立业教授在百忙之中审阅译文，查出诸多纰漏，并为本书作序，使拙译大为增辉。感谢广西师范大学出版社的赵黎君编辑和其他多位编辑的辛勤工作，谨此一并衷心致谢！

刘 溪

2023 年 5 月 1 日于北京师范大学

译名简释

阿克萨科夫，康斯坦丁·谢尔盖耶维奇（1817—1860）：政论家、批评家、诗人、历史学家、语言学家，斯拉夫派的领袖之一。谢·季·阿克萨科夫之子。

阿克萨科夫，谢尔盖·季莫费耶维奇（1791—1859）：小说家、诗人、政论家。

亚历山大一世（1777—1825）：俄罗斯帝国皇帝，1801年至1825年在位。

亚历山大二世（1818—1881）：俄罗斯帝国皇帝，1855年至1881年在位。

费奥多罗夫娜，亚历山德拉（原名弗里德里克·路易丝·夏洛特·威廉明妮）（1798—1860）：普鲁士国王腓特烈·威廉三世的女儿，自1817年为沙皇尼古拉一世之妻。

阿那克里翁（公元前570—前478）：古希腊抒情诗人，歌颂生活中的感官享受和欢乐。在俄罗斯，米·瓦·罗蒙诺索夫、加·罗·杰尔查文、康·尼·巴丘什科夫、尼·米·亚济科夫、亚·谢·普希金都写过阿那克里翁风格的诗歌。

阿拉克切耶夫，亚历山大·安德烈耶维奇（1769—1834）：政治家，自1810年起担任国务会议军事局局长和事实上的国家元首。他曾在拿破仑战争中担任沙皇亚历山大一世的军事顾问，战后以残暴的手段操纵俄国的内政；1815—1825年间被称为阿拉克切耶夫时期。

阿伦特，尼古拉·费奥多罗维奇（1785—1859）：医生，尼古拉一世的私人医生，曾尝试抢救受重伤的亚·谢·普希金。

阿尔谢涅夫，康斯坦丁·伊凡诺维奇（1797—1875）：统计学家、历史学家、地理学家，圣彼得堡大学教授，继承人亚历山大·尼古拉耶维奇的教师。

巴扎罗夫，约翰·约翰诺维奇（1819—1895）：神学家、大司祭，听取皇室成员和茹科夫斯基忏悔的神父，法兰克福和斯图加特的俄罗斯东正教修道院院长。

巴拉廷斯基，叶夫根尼·阿布拉莫维奇（1800—1844）：诗人。

巴丘什科夫，康斯坦丁·尼古拉耶维奇（1787—1855）：诗人，俄罗斯抒情诗中阿那克里翁体裁的领袖。

贝根道夫，亚历山大·赫里斯托福罗维奇伯爵（1781或1783—1844）：政治家，骑兵将军，曾参与镇压十二月党人起义。

圣皮埃尔，贝尔纳丁·德（1737—1814）：法国作家，著名小说《保尔和薇吉妮》（1787年出版，俄译本1793年出版）的作者。

布鲁多夫，德米特里·尼古拉耶维奇伯爵（1785—1864）：作家、外交官、政治家，1815年成为阿尔扎马斯社的组织者之一，1855年起担任科学院院长，1862年起担任国务院主席。

博格丹诺维奇，伊波利特·费奥多罗维奇（1743—1803）：诗人，著名诗歌《亲爱的》（1783年）的作者。该作品改编自拉封丹的小说《普赛克和丘比特之爱》（1669年）。

邦施泰滕，卡尔·维克多（1745—1832）：瑞士作家和哲学家。

布宁，阿凡纳西·伊凡诺维奇（1716—1791）：地主，1780年为别廖夫市长。

布宁，伊凡·阿列克谢耶维奇（1870—1953）：小说家、诗人，诺贝尔文学奖获得者（1933年）。

比格尔，奥古斯特（1747—1794）：德国诗人，现代抒情叙事诗体裁的创立者。

维格利，菲利普·菲利普波维奇（1786—1856）：回忆录作者，自1829年起担任对外宗教事务部部长。

维尔戈尔斯基，米哈伊尔·尤里耶维奇（1788—1856）：作曲家，音乐家。

维兰德，克里斯托夫·马丁（1733—1813）：德国作家，著名作品《愤怒的苏格拉底，或锡诺普的第欧根尼》的作者。

费尔特，维托里诺·达（1378—1446）：意大利教育家，人文主义者，提供古典教育的新型世俗教育机构的创始人。

沃耶科夫，亚历山大·费奥多罗维奇（1778或1779—1839）：诗人、翻译家、评论家、出版者。

维亚泽姆斯基，彼得·安德烈耶维奇公爵（1792—1878）：诗人、评论家、回忆录作家。

加加林，格利戈里·伊凡诺维奇（1782—1837）：翻译、外交官，与瓦·安·茹科夫斯基一起在莫斯科大学贵族寄宿学校学习。

哈尔姆，弗里德里希（1806—1871）：奥地利诗人，戏剧诗《卡蒙斯》（1837年）的作者。

加特勒，约翰·克里斯蒂安（1727—1799）：德国历史学家，纹章学和系谱学教科书的作者。

赫尔德，约翰·戈特夫里德（1744—1803）：德国哲学家、文学家和作家。

戈利岑，亚历山大·尼古拉耶维奇（1773—1844）：亚历山大一世时代的政治家。

格雷，托马斯（1716—1771）：英国诗人，茹科夫斯基翻译的哀诗《墓园挽歌》的作者。

格里鲍耶陀夫，亚历山大·谢尔盖耶维奇（1795—1829）：剧作家。

达什科夫，德米特里·瓦西里耶维奇（1788—1839）：评论家，阿尔扎马斯社的创始人之一；后任沙俄司法部部长。

德格兰多，约瑟夫·玛丽男爵（1772—1842）：作家、历史学家、道德哲学家、公众人物。

杰尔查文，加夫里拉·罗曼诺维奇（1743—1816）：诗人。

德米特里耶夫，伊凡·伊凡诺维奇（1760—1837）：诗人、政治家。

多兹利，罗伯特（1703—1764）：英国诗人、剧作家，出版公司的创始人。《智慧与美德之书，或人类灵魂的状态：印度训诫》的作者，该书于1786年被翻译成俄文。

多尔戈鲁科夫，伊凡·米哈伊洛维奇（1764—1823）：沙俄盐务管理总局领导，奔萨副省长，弗拉基米尔省省长。

叶卡捷琳娜二世（1729—1796）：德国安哈尔特-泽布斯特公国的公主索菲娅·奥古斯特，1762年至1796年为俄罗斯帝国沙皇。

叶拉金，阿列克谢·安德烈耶维奇（？—1846）：伊·瓦·基列耶夫斯基和彼·瓦·基列耶夫斯基的继父。

叶拉金娜，阿芙多季娅·彼得罗夫娜（1789—1877）：瓦·安·茹科夫斯基的外甥女，伊·瓦·基列耶夫斯基和彼·瓦·基列耶夫斯基的母亲。

让利斯，斯蒂芬妮·费利西蒂夫人（1746—1830）：法国女作家；儿童和教育书籍，以及许多（90卷，其中54卷被翻译成俄文）感伤的、道德教化的、历史小说的作者。

日哈列夫，斯捷潘·彼得罗维奇（1788—1860）：回忆录作家、翻译家和剧作家，著名的《当代人札记》的作者，该书多次出版。

茹科夫斯基，帕维尔·瓦西里耶维奇（1845—1912）：艺术家。瓦·安·茹科夫斯基的儿子。

茹科夫斯卡娅，亚历山德拉·瓦西里耶夫娜（1843—1899）：婚后为韦尔曼恩男爵夫人，瓦·安·茹科夫斯基的女儿。

泽伊德利兹，卡尔·卡尔洛维奇（1798—1885）：教授、医师，茹科夫斯基的朋友；《瓦·安·茹科夫斯基的生平与诗歌》（德文，1870年，为茹科夫斯基所作的第一部传记）一书的作者，该书的俄文译本于1883年在圣彼得堡出版。

津夫特，卡尔：德国艺术家、雕刻家，多尔帕特大学的绘画老师（1809—1830）；茹科夫斯基向他学习过绘画。

宗塔格，安娜·彼得罗夫娜（1786—1864）：原姓尤什科娃，儿童文学作家、翻译家、回忆录作家，阿·彼·叶拉金娜的妹妹，瓦·安·茹科夫斯基的外甥女。

殉道者伊格内修斯：安提阿的主教，生活在图拉真皇帝（98—117）统治时期，他于107年被折磨和处决。

卡维林，德米特里·亚历山大洛维奇（1778—1851）：文学家，圣彼得堡大学校长，茹科夫斯基和沃耶科夫家族的好友。

卡维林，康斯坦丁·德米特里耶维奇（1818—1885）：历史学家、政论家、社会活动家，废除农奴制方案初稿的作者之一。

凯萨罗夫兄弟：彼得·谢尔盖耶维奇（1777—1854），作家、翻译家、参议员。米哈伊尔·谢尔盖耶维奇（1780—1825），诗人、官员。安德烈·谢尔盖耶维奇（1782—1813），政论家、语言学家、诗人。巴伊西·谢尔盖耶维奇（1783—1844），1812年卫国战争期间在库图佐夫手下任将军、指挥官。

卡蒙斯，路易斯·德（1524或1525—1580）：葡萄牙诗人。

卡波季斯特里亚，约翰伯爵（1776—1831）：外交官，1816年至1822年任俄国外交部部长；自1827年担任希腊总统，被阴谋者杀害。

卡拉姆津，尼古拉·米哈伊洛维奇（1766—1826）：小说家、诗人、历史学家。

卡切诺夫斯基，米哈伊尔·特罗菲莫维奇（1775—1842）：历史学家、评论家、翻译家，《欧洲导报》杂志主编。

克纳，卡尔·西奥多（1791—1813）：德国浪漫主义诗人、小说家和剧作家。

基列耶夫斯基，伊凡·瓦西里耶维奇（1806—1856）：哲学家、批评家，斯拉夫派的领袖。

基列耶夫斯基，彼得·瓦西里耶维奇（1808—1856）：民俗学家、考古学家，多次出版的《基列耶夫斯基收集歌曲》（约3000首民歌）的编纂者。

基谢列夫，帕维尔·德米特里耶维奇伯爵（1788—1872）：政治家。国务委员会成员，国家财务部部长，驻法国大使。

克莱斯特，埃瓦尔德·克里斯蒂安（1715—1759）：德国诗人，田园叙事诗《春天》（俄文译本1792年出版）的作者。

克洛普施托克，弗里德里希·戈特里布（1724—1803）：德国启蒙运动时期诗人。

科兹洛夫，伊凡·伊凡诺维奇（1779—1840）：抒情诗人。1821年失明。

科利措夫，阿列克谢·瓦西里耶维奇（1809—1842）：诗人。

帕夫罗维奇，康斯坦丁大公（1779—1831）：皇帝保罗一世的次子。

康斯坦丁诺夫斯基，马特维·亚历山大洛维奇（1792—1857）：来自勒热夫的神父，果戈理晚年与其交往甚密。

皮埃尔，高乃依（1606—1684）：法国诗人、古典主义剧作家。

科策布，奥古斯特·冯（1761—1819）：德国剧作家、小说家。1781—1783年和1800—1802年曾在俄罗斯服役。俄罗斯政府和神圣联盟的中间人。

克雷洛夫，伊凡·安德烈耶维奇（1769—1844）：寓言家、剧作家、小说家、新闻工作者。

拉阿尔普，弗里德里克·塞萨尔（1754—1838）：瑞士政治家，启蒙思想的支持者；1784年至1795年任未来的沙皇亚历山大一世的老师。

莱辛，戈特霍尔德·埃弗拉伊姆（1729—1781）：德国剧作家、艺术理论家和评论家。

利文，卡尔·安德烈耶维奇公爵（1767—1844）：将军，1828年至1833年任教育部部长。

罗蒙诺索夫，米哈伊尔·瓦西里耶维奇（1711—1765）：科学家、语言学家、哲学家、诗人。

洛普欣，伊凡·弗拉基米罗维奇（1756—1816）：政治家、政论家；印刷公司和共济会印刷厂的组织者之一，曾任参议员，回忆录和共济会论著的作者。

马格尼茨基，米哈伊尔·列翁季耶维奇（1778—1835）：改革者米·米·斯佩兰斯基、亚·安·阿拉克切耶夫和亚·尼·戈利岑的战友。

费奥多罗夫娜，玛利亚皇后（1759—1828）：保罗一世的妻子。

梅尔兹利亚科夫，阿列克谢·费奥多罗维奇（1778—1830）：诗人、评论家、文学理论家、翻译家，莫斯科大学教授。

梅尔杰尔，卡尔·卡尔洛维奇（1788—1857）：将军，继承人亚历山大·尼古拉耶维奇（未来的皇帝亚历山大二世）的老师。

梅斯特，泽维尔·德（1763—1852）：法国作家、物理学家、化学家和军事活动家。他于1800年移居俄国，成为圣彼得堡彼得大帝海事博物馆的馆长。

米勒瓦，查理·亚伯特（1782—1816）：法国诗人。他的作品被茹科夫斯基、巴丘什科夫、巴拉廷斯基、普希金、布留索夫等人热情地翻译成俄文。

圣米特罗凡（1623—1703）：尘世姓名为米哈伊尔，沃罗涅日教区的首任大主教。

帕夫罗维奇，米哈伊尔大公（1798—1848）：将军；炮兵总监，自1819年起管理炮兵部；十二月党人案件调查委员会成员。

费奥多罗维奇，米哈伊尔（1596—1645）：罗曼诺夫王朝的第一位沙皇，1613年至1645年在位。

莫耶，伊凡·菲利波维奇（？—1858）：外科医生，多尔帕特大学教授。

涅列丁斯基-梅列茨基，尤里·亚历山大洛维奇（1752—1829）：诗人。

尼古拉，帕夫洛维奇大公（1796—1855）：俄罗斯皇帝尼古拉一世。

诺维科夫，尼古拉·伊凡诺维奇（1744—1818）：教育家、作家、新闻工作者、出版人，俄罗斯印刷业、图书馆、书店的组织者。

莪相：凯尔特神话中的古爱尔兰著名的英雄人物，传说他是一位优秀的诗人。1760年，一些被认为是莪相作品的译作问世，对欧洲早期浪漫主义运动产生重要影响。

保罗一世（1754—1801）：俄罗斯帝国皇帝，1796年至1801年在位。

帕夫斯基，格拉西姆·彼得罗维奇（1787—1863）：大司祭，杰出的语言学家和希伯来学家。

佩罗夫斯基，瓦西里·阿列克谢耶维奇伯爵（1795—1857）：皇帝侍从副官、作家、奥伦堡军事长官，茹科夫斯基和沃耶科夫的朋友。

普列特涅夫，彼得·亚历山大洛维奇（1792—1865）：诗人、评论家、出版商，圣彼得堡大学俄罗斯文学教授。

普列谢耶夫，亚历山大·阿列克谢耶维奇（1778—1862）：玛·安·普罗塔索娃和亚·安·普罗塔索娃的表兄，戏剧爱好者，业余作曲家。他为瓦·安·茹科夫斯基的许多诗歌谱过曲。曾任高级宫廷侍从，国务委员会成员。

波德希瓦洛夫，瓦西里·谢尔盖耶维奇（1765—1813）：诗人、翻译家、新闻工作者，莫斯科大学寄宿学校教师。

蒲柏，亚历山大（1688—1744）：英国诗人，荷马、奥维德、狄奥克里塔、维吉尔的译者。其作品《批评论》（1711年）成为英国启蒙运动古典主义的宣言。

普罗科波维奇-安东斯基，安东·安东诺维奇（1762—1848）：莫斯科大学自然史教授，1791—1824年任莫斯科大学贵族寄宿学校校长、学监。

普罗塔索娃，亚历山德拉·安德烈耶夫娜（1795—1829）：婚后姓沃耶科娃，瓦·安·茹科夫斯基的诗作《斯维特兰娜》为她而作。

普罗塔索娃，玛利亚·安德烈耶夫娜（1793—1823）：婚后姓莫耶，瓦·安·茹科夫斯基与她不幸的爱情持续了终生。

普希金，瓦西里·里沃维奇（1766—1830）：诗人，文学协会阿尔扎马斯社的成员；亚·谢·普希金的叔叔。

拉祖莫夫斯卡娅，亨丽埃特伯爵夫人（？—1827）：原姓马尔森，巴黎一家文学沙龙的女主人。

赖腾，叶弗格拉夫·罗曼诺维奇（1794—1865）：俄罗斯军官、艺术家，茹科夫斯基的岳父。

赖腾，伊丽莎白·叶弗格拉夫娜（1821—1856）：接受东正教后改名为阿列克谢耶夫娜，茹科夫斯基的妻子。

雷卡米耶夫人（1777—1849）：法国沙龙女主人，作家夏多布里昂常伴其左右。

罗江科，谢苗·叶梅利扬诺维奇（1782—1808）：诗人、翻译家。

西斯蒙第，西蒙·德·让·沙尔·列奥纳尔（1773—1842）：瑞士经济学家、历史学家。

斯卡帕，安东尼奥（1752—1832）：意大利解剖学家、外科医生，拿破仑·波拿巴的私人医生；医学著作的作者。

斯科别廖夫，伊凡·尼基季奇（1778—1849）：军事作家（笔名"俄罗斯残疾人"）；1812年卫国战争的参加者，后任中将；

彼得保罗要塞的指挥官。

索洛维约夫，弗拉基米尔·谢尔盖耶维奇（1853—1900）：哲学家、诗人、政论作家。

索哈茨基，帕维尔·阿凡纳西耶维奇（1765—1809）：新闻工作者，莫斯科大学美学和古代文学教授，《政治杂志》《愉快而有益的消遣》《魔泉，或风月情》《俄罗斯文学报》等杂志的编辑。

斯佩兰斯基，米哈伊尔·米哈伊洛维奇伯爵（1772—1839）：政治家，沙皇亚历山大一世时代的改革家。

斯特罗加诺夫，格利戈里·亚历山大洛维奇伯爵（1770—1857）：外交官。

苏马罗科夫，潘克拉季·普拉东诺维奇（1763—1814）：诗人、新闻工作者、翻译。在托博尔斯克流放期间，创办了西伯利亚的第一本杂志。

塔索，托尔夸托（1544—1595）：意大利文艺复兴时期诗人，叙事长诗《解放的耶路撒冷》为其代表作。

提布卢斯，阿尔比乌斯（公元前50年至前19年）：罗马诗人，爱情哀歌的作者。

蒂克，路德维希（1773—1853）：德国浪漫主义诗人、小说家和剧作家。

扎东斯克的圣吉洪大主教（1724—1783）：著名的教会领袖和宗教作家。

汤姆森，詹姆斯（1700—1748）：英国诗人。

屠格涅夫，亚历山大·伊凡诺维奇（1784—1845）：历史学家、考古学家，卡拉姆津、茹科夫斯基、普希金、沃尔特·斯科特、歌德的朋友。

屠格涅夫，安德烈·伊凡诺维奇（1781—1803）：诗人、政论作家，1797年至1800年领导前浪漫主义文学小组。茹科夫斯基将《祭安德烈·屠格涅夫之死》这首诗献给了这位前途无量但英年早逝的朋友。

屠格涅夫，伊凡·彼得罗维奇（1752—1807）：莫斯科大学寄宿学校校长，尼·伊·诺维科夫圈子的成员。茹科夫斯基和他的两个儿子亚历山大和安德烈是好友。

屠格涅夫，尼古拉·伊凡诺维奇（1789—1871）：小说家、历史学家、经济学家，是著名作家伊·谢·屠格涅夫（1818—1883）和许多文化界、科学界人物的朋友。作为十二月党人秘密社团的创始人之一，他被判处死刑(当时他已移民国外)。1864年，贵族等级归还于他。

丘特切夫，费多尔·伊凡诺维奇（1803—1873）：诗人。

乌瓦罗夫，谢尔盖·谢苗诺维奇（1786—1855）：诗人，阿尔扎马斯社的活跃成员；曾任沙俄教育部部长。

乌兰特，路德维希（1787—1862）：德国浪漫主义诗人、文学史家（日耳曼语文学研究的奠基人），戏剧、民谣、抒情诗的作者。

费纳隆，弗朗索瓦（1651—1715）：法国作家，康布雷地区大主教。其哲理乌托邦小说《忒勒玛科斯历险记》在俄国很受欢迎。

费拉莱特（1782—1867）：原名德罗兹多夫·瓦西里·米哈伊洛维奇，莫斯科地区都主教，参与起草1861年废除农奴制的宣言。

弗洛里安，让·皮埃尔（1755—1794）：法国诗人、小说家，著有田园诗、寓言以及田园小说。

丰特内尔，贝尔纳·德（1657—1757）：法国剧作家、诗人。

福金（1792—1838）：原名彼得·尼基季奇·斯帕斯基，尤列夫地区修道院的院长，神秘主义和共济会的谴责者。

弗里德里希，卡斯帕·大卫（1774—1840）：德国画家，早期浪漫主义的代表。

富凯，拉·莫特（1777—1843）：德国作家；骑士小说和浪漫故事《温蒂妮》的作者，该作品在俄国以茹科夫斯基改编的翻译版本而闻名。

赫拉斯科夫，米哈伊尔·马特维耶维奇（1733—1807）：诗人、剧作家。

霍米亚科夫，阿列克谢·斯捷潘诺维奇（1804—1860）：诗人、政论作家，斯拉夫派的理论家。

沙霍夫斯科伊，亚历山大·亚历山大洛维奇公爵（1777—1846）：剧作家、戏剧活动家。

希什科夫，亚历山大·谢苗诺维奇（1754—1841）：诗人、剧作家、翻译家，海军上将；1813年至1841年任俄罗斯科学院院长，1824年至1828年任国民教育部部长；"俄罗斯文学爱好者座谈会"（1811—1816）的创始人之一。

什皮斯，克里斯蒂安·海因里希（1755—1799）：德国小说家、剧作家，冒险小说的作者。

斯特姆，克里斯托弗·克里斯蒂安（1740—1786）：德国宗教作家，12卷本《晨晚冥想》的作者，该书由尼·伊·诺维科夫于1787—1789年在俄国翻译出版。

埃弗斯，洛伦兹（1742—1830）：多尔帕特大学神学教授。茹科夫斯基为他献过一首诗《致长者埃弗斯》（1815年）。

尤里耶维奇，谢苗·阿列克谢耶维奇（1798—1865）：步兵将军，自1826年起在继承人亚历山大·尼古拉耶维奇身边担任教师助理。

亚济科夫，米哈伊尔·亚历山大洛维奇（1811—1885）：别林斯基、涅克拉索夫、屠格涅夫的朋友，参与《现代人》杂志的出版。

亚济科夫，尼古拉·米哈伊洛维奇（1803—1846）：普希金圈子的诗人。

我思,我读,我在
Cogito, Lego, Sum